小人物

我和父亲乔布斯

Small Fry

[美] 丽莎·布伦南·乔布斯——著
吴果锦——译

北京联合出版公司
Beijing United Publishing Co.,Ltd.

谨以此书献给比尔

目　录

渔夫丙：老大，我不知道那些鱼在海里是怎么过活的。

渔夫甲：嘿，它们也正像人们在陆地上一样，大的拣着小的吃。那些有钱的吝啬鬼活像一条条鲸鱼，游来游去，翻几个跟头，把那些可怜的小鱼赶得走投无路，到后来就把它们一口吞下。在陆地上，我也听过这一类的鲸鱼，他们不把整个教区、礼拜堂、尖塔、钟楼和一切全都吞下，是绝不肯闭上嘴的。

——莎士比亚《泰尔亲王配力克里斯》

把这群乌合之众一下子吸引过来的发起者，就默默无闻地站在风雪之中，这倒真有些奇趣——使人觉得恍如一个幽灵出现在这里。

——索尔·贝娄《洪堡的礼物》

楔 子

父亲去世前三个月，我开始从他家里偷东西。我赤着脚在他的屋子里转悠，顺手把看中的东西收入囊中——腮红、洁齿剂、两个有缺口的青瓷洗手盅、一瓶指甲油、一双旧漆皮芭蕾舞鞋、四个白里泛黄的旧枕套……

每偷一件东西，我都有种心满意足的感觉。每次我都暗下决心，这是最后一次了。可转眼间，偷父亲东西的欲望就像口渴一般再次萌生……

我小心翼翼地踩过门口吱嘎作响的木地板，蹑手蹑脚地走进父亲的房间。这里本是他的书房，那时他还能在书架前的梯子上攀上爬下，现在这里成了他的卧室。屋里满是书籍、信件、一瓶瓶的药，很多玻璃或木头做成的苹果摆饰，还有奖杯、杂志、一摞摞文件。墙上有几幅川濑巴水[①]的版画，画的是黄昏日落时的庙宇。父亲身边的墙上，映照着一片粉红色的光。

他弓着腿躺在床上，穿着短裤，露出的双腿跟胳膊一样细，像蚂蚱腿一样支在那里。

“嗨，丽兹[②]。”他向我打招呼。

塞格尤仁波切站在父亲一旁。最近几次我过来时，他总在这里。塞格尤仁波切是巴西人，个子不高，褐色的眼睛炯炯有神。他是个佛教徒，声音刺耳，用一件褐色僧袍裹着圆滚滚的肚子。我们不直接称呼他的名字，

① Hasui Kawase（1883—1957 年），日本近现代版画巨匠，是日本“新版画运动”复兴的领军人物，一生共创作了六百余幅版画，被誉为近代风景版画第一人。——译者注，若无特殊说明，全书下同。

② 丽莎的昵称。

而是叫他“仁波切”。现在，一些西方国家——比如巴西等地——也有藏传佛教的信徒了。然而在我眼里，他身上并没有神圣的感觉——他既不孤高冷傲，也不神秘。在我们近处，是一个嗡嗡作响的黑色帆布包，里面是营养液、马达和泵，一根管子从里面伸出来，探进父亲盖着的被子里。

“来，握住他的脚，”仁波切一边双手握住父亲的一只脚，一边对我说道，“就像这样。”

我不知道，“握脚”是为了父亲，还是为了我？还是两者皆有？

“好。”说着，我握起父亲的另一只穿着厚袜子的脚。我看着父亲的脸——尽管这样说很奇怪——当他感到疼或要生气时，脸就会抽搐，可在旁人看来，却像是他准备笑。

“真舒服。”父亲一边闭着眼睛一边说道。我瞥了一眼他身旁的柜子以及房间另一端的书架，看看还有没有我想要的东西，尽管我知道自己肯定不敢当着他的面偷东西。

父亲睡着了。我在房子里闲转，也不知要找什么。客厅里，一位护士双手扶膝而坐，随时听候父亲的差遣。房子里鸦雀无声。屋里的砖墙上涂着白漆，涟漪样的波纹仿佛酥心糖一般。陶色的地板上，有几处被阳光晒到和人的体温接近，除此之外，脚感一概是冷冰冰的。

厨房旁边是一个淋浴卫生间，里面的橱柜原本放着一部破旧的《薄伽梵歌》①，我在那里找到了一瓶昂贵的玫瑰喷雾。我把卫生间的门关上，灯也关上，然后坐在马桶上，把玫瑰喷雾朝半空中喷了几下，闭上了眼睛。喷雾落在我的身上，带着一种凉丝丝的圣洁的感觉，让人感觉仿佛置身于森林里，或是年代久远的石头教堂中。

---

① 印度重要的宗教圣典。

橱柜里还有一管唇膏，管身银色，一头是刷子，另一头是旋钮，扭动旋钮，液体的唇膏就会挤进刷子里。这个好东西我可得拿走。我把唇膏塞进兜里，要把它带到格林威治村（Greenwich Village）的公寓里去。我和男友在那里同居。我知道，同时也很确信，这管唇膏会让我的人生变得更加完整。我躲着父亲家里的管家、同父异母的弟弟和妹妹、我的继母，既是害怕偷东西时被他们逮到，也是害怕跟他们迎面打招呼时的那种尴尬。在阴暗的卫生间里喷玫瑰喷雾时，我在落下的雾气中感受到了自己的轮廓，这让我感觉自己不再像一个隐形人。探望病重的父亲对我来说，已逐渐成为一种负担，让我很是困扰和厌烦。

去年，每过两个月，我就会在周末过来看看他。

我已对电影中那种“相逢一笑泯恩仇”的大和解结局不抱任何希望，但我还是坚持来看他。

即便不来，我也会在纽约到处见到他。在一家电影院里，我看见“他”在看电影，从脖子到下巴再到颧骨，一模一样；冬天，我沿着哈得逊河跑步，看见“他”坐在长椅上，望着码头停靠的船只；我坐地铁去上班，看见“他”穿过人群走上月台……瘦削的身材、橄榄色的皮肤、修长的手指、细细的手腕、一脸胡茬儿，无论从哪个角度看，都跟他一模一样。每一次见到“他”，我的心都提到了嗓子眼，想走近仔细看一看，即便我知道——其实他人在加州，正卧病在床。

此前数年，我们父女二人几乎没有联系，我却到处都能见到他的照片。每次看到他的照片，我都会心中一紧，那感觉就像无意间瞥见镜中有人，继而发现那其实是自己。他的照片到处都是，不论我身处哪个城市，都能在报纸、杂志、屏幕上看到他凝视的样子。每次，我都会暗自想道：“真的，这是我父亲，但外人不知道。”

离开之前，我又去卫生间里喷了一次玫瑰喷雾。喷雾是天然的成分，也就是说，几分钟之后，它的玫瑰香味就会变淡，继而会变得跟沼泽地一样臭烘烘的，不过我当时不知道会这样。

当我再次走进父亲的卧室时，他已经站起来了——他一只手托着腿，另一只手推着床头板，借力坐起，然后用双手把腿搬下床沿，站起身来。我跟他拥抱告别，触手之处，是他的脊椎和肋骨。他的身上有股霉味，似乎是服药后排汗的味道。

“我回头再来看你。”我说道。

我松开他，转头向外走去。

“丽兹？”

“啊？”

“你身上有一股厕所味。”

第一章　嬉皮士

搬 家

到我 7 岁时，母亲已经带着我搬过十三次家。

有的是母亲某个朋友的卧室，有的是某个临时的转租房，反正我们俩住的都不是正儿八经租来的房子。我们最后住的那个地方，不知什么人不打招呼就把冰箱卖掉了，所以我们再也住不下去了。第二天，母亲给父亲打电话要钱，父亲随后把每个月的子女抚养费增加了 200 美元。接着，我和母亲搬到了帕洛阿尔托[①]强宁大道（Channing Avenue）一栋房子后面的小楼的一楼公寓里。这是母亲第一次以自己的名字租房。对我们母女而言，这个新住所刚刚好。

公寓前面的房子，是深褐色的手工风格。草坪已好景不在，地上覆盖着乱生的藤萝，藤萝上面满是灰尘，两棵矮栎弯着树干，几乎要触到地面。藤萝和矮栎之间挂满了蛛网，蛛网上沾着花粉，在阳光下闪闪烁烁。从大道上，看不到房子后面的公寓楼。

① Palo Alto，美国旧金山附近的城市。

在帕洛阿尔托之前，我们先后在附近的几个城市生活过：门洛帕克（Menlo Park）、洛斯阿尔托斯（Los Altos）、波托拉谷（Portola Valley），但帕洛阿尔托才是我们真正称为“家”的地方。

这里的土壤是黑色的湿土，散发着香气；石头下面，有红色的小虫子、灰粉色的蠕虫、细长的蜈蚣……还有蓝灰色的潮虫，一碰就蜷起身子，像个甲壳球一样。这里空气潮湿，弥漫着桉树味、阳光下热土的味道、新割的草坪味。铁路将小城一分为二，斯坦福大学就在铁路旁边。校园里是一条大路，路旁有两排棕榈树，路的尽头是一个草绿色的金边拱顶教堂。

搬家那天，母亲把车停好，接着把东西搬进屋里：炊具、一个蒲团、一把摇椅、灯、书等。“游牧民族之所以发展不起来，就是这个原因。”母亲说道，她搬着一个盒子走进门来，头发蓬松，手上有些白点——那是画布的白色底漆，“他们从不在一个地方久留，建不出能长久使用的房子。”

客厅里有一扇玻璃推拉门，门外是一个小露台。露台下面，是一块覆盖着干草和苔藓的土地，地上有一棵苗条的矮栎、一棵同样苗条的无花果树，还有一排竹子。母亲说：“竹子一旦扎了根，就很难根除了。”

东西搬完，母亲双手叉腰站了一会儿。我们俩把房子内外看了一遍：东西都搬进来了，可还是显得很空。

第二天，母亲给父亲的办公室打电话，找他帮忙。

“伊莱恩（Elaine）明天把货车开过来，我们一起去你爸爸那里，搬个沙发回来。”几天之后，母亲对我说道。父亲当时住在蒙堤圣利诺（Monte Sereno）的萨拉托加（Saratoga）附近，那里是郊区，距离我们现在的住处有一个小时的车程。那时，我尚未见过他的房子，也没听说过他生活的城市。我只见过他寥寥数次。

母亲说那天给父亲打电话，他答应把一个多余的沙发送给我们。但母亲知道，如果我们不尽快把沙发搬回来，父亲就会把沙发扔掉或反悔。更何况，伊莱恩的货车也不是能随叫随到的。

那时，我正上小学一年级，跟伊莱恩的龙凤胎同班。伊莱恩比我母亲大一点儿，有一头蓬松的黑色鬈发，被光照到的时候，头上仿佛有光晕一样。母亲比伊莱恩年轻、敏感、聪明，但伊莱恩有丈夫、有自己的房子、有个完整的家，母亲却没有。母亲只有我，而我有两个职责：第一，保护好她，这样她才能把我保护好；第二，塑造她、磨炼她，这样她才能应对这个世界，就像拿砂纸给漆面抛光一样。

“左拐还是右拐？”一路上，伊莱恩总是在问。伊莱恩约好了去看医生，所以时间很紧。母亲有阅读障碍，但她说看地图没问题。她说地图就在脑子里，只要是去过的地方，就一定不会走错（即便需要数次尝试才能找对路），但我们还是常常迷路。

“左拐，”母亲指挥道，“不对，右拐。等等，好了，左拐。”

伊莱恩有些烦了，但母亲一点儿歉意都没有。她的样子，似乎是跟救命恩人也要平起平坐。

阳光照在我的腿上，犹如花边一样。空气潮湿，弥漫着刺鼻的月桂树和泥土的味道。

帕洛阿尔托四周的山丘都是地壳挤压而成，“我们这是在断层线上，”母亲说道，“要是现在闹地震，咱们就被埋了。”

我们找对了路，前面是树木掩映的私人车道，车道尽头是草坪。草坪是圆形的，刚迸出嫩芽，看上去很软。房子共有两层，山墙屋顶，木瓦白灰，玻璃长窗，光线充足，这是我画画时常画的那种房子。

我们按下门铃，等了一会儿，没有人应门，母亲扭了扭门把手。

“锁着的。”她说道，“该死，他不会露面了。”

母亲绕着房子走了一圈，看看窗户和后门有没有开着。“都锁了！”她叫道。我倒是觉得这房子不一定是我父亲的。

这时，母亲走回前门处，抬头看了看框格窗。窗子太高了，够不到。“我爬上去试试。”说罢，她踩着洒水喷头登上排水管，双手抓住窗台，身子贴在墙上，又找到一处落脚点，攀了上去。

我和伊莱恩仰头看着。我吓坏了，怕她摔下来。

父亲本应在家等着我们，给我们开门，邀请我们进去。或许他还会让我们看看其他用不到的家具，让我们再来拉走。

然而事与愿违，事到如今，母亲像做贼一样爬进屋里。

“走吧，”我喊道，“咱们不该来的。”

“希望里面没装警报器。”母亲说道。

这时她够到了壁架。我屏住呼吸，等着警报器响起，但安静如常。母亲拨开窗户闩，支起窗户，一条腿探进窗户里，另一条腿跟着也进去了，片刻过后，她已从前门而出，站在了阳光下。

“进来吧！”她说道。我向门内看去：阳光反射在木地板上，很高的屋顶，冷清、空旷的空间。穿窗而入的阳光仿佛地板上的湖泊一般，各个房间则暗了一些，空气中有种淡淡的好闻的霉菌味和焚香味。那一刻，我跟父亲建立了联系（后来也是）。

母亲和伊莱恩一人抬着沙发的一头，出了前门，走下台阶。“不算重。”母亲说道。她让我站在一边。沙发表面是亚麻布，其边缘由酒椰叶纤维编成，靠垫是乳黄色的，上面有红、橙、蓝的贴布印花。此后很多年里，我喜欢拈起这些花瓣，试图把手指探进下面。

母亲和伊莱恩动作迅速而认真，好像带着怒气。母亲的一缕头发从发带里掉了出来，垂在脸边。她们把沙发搬上货车，又返回屋里，搬出跟沙发配套的一把椅子和一个搁脚凳。

“好了，走吧。”母亲说道。

车后座满了，我只好坐在前座，坐在母亲的腿上。

母亲和伊莱恩兴高采烈。沙发拿到了，伊莱恩看医生也不会迟到。而我担心和警惕的正是这一刻：母亲精神愉悦、心满意足的时刻。

伊莱恩把车开出私人车道，驶上双车道公路。过了一会儿，两辆警车从对面高速驶过。

“可能是来抓我们的！”伊莱恩说道。

“咱们会蹲监狱的！”母亲笑道。

我听不懂她那得意扬扬的调子，要是被抓了，我们母女俩就得分开了。据我了解，大人和孩子不是关在同一个监舍里的。

第二天，父亲打来电话，问道：“你闯进我家把沙发搬走了？”他笑了。他说，家里装了无声警报器，母亲进去的时候，警局里的警报就响了，随后四辆警车飞奔他家，我们刚离开他们就到了。

“是啊。”母亲答道，语带炫耀。

此后很多年，我一直想着那个无声警报器以及差点被抓的事，久久不能释怀。

“我是你爸爸”

1972 年，我的父母在加利福尼亚州库比蒂诺（Cupertino）的霍姆斯特德高中（Homestead High School）相识。那时他高三，她高二。

每个星期三晚上，母亲都会跟几个朋友在校园里拍摄一部学生动画电影。一天晚上，母亲站在聚光灯下，等着将黏土人偶搬走。这时，父亲走到她跟前，递给她一张纸，上面打印着鲍勃·迪伦[①]的一首歌词："低地的愁容女士（Sad-Eyed Lady of the Lowlands）"。

"看完了还给我。"他说道。

在拍摄间歇，母亲画画，父亲则在一旁拿蜡烛为她照明。

那年夏天，他们同居了。他们的小房子位于史蒂文斯山谷路（Stevens Canyon Road）的尽头，父亲负责房租，钱来自售卖他与朋友沃兹[②]一同制作的"蓝盒子"。沃兹是一位工程师，比我父亲年长几岁，怕见生人但待人热情，长着一头黑发。他和父亲在一家科技俱乐部相识，成了朋友和搭档，后来一同创立了苹果公司。"蓝盒子"能发出控制信号声，通过它可以免费拨打电话（非法）。他们俩在图书馆里找到一本电话公司的书，书里介绍了交换机控制信号的原理。把"蓝盒子"放在话筒旁边，盒子发出控制信号声，电话公司就会为你连接对方的线路，打全世界的电话都行。我父母租住的房子近旁，邻居养了几只攻击性很强的山羊，每次他们开车回来，父亲都会牵制山羊的注意力，让母亲快跑进门，或者两个人一起跑，父亲护在靠近山羊的一侧。

那时，我的外祖父、外祖母刚刚离婚，外祖母得了精神病，且越发严重，母亲在外祖父、外祖母两个家之间奔波。外祖父因公外出，常年不在家。外祖父不同意父母同居一事，但并未过多阻拦。我的祖父名叫保罗（Paul），对他俩同居的事大怒不已。我的祖母名叫克拉拉（Clara），为人仁慈，是双方父母中唯一一个到父母住处吃过晚饭的人。当天的

---

① Bob Dylan，1941 年出生，美国摇滚、民谣艺术家，美国艺术文学院荣誉成员，2016 年获诺贝尔文学奖，是首位获得该奖项的作曲家。

② 即斯蒂芬·盖瑞·沃兹尼亚克（Stephen Gary Wozniak），美国电脑工程师，与史蒂夫·乔布斯合伙创立苹果电脑公司。

晚饭，父母为祖母做了浓缩罐头汤、意面和沙拉。

那年秋天，父亲考入俄勒冈州的里德学院（Reed College），在那里上了半年学，然后就辍学了。父亲和母亲分手了。母亲对我说，他们俩其实并未认真地谈过感情的事，从恋爱到分手，什么都没说。在分手之前，母亲就开始跟别的男生约会了。母亲还说，父亲明白母亲已经离开了他，伤心到连路都不会走了，只是踉跄而行。我很惊讶母亲竟然是主动分手的那个人，后来我还奇怪，是不是因为这个，父亲在我出生之后才会对母亲心怀恨意。母亲说，父亲那时只是一个大学辍学生，人生毫无目标，极度需要人的陪伴，哪怕她时时刻刻守在他身旁都不够。

父亲和母亲都去过印度，但不是结伴去的。父亲去印度待了半年，回国之后，母亲才去那里待了一年。父亲后来对我说，他去印度的目的，是见圣者尼姆·卡洛里·巴巴（Neem Karoli Baba），但他到达时，圣者刚刚去世。圣者的修道院准许父亲在那里住了几天，他住在一个白色的房间里，里面只有一张床，还有一本书，书名是《一位瑜伽修行者的自传》。

两年后，父亲与沃兹共创的苹果公司开业，父亲和母亲和好了。他们住在库比蒂诺一栋深褐色农场风格的房子里，同住的还有一个名叫丹尼尔（Daniel）的人，他跟我父母都在苹果公司工作。母亲在包装部门工作。她开始攒钱，准备离开郊区，离开情绪多变的父亲，去帕洛阿尔托一家名叫“大地”的餐馆工作。这家餐馆位于大学路（University Avenue）与爱默生路（Emerson Street）的交叉口，以绿色食品闻名。母亲做了节育手术，在体内放了节育环，但后来节育环脱落了，可她并不知情（这种情况在放置节育环术后不久偶有发生），后来她发现自己怀孕了。

发现身孕后的第二天，母亲就将这个消息告诉了父亲。当时他们俩站在厨房中央，四周没有家具，只有脚下的一小片地毯。听到这个消息后，父亲怒不可遏，他紧咬牙关，不知嘟囔着什么，然后便冲出家门，开车走了。母亲猜想他一定是去见律师了，或是某个让他“别再跟她说话”的人，因为从那以后，父亲就对此不置一词了。

就在母亲发现自己怀孕之前，苹果公司的一位管理人员为她提供了一份学徒工作，负责电脑蓝图的绘制。但随后发生的这一系列变故，让她忘了答复此人。她也觉得怀着父亲的孩子还在公司工作很尴尬，于是便辞去了包装部门的工作，寄居在几个朋友的家里。她靠救济金生活，没有车，也没有收入。她想去堕胎，可不断地梦到自己双腿间被焊枪喷射，于是便打消了这个念头。她想生下孩子让人领养，可生育部门那位信得过的女士被调到别的地方工作了。有一段时间，她找到了一份家庭清洁工的工作，并在拖车上住了一段时间。怀孕期间，她参加过四次静坐冥想的活动，部分原因是那里的食物很丰盛。父亲一直住在库比蒂诺，直到买了蒙堤圣利诺的房子才搬走，也就是我们搬走沙发的那栋房子。

1978 年，我的父母都是 24 岁。那年春天，在俄勒冈，在父母共同的朋友罗伯特的一个农场里，在两位产婆的帮助下，我出生了。分娩过程从头到尾用了三个小时。罗伯特为我们拍了照片。几天过后，父亲来了。他不断地对农场里的人说：“这不是我的孩子。”可无论如何，他还是坐飞机来看我了。我长着黑头发和大鼻子，罗伯特指着我对父亲说：“她长得真的太像你了。”

父母把我抱到田间，将我放在一块毯子上，然后一起查看宝宝起名书。父亲想为我取名“克莱尔”，他们俩看了好几个名字，始终无法达成一致。他们不想要缺乏独创性的名字，最好是一个长名字的减缩版。

“叫丽莎怎么样？”母亲最后问道。

“好，就叫这个了。”父亲高兴地回答道。

第二天，父亲就走了。

“丽莎是不是从伊丽莎白缩写来的？”我问母亲。

“不是，我们查过了，丽莎是个单独的名字，不是缩写。”

“可是他不承认是我的父亲，你又为什么要让他帮忙取名字？”

“因为他本来就是你父亲。”母亲答道。

在我的出生证上，母亲把他们俩的姓氏都写上了，但我随她的姓：布伦南。母亲在出生证四周的空白处画了一圈空心的星星。

几周之后，母亲带着我住进了她姐姐凯西（Kathy）的家里，位于加利福尼亚州南部一个叫爱德怀特（Idyllwild）的小镇上。母亲仍然靠着救济金生活，父亲既不来探望我们，也不肯出子女抚养费。我们在姨妈的家里住了五个月后搬走了，从此开始了不断搬家的生活。

在母亲怀孕期间，父亲正忙于研发一款新电脑，后来这款电脑被命名为“丽莎”（Lisa）。它是“麦金塔”（Macintosh）电脑的前身，是第一款主打大众市场的个人电脑，配有像大块奶酪一样大的鼠标，有内置软件和标有 LisaCalc 和 LisaWrite 标签的软盘。但由于价格昂贵，“丽莎”成了一款失败的商业产品。父亲又转去组建新的团队，用 Mac 系列取代并颠覆了它。后来“丽莎”电脑停产，三千台余货在犹他州洛根市的垃圾填埋场被付之一炬。

一直到我两岁之前，母亲都靠帮人打扫房子、在餐馆当服务员来添补家用。父亲一点儿忙都不帮，外祖父和姨妈也只能略尽微薄之力。有名牧师的妻子在教堂里开了个日托中心，母亲在里面找到了一份帮人看孩子的工作。还有几个月，我们住在一栋提供给考虑领养小孩的女性的房屋里，这个住处还是母亲在一个公告牌上看到的。

“你哭，我也跟着你哭。那时我太年轻了，不知该如何是好，看到你伤心，我也一起难过。”谈起那些年的经历，母亲如此说道。这些似乎都不是很好的事情，杂糅在一起，发生在我们身上。但不管怎么说，我觉得幼年的经历使我变得更能体谅他人，有时候甚至能和对方感同身受。父亲的缺席使得母亲的种种选择显得更加荒唐欠妥，犹如黑色幕布前上演的一出荒诞剧。

后来我责怪她，说她使我变得难以在有动静的房间里入睡。

“小时候，你应该多让我在嘈杂的环境里睡觉。”我说道。

“可周围没有别人，”她答道，“我能怎么办——敲盆子、敲碗吗？”

我 1 岁时，母亲在大学剧院（Varsity Theatre）找了一份服务员的工作。大学剧院位于帕洛阿尔托，是一家艺术剧院，同时也是一家餐馆。她还在附近的市中心幼儿园为我找到了价格便宜、服务优质的日托。

1980 年，我 2 岁时，加利福尼亚州圣马特奥（San Mateo County）的地方检察官为子女抚养费一事起诉了父亲。检方想让他支付子女抚养费，并偿还地方政府拨付给我们的救济金。这起诉讼是由加利福尼亚州政府代表我母亲发起的。父亲却否认他是我的生父，在宣誓做证时说自己不育，并指称我的父亲另有其人。随后法庭调取了父亲指认的那个男人的牙科及医疗记录，发现并不匹配。他的律师辩解说：“在 1977 年 8 月至 1978 年 1 月，原告与某一位或某几位男性发生关系，被告对这些人的信息一无所知，但是原告都知道。”

于是法庭要求给我做 DNA 测试。这是一种新的测试方式，取的是血液而非口腔黏膜细胞。母亲说，护士在我的胳膊上找不到血管，就拿着针管乱扎一气，我大哭不止。父亲当时也在场，因为法庭要求我们同时到医院做检测。在候诊室里等待结果时，父亲和母亲都对彼此保持了克制。结果出来了：我和父亲的血缘相关概率高达 94.4%，是截至当时医院所能检测出的最高值，我被证明是父亲的亲生女儿。法庭判决父亲偿还6000美元的福利金，并要求每月支付385美元的子女抚养费（后来，他涨到了每月500美元），还要为我支付医疗保险，直到我年满18岁。

这起案子的编号是239948，原告是圣马特奥，被告是我父亲，案卷现以微缩胶片的形式保存在联邦高等法院。在判决书上，父亲用小写字母签名，这是他后来的签名里较少使用的一种版本。母亲的签名紧凑而扭曲，她一共签了两次名字，一次在签字线下面，一次在线上。其实她还签了第三次，但刚一落笔就画掉了，如果签上的话，会位于所有签名的最上方。

这起诉讼案在父亲律师的催促下，于1980年12月8日正式结案。母亲起先很纳闷：为什么打官司拖了好几个月，结案却如此积极？四天后，苹果公司正式上市，一夜之间，父亲的身家超过2亿美元。

当时，我和母亲租住在门罗公园（Menlo Park）橡树林大道（Oak Grove Avenue）的一栋房子里，在法庭结案之后苹果公司上市之前，父亲来家里看过我一次。我其实不记得那次来访了，但那是我在俄勒冈出生之后第二次见到他。

“你知道我是谁吗？”他把挡在眼前的头发撩到一边，问我。

我那时才3岁，哪里知道这些。

“我是你爸爸。”他说道。

“说得好像他是达斯·维德[①]似的。”母亲后来给我讲《星球大战》时，又提到了这件事。

“我会是你认识的人里最重要的那一个。”他接着说道。

① Darth Vader，又译“黑暗武士”，《星球大战》中的人物，卢克的父亲。

和母亲相依为命

家门口的大街两侧，胡椒树低垂枝丫，粉红色的果实抬手可得，放在手里一捏，就“啪”的一声裂开了。胡椒树叶的形状跟动画片里的鱼骨头一样，在风中轻轻摇曳。鸽子咕咕地叫着，像跑调的木管乐器。树干旁的人行道上，地面偶有隆起和裂缝。

“那是树根，不是树干。”母亲解释道，“它们的劲儿很大，能把水泥顶开。”

我跟母亲一起淋浴，溅到墙上的水珠又沿着墙流下来，水珠就像动物一样，或缓或疾，蜿蜒而下，留下一道道水痕。淋浴间封闭而阴暗，铺着瓷砖，挂着帘子。母亲打开热水阀时，我们俩会一起大喊“毛孔开啦”；打开冷水阀时，我们就喊“毛孔关啦”。母亲跟我解释说，毛孔是我们皮肤上的小孔，它们热胀冷缩。

莲蓬头下，她抱着我，我依偎在她怀里，哪次都分不清我俩究竟谁先洗谁后洗。

她想当个好妈妈，同时希望能成为一个成功的艺术家，每次搬家，她总会带着两本大册子：一本是我出生以来的影集，另一本是她称为作品集的画册。影集是我很希望她扔掉的，因为里面有我光屁股的照片，而那本作品集，我却非常担心她会弄丢。

母亲的作品集里都是她的画作，每一张都包裹着塑料纸，把它称为“作品集”会显得很有档次。我喜欢一页页地翻看里面的画，享受那种沉甸甸的感觉。在一幅铅笔画中，一个女人坐在窗边的办公桌前，一阵风吹过，她的头发像扇子一样绽放，桌上的白纸飘飘扬扬，仿佛纷飞的白蛾。

“我喜欢她的头发，”我说，“我喜欢她的裙子。”我怎么看都看不够画中的女人，我想变成她那样，或者让妈妈变成她那样。

画这幅画时，母亲坐在桌前，用的是一支自动铅笔和一块橡皮，还有她的手掌根，在画的过程里母亲时不时地会吹掉纸上的墨粉和橡皮屑。我喜欢铅笔在纸上发出的沙沙声，喜欢听母亲画画时平缓而悠长的呼吸。她是带着好奇心在作画，而不是自视为画的主宰，似乎她并非落笔之人。

这幅画打动我的地方是它的真实性。每一处细节都像照片一样精确，但画中的场景却如梦似幻。我喜欢画中女人的样子：铅笔裙、纽扣衬衣，在纷飞的纸片中泰然自若、端庄高贵。

“这只是一幅插画而已，算不上艺术品。”我问母亲为什么不多画一些，她不屑地回答道。（她的意思是，这幅画只是一件商业作品，不如她其他的正式画作那样精美，但是我看不出这二者的区别。）她接了一个项目，为一本名为《巨商》的书绘制插画，这幅画就是其中之一。

我们没有车，所以每次出门时，母亲就骑自行车载着我，把我放在后座的儿童椅里，我们在树荫下的人行道上骑行。有一次，迎面而来另一个骑车的人，母亲朝一侧转车把，没想到对方也是，结果双方就撞车了。我们俩摔倒在人行道上，手和膝盖都擦破了。然后，我们俩坐在旁边的草坪上缓了一下，母亲啜泣着，弯曲着膝盖，将短裤卷起，一个膝盖擦破了皮，流着血。那个骑车的男人想帮忙来着，却无从下手。母亲哭了很长时间，我知道，她伤心的原因绝非仅仅是撞车摔伤。

不久后的一个晚上，我想出去散步，但那天母亲心情不好，不愿出门。我求着她，缠着她，最后她才同意和我一起出门。在路上，我们看到一辆叶绿色的大众掀背轿车，车上贴着一张告示，写着“车主转让，700 美元”。母亲绕着车转了一圈，还透过车窗看了看里面的情况。

“丽莎，你觉得这辆车怎么样？我们正好需要一辆。”

母亲记下了车主的名字和电话。后来，外祖父带她去了他公司的贷款部门，共同签署了一份贷款协议。后来说起这件事时，母亲对我当晚拉她出门的行为大加赞赏，似乎我立了大功一样。

母亲喜欢边开车边唱歌。琼妮·米切尔[①]的《蓝》(*Blue*)、《泰迪熊的野餐》(*The Teddy Bears' Picnic*)、《魂断奈何桥》(*Tom Dooley*)，她都唱过，唱什么歌随她的心情而定。我记得有一首歌唱的是请求上帝赐给她一辆汽车和一台电视机。高兴时，她唱 *Rocky Raccoon*[②]，歌里有一段音调忽高忽低，却没有歌词，就像爵士乐里的衬词唱法一样，每当听到这里，我都会因为感到尴尬而大笑起来。当时我以为那首歌是她瞎编的，因为它太古怪了，不像一首正经的歌曲，几年之后，当我在收音机里听到披头士[③]在唱这首歌时，很是吃惊。

当时，美国由里根总统执政，里根诋毁社会上的单亲母亲及福利母亲[④]，将她们称作“手里拿着政府的救济宣传册却开着凯迪拉克豪车的福利皇后”。母亲一谈到里根就说他是个白痴和骗子，说他坏透了，他还规定学校午餐里的番茄酱就算一道蔬菜。

就在那段时间，琳达姨妈（Linda）——母亲的妹妹——来看我们。琳达姨妈在超级剪（Supercuts）连锁理发店工作，正攒钱打算买一套公寓。当时我们母女俩身无分文，琳达姨妈说她开了一个小时的车过来，给了我母亲 20 美元，让她用来买食物和尿布。母亲用这份钱买了食物、

---

① Joni Mitchell，1943 年出生，加拿大传奇音乐家、画家、诗人、视觉艺术家、社会观察者，2002 年获格莱美终身成就奖。

② 《洛基拉库》，披头士乐队的一首叙事歌。

③ The Beatles，又称甲壳虫乐队，英国摇滚乐队，由约翰·列侬（John Lennon）、林戈·斯塔尔（Ringo Starr）、保罗·麦卡特尼（Paul McCartney）和乔治·哈里森（George Harrison）4 名成员组成。乐队于 1960 年成立，1970 年解散。其音乐风格源自 20 世纪 50 年代的摇滚乐，并开拓了迷幻摇滚、流行摇滚等曲风，1988 年进入摇滚名人堂。

④ 有孩子但没有丈夫供养，因此接受社会福利救济的妇女。

尿布，还买了一束雏菊和一小包带图案的手工纸。钱一到我们手里就花得极快，像着了火一样，瞬间就没了。我们要么是仅有一点儿余钱，要么是钱不够花。母亲既不会攒钱也不会挣钱，可是她偏偏又爱美。

据琳达姨妈回忆，她走进屋里，看见我母亲正坐在沙发床上，手拿电话哭诉："史蒂夫，我们需要钱，请给我们寄点儿钱吧。"当时我只有3岁，还很小，只见我一把夺过母亲手里的电话，对着话筒说："她只是要些钱，听懂了吗？"接着就把电话挂断了。

"他有多少钱？"几年之后，我问母亲。

"你看这个，"母亲指着一片橡皮大小的白纸说道，"这好比是我们有的钱。再看那个，"说着，她指了指一大卷白色的牛皮纸，"那就是他有的钱。"

这段对话发生在我们从大浩湖（Lake Tahoe）搬回来之后。当初我们俩开着绿色的大众去大浩湖，与母亲的男朋友住在一起。他曾是一位著名的攀岩爱好者，像岩壁上的纽瑞耶夫[①]一样，后来他肌腱受伤，手术又不成功，右手无名指废了，从此告别攀岩。他开了一家户外用品生产公司，母亲为他公司生产的靴罩等运动装备画图，同时在一家餐馆兼职当服务员。后来，在他们分手后，他转行去推销吸尘器，并重拾基督教信仰，但是当时的攀岩杂志里仍会时不时地刊登他的事迹。有一天，在一家杂货店里，母亲指着一本杂志——封面上是一个挂在悬崖上的攀岩者——对我说道："这个人就是他，他曾是世界级的攀岩爱好者。"在巍峨巨峰的背景中，他就像块小石头一样难以辨识。他经常带我穿过斯凯兰迪亚公园（Skylandia Park）的雪松林到海边去玩，我无法确信封

① Nureyev，鲁道夫·哈米耶托维奇·纽瑞耶夫（1938—1993 年），出生于苏联，当代著名男性芭蕾舞演员。

面上的那个人就是他。

“再看这个，”说着，母亲翻开另一本杂志，“这是你爸爸。”这张脸我认识。父亲当时很帅，他一头黑发，嘴唇红润，笑容很有魅力。那个攀岩爱好者留给我的印象很模糊，而我父亲却很深刻。虽说前者照顾过我，但只给我留下了微弱的印象，我很惭愧，同时也为这份惭愧而自责，毕竟他才是童年时陪伴过我的人。

我和母亲在大浩湖生活了近两年，直到她跟那个攀岩爱好者分手并且搬回湾区生活。

就是在那段时间，关于父亲的一些说辞流传出来。1983 年 1 月的《时代周刊》上，刊登了父亲及“年度计算机”的文章。当时我只有 4 岁，文章中，父亲暗示母亲与多名男子发生过关系，并且母亲还说过谎。文章中还提到了我，他说“美国 28% 的男人都可能是她的父亲”——或许是他篡改了 DNA 测试的结果吧。

读到这篇文章之后，母亲深受打击，她行动迟缓、面无表情，做晚饭时厨房里也不开灯，只凭橱子下面的一盏暗光灯照明。但是几天后她就恢复如常，重新变得幽默起来。她给父亲寄了一张照片，照片上的我光着身子坐在屋里的椅子上，脸上戴着配有大鼻子和大胡子的搞怪眼镜。

“她就是你的孩子！”母亲在照片的背面写道。父亲当时留着大胡子，戴眼镜，鼻子很大。

作为回应，父亲给母亲寄来一张 500 美元的支票。母亲用这笔钱搬回了湾区，在门洛帕克与人合租了一栋房子，房子位于艾维大道（Avy Avenue），合租的人是个养蜂的嬉皮士。

我们从大浩湖搬回来的第二天，父亲就请我们去参观他的新房子。我已经好久没见过他了，在此之后，又是很久未能谋面。所以，后来回想起那天时，当天的记忆——古怪的房子、陌生的父亲——都很不真实，仿佛从未发生过一般。

那天，父亲开着保时捷来接我们。

他的新房子里没有家具，只有几个洞穴般的房间。在一个潮湿的大房间里，在地面凸起的平台上，我和母亲发现了一台教堂管风琴，风琴下面是一排木质脚踏板。另外两个房间里，花格墙上是满满的数百根金属管。这些管子粗细不一，有的很粗，我都能钻进去；有的则很细，比我的尾指指甲还细，每根管子都竖立在特制的木头底座里。

我看到一个室内电梯，就来回坐着玩，最后父亲说："行了，别玩了。"

外面在私人车道上看到的，其实是房子较窄的一面，对着草坪的那一面才大，白色的巨大拱门，艳红色的三角梅犹如波浪一般。"这房子跟屎一样，"父亲对母亲说道，"建得跟屎一样，我打算推倒重建。我是为了这里的树才买的。"我大吃一惊，但他俩却若无其事地继续向前走。买这样一栋豪宅，真正在意的却是院子里的树？在我下次过来之前，他会不会已经把房子拆了？

父亲发"s"这个音时，很像把燃烧的火柴丢入水中的声音。他走路时身子前倾，仿佛是在登山，他的膝盖似乎总是伸不直。他黑色的头发耷拉在面前，总是轻轻甩头以免被其挡住视线。被黑亮的头发一衬，他的脸显得很帅气。跟他走在一起，沐浴着明亮的阳光，闻着土壤和树木的味道，感受着空旷的院落，真是令人着迷又兴奋。有一次，我发现他正在瞟我，那是一双褐色的眼睛，目光锐利、平静而冷淡。

他指着草坪另一端的三棵大栎树，对母亲说："我买这栋房子，就是为了它们。"

他是在开玩笑吗？那时的我完全听不出来父亲说这句话是在开玩笑还是认真的。

“树龄多大了？”母亲问道。

“两百年。”我的胳膊只能环抱住树干最细的部分。

我们转身向房子走去，来到一个大池塘边上，池塘位于一片草地中央，草地久未打理，杂草长得又高又乱。池塘表面，有一层密密麻麻的死虫子：黑蜘蛛、盲蛛；还有一只折翅的蜻蜓，几乎看不到下面；还有一只死青蛙，白肚皮朝上浮在水面；还有很多枯叶，池水因此变得稠乎乎的，浑浊不堪，像一池墨汁似的。

“看上去你得好好清理一下池子了，史蒂夫。”母亲说道。

“或者我干脆把它填平算了。”父亲说。当天晚上，我梦见池塘里的虫子和小动物们像龙一样从水里飞起，直上云霄，只留下蓝绿色的水面和粼粼白光。

几周之后，父亲给我们买了一辆银色的本田思域，替换了原先的绿色大众。后来我们开着这辆本田去了很多地方。

几个月后，母亲打算外出度个小假，于是连夜开车带我去了哈滨温泉（Harbin Hot Springs）。返程的路上已是深夜，还下着雨，山路蜿蜒，离家还有两三个小时车程时，我们迷路了。驾驶位的雨刷很好用，但我这边的雨刷中间弯了，在玻璃上刮过时，总会留下一道弧痕。我这边的挡风玻璃上，还有一道裂痕，很可能是鹅卵石击中玻璃造成的。

“什么都没有，我们一无所有。”母亲突然说道。我不知道她说的是什么意思，接着她就开始哭了起来。她的哭声音调很长，连绵不断，就跟拉弦一样。

对于一个28岁的单身妈妈而言，独自养育孩子的难度还是远远超过她的预想。她的家人也爱莫能助：她的父亲，也就是我的外祖父吉姆（Jim），借给母亲几笔小钱，还给我买了第一双结实的鞋子，但除此之外再无帮助。她的继母名叫法耶（Faye），偶尔帮母亲照看我，但她不喜欢小孩子在她家里，怕会弄乱她的家具。她的姐姐凯西也是一位单身母亲，孩子也还小。她的两个妹妹都已长大离家，有了自己的生活。母亲因未婚生女感到羞耻，她觉得自己被社会抛弃了。

我们经过白天走过的山丘，白天的时候看去，它们光滑而柔和，仿佛驼峰一样。但在夜空的衬托下，山丘却显现出荒凉的轮廓。母亲哭得更凶了，一路啜泣不已。我默默地听着，不敢发出一点儿声音。迎面开过来一辆车，借着射来的片刻灯光，我才瞥了母亲一眼，看清了母亲哭泣的脸。

"我想我们好像错过出口了，我不知道该怎么办。"雨下得更大了，她把雨刷调快了一些。雨水瞬间填满雨刷刮出的半圆，又瞬间被雨刷刮掉。

"我不想再这样活了！"母亲啜泣道，"我不干了！我活够了！去他的！"她大声地咒骂，很是刺耳。我捂住了耳朵。"去他的！去！他！的！"她朝着挡风玻璃大骂不已，似乎是玻璃惹得她生气。

我那时4岁，就坐在她旁边的副驾驶座上，被儿童安全座椅的两根保险带牢牢地固定住（那时儿童安全座椅还能放在副驾驶座上）。看着一辆辆经过的汽车，看着前后左右的汽车，我幻想着一个平静的环境，我真希望自己能身处别的汽车里。如果她能像之前一样，能像在白天一样，那该多好，她的两面简直判若两人。她后来跟我说，尽管她的哭喊难以自抑，但她知道我已经懂事了，能记住眼前发生的这一幕。

"我一无所有，"她说道，"过着跟屎一样的生活，狗屎一样。"她呼吸不顺，上气不接下气，"我不想活了！这叫什么日子啊，活着还有什么意思！"她的声音因哭喊而变得沙哑，"这该死的生活！"

她一边哭喊，一边猛踩油门，汽车向前疾驰，飞速碾过路面，窗外的雨点像横飞的唾沫，她似乎是要用发动机的轰鸣来代替嘶喊。

“去他的《时代周刊》，去他的，滚！”两相比较，“滚”比“去他的”更为短促有力，听得我胸口一阵闷痛。她长喊一声，却只有声音，没有内容。她猛烈地摇头，头发乱舞，接着她龇牙咧嘴，手掌猛拍仪表盘，吓得我一哆嗦。

“怎么了？”看到我吓一跳，她朝我吼道，“怎、么、了？”

我一动不敢动，成了一个坐在副驾驶座、不敢有任何想法的小女孩。

突然间，她猛打方向盘，车下了高速路；我原以为她是要撞翻车自杀，转而发现其实是开下了坡。

她把车停在路边，踩下刹车，伏在手臂间哭着，后背一耸一耸的。我被她的悲伤情绪包围着，无法逃离，也无能为力。几分钟过后，她开动汽车，经过高速天桥上了另一条路。虽然她还在哭，但情绪缓和了一些。跟祈祷似的，我暗暗向挡风玻璃上那个被鹅卵石打破的裂孔请求，请它帮我看着路，然后我就睡着了。

在她最为绝望、哭喊最大声的时候，虽然明明知道在这漫天雨帘的颠簸的汽车里只有我们母女二人，但我依然能感觉到身边有个平静镇定的“东西”。它亲切善良，心系我们母女，即使它无法干涉和改变现实，或许它就坐在汽车的后座上。它不能使母亲的悲怆停止，它无能为力，却默默注视，把一切都看在眼里。后来我不禁纳闷，那是否是我成年后的某个灵魂，她穿越回来，在汽车里、在母亲身边，陪伴着年幼的我。

第二天上午，我们看见合租的养蜂男人在院子里。他身穿白色的养蜂衣，袖子连着手套，帽子上缝着防护网，他的蜂都在小院的一个板条箱里。房子的后面，是附建的厨房，我和母亲就在厨房里，看着院子里的情况。他向我打招呼，示意我出去看。

“不用怕。”他说道。

“她对蜂过敏。”母亲朝他喊道。以前我踩过一只蜂，结果脚肿了起来，一个星期不能走路。

“我的蜂心情很好，不会蜇人的。”说着，他摘下帽子，让我们看到他的脸。“这是蜜蜂，对人很友好。”

“但你还穿着养蜂衣，”母亲说道，“她可穿着短裤呢，一点儿保护都没有。”

“那是因为我得到箱子里取蜂蜜，要把它们熏出来。不然的话，我也会跟你们穿得一样，它们不会蜇人的。”他对我说道，“你知道吗，要是蜜蜂蜇了人，它们就死了。”他顿了顿，继续说道，“它们活得很快乐，你又不会伤害它们，它们为什么要去蜇你而丢了自己的性命呢？”

“你确定？”母亲再次问道。这似乎和我们想象的不符，但我们确实对蜜蜂一无所知。

“对啊。”那人答道，戴上了帽子。

我还从未近距离地看过蜂房呢。

“好吧……”母亲半信半疑。我走到他跟前，低头看蜂房的热闹情景。密密麻麻的蜜蜂犹如天鹅绒一般，像一张闪亮的褐色地毯。有的蜜蜂飞得高一些，盘旋着，就像细线牵扯的小气球一样。一只蜜蜂落在我的脸颊上，转着圈地爬。我并不知道，那是攻击的前兆。我抬手想把它轰走，它却紧趴在我的脸上，接着就把我蜇了。

我跑进屋里找母亲，她把我拽进厨房，厨房的窗户是开着的，从外头能听到厨房里的声音。

“你脑子有病吗？”她朝那人吼道，一边翻找了几个橱柜。她拿出苏打粉，放在碗里，用水调成糊状。“你也真是傻大胆。”说着，她蹲在我身边，用镊子把蜂针拔出来，用手指肚把苏打糊抹在我的脸上。这时，我的脸已经开始肿了。

“真是个蠢货，”她咕哝着，“他自己裹得严严实实的，却跟一个小女孩说没有危险。”

当我们手里有点闲钱的时候，我们就开车去德尔格食品超市（Draeger's Market）。那里的熟食店柜台后，有一面墙的烤肉炉，炉子里是慢慢转动的烤肉，空气中弥漫着甜甜的土腥味和蒸汽味。烤鸡的生熟一眼可辨：不熟的是亮白色，表面是一层橙色的调料粉；烤熟的则是褐色且表面光洁。母亲取了号。

“来半只烤鸡，谢谢。”轮到我们时，母亲对柜员说。他拿一把类似园艺剪刀样的刀子把烤鸡一劈为二，刀刃经过时，鸡肋发出动人的脆裂声。接着，他把半只鸡放进一个白色银边的袋子里。

回到车上，母亲把袋子放在手刹的位置，我们分坐两边。她把袋子撕开，我们就四手并用撕鸡肉吃，慢慢地，车窗内蒙上了一层热雾。

吃完后，她用袋子把鸡骨头包好，又用餐巾纸擦我手上的油，借机看了看我的手掌。掌面折叠处形成一道道细槽，仿佛高空俯瞰下的干枯龟裂的河床。每个人的掌纹都不一样，但纹路大致是相同的。

母亲把我的手掌歪了歪，以便光线照到。

“天啊。”她惊叹道，面部肌肉抽搐了一下。

“怎么了？”我问道。

“不是太好，掌纹断了。”她的脸色很难看，神情恍惚，一言不发。在此后的很多年里，母亲给我看过很多次手相，其细节随着我年龄的增长而增加，但每次她都会犯同样的错误，屡试不爽。

“什么意思？”我的心揪了起来。

“我从没见过这样的掌纹。生命线，弯着的那条，嗯，就是这条，有断纹和乱孔。”

“有孔怎么了？”

“孔代表灾祸、不顺，”她解释道，“真可惜。”我知道，她并非惋惜我的掌纹，而是我的人生。人生的开端我已记不清了，我的年纪太小，不懂得生活的艰辛。她可能认为，我不明白自己的家庭与正常孩子的家庭不一样，不知道正常的家庭理应是什么样子。就在那段时间，有一天，我跟小朋友们在操场上玩，我穿着一双不合脚的大鞋追逐一个小男孩，母亲无意中听到我神气地朝他大喊：“你连个爸爸都没有！”

“这是什么线？”我指着尾指下面的横纹问道。

“感情线，”她答道，“也不顺。”我的心顿时沉了下去，明明前一刻我们还很愉快。

“这条呢？”第三条掌纹横贯手掌中部，与生命线分叉而行。起初它比另两条掌纹都清晰，但越来越细、越来越浅，就像树枝的末梢一样。

“等等！”她突然精神一振，“这是左手啊？”母亲有阅读障碍，经常分不清左右。

“是啊。”我答道。

“啊，很好。左手管的是先天条件，我看看你的右手。”

我把右手递给她。她端着我的手掌，前后左右调整角度，仔细地察看上面的纹路。因为刚吃过烤鸡，手上残余的油脂令手掌油光发亮。“右手管的是后天努力，我看一下，你能活得很好，”她解释道，“比左手好很多。”

她怎么会看手相？是不是在印度学的？

她说，印度人不在公共场合使用左手，因为印度人大便之后不用纸擦，而是用左手，然后再洗手，我一听简直吓呆了。在社交场合，他们只用右手。

从此以后，只要谈到印度，我总会说：“我要是去印度，一定会带足卫生纸。”

她跟我讲过一次在印度的经历。那时她去阿拉哈巴德[①]参加十二年一度的“大壶节”，举办地位于恒河与亚穆纳河的交汇处。现场人山人海，远处有个圣者，他坐在护墙上，把自己赐福的橙子扔到人群里。

“他离我太远了，以至于远远看去他只有一英寸高。”母亲回忆道。

前面扔的那些橙子都离她很远。这时，圣者突然扔了一个橙子，直直地向她飞来，“咚”的一声砸在她的胸口，正中心脏位置，这使她不由得一时气短。

橙子掉在地上，一群人蜂拥而上将其夺走了，她没有抢到。但我知道，这个神圣的橙子从天而降击中她的心口，对于她，对于我们母女俩来说，都有着重大的意义。

“你知道吗，”母亲曾对我说，“你出生的时候，从我下面哧溜一下就出来了，像发射火箭一样迅速。”她跟我说过很多次了，但我都没有打断她，而是假装忘记，听她继续说。“我参加了产前辅导班，他们都说分娩时很费劲，可生你的时候，你一下子就出来了，挡都挡不住。”我喜欢听这个故事：因为我不像别的孩子那样折磨妈妈，我给她省了很多事，这对我有很大的意义。

以上种种——掌纹、橙子、出生经过——都意味着我在成年之后会一帆风顺。

“等我长大了，你就老了。”我说道。我想象自己沿人生之路前行的样子：长大、变老，意味着在掌纹的生命线上越来越靠下。

我们俩步行去街角处的毕兹咖啡屋（Peet’s Coffee），老板免费送了她一杯咖啡。我们坐在门外的长凳上，阳光下很是温暖。咖啡屋对面是个广场，广场四周的双排美国梧桐刚刚修剪截枝，被砍得只剩树干，就

① Allahabad，印度北部城市。

像抓子游戏里的子一样（末端是球体的金属枝状物）。空气中弥漫着新鲜木头的味道。

“像这样吗？”说着，她模仿起老太太走路的样子，弯腰拄拐，掉光了牙齿。演完了，她直起身来对我说：“宝贝，我只比你大24岁，等你长大了，我还年轻得很呢。”

“哦。”我回答，好像同意她的说法。但不管她怎么解释，我都无法信服。我觉得，我们母女俩就像跷跷板的两端：一端获得幸福、快乐、满足，另一端就会不幸、不悦、不满。待我风华正茂时，她已苍老。那时她身上会有老人味儿，就像变质的花水，而我却年轻清新，犹如新发的树枝。

幼儿园记忆

上幼儿园时，我中途转到了帕洛阿尔托的一家公立幼儿园。在此之前，我在另一所幼儿园上学，但是母亲觉得那个班里的男生太多了，于是就给我办了转学。转到新学校的第一天，一位助教把我带到教学楼一侧，用拍立得给我拍了一张照片，又将其贴在宣传栏里，跟其他孩子的照片排在一起，并在照片下面写上我的名字。拍照时，我双手抱头，愚蠢地以为那样会好看一点儿，而别的孩子都是端端正正地坐在蓝色背景前。照片的颜色很浅，一看就是临时凑合的。我觉得它不仅反映了我“后来者”的身份，还显得我对他们来说似乎是不存在的，毕竟我都已经被光线照虚了。

我的老师帕特（Pat），个子很高，身材丰满。她声音悦耳，喜欢穿长及脚踝的牛仔裙，短袜配便鞋，T恤衫裹住巨大的胸部，戴一副拉丝眼镜。课间休息时，我们在教室后面一个立体方格木架上玩。在两个木板平台之间，挂着一张绳网，孩子们称其为“驼峰坑”。我所理解的“驼峰”，应该是中间有凹陷的两块隆起物才对。我讨厌这个“驼峰坑”，因为我刚来学校时就掉进去过一次，当我费力地向外爬时，别的孩子只是在一旁高喊“快爬！快爬！”

这所幼儿园很重视培养孩子们的阅读能力，但那时我还不识字。帕特的教学理念以奖励为基础——孩子们每读完一本书，就能得到一个泰迪熊。

我背下了一本书，打算从助教那里骗来一个泰迪熊。

“我准备好了。”我说道。大家都坐在地板上，背靠读书角的书架。我把书翻开，放在腿上，“读”了起来。凭着记忆，也借着每页插图的辅助，我将每一页上的内容背诵出来。我“读”了两页，却见助教拉长了脸，紧紧地抿着嘴唇。

“你的书翻错页了，”她说道，“还漏了个字。”

“求求你了，给我一个小熊吧。”我说道。

“不行。”她回答道。

同学丹妮拉（Daniela）已经得到二十二个小熊了，我问她能不能分给我一个。

“你要读完一本书才能得到一个小熊。”她回道。

我开始觉得自己又笨又羞耻，我认为想要改变这些已经太晚了，我什么也做不了。我觉得自己跟同龄的女孩儿不一样，任何善良纯洁的人一眼就能看出来，并对我心生厌恶。有三点可以证明：一是宣传栏里的照片；二是我还不识字；三是我过分谨慎忸怩，然而别的女孩儿并不是这样。我按捺不住内心的狂躁，我的体内好像生了虫子，要么是我得了某种怪病，要么是我偷拿生曲奇饼时沾上了生鸡蛋或面粉里的寄生虫。

我自己能感觉到，别人肯定也能看出来，所以每次经过镜子时，我都会心中一震，因为镜中的我并不像我自己想象的那样令人反感和讨厌。

在自由阅读时间，我和莎伦（Shannon）偷偷地从教室后面溜出来，穿过立体方格木架，来到一个隐蔽的地方。这里位于两排茂密的灌木丛中间，就在小学部的教室旁边，脚下铺着碎石子。莎伦长着浅金色的头发，眉毛和睫毛是白色的，她也不识字。她穿着牛仔裤，裤腿拧了，所以跟腿缝对不上。我们俩朝教室窗户扔石子，然后扭在一起，在石子上面打滚。

帕特告诉我们班里要转来一个新生，是个男孩儿。

“咱们用水喷他。”我向莎伦提议道。

“好，”她答道，“就用饮水池里的水。”

我预感这事一定会很好玩，甚至觉得那个新生也会觉得很有趣。

新生来报到的那天，我们俩等在饮水池旁边。他来了，穿着短裤，黑发，挺有自信的样子，我原以为他是那种弱不禁风的男生。

我们俩嘴里含满了水，在路口堵住了他，就在大树底下。“嗨。”莎伦张着嘴、仰着头，向他打了个招呼。我瞅了她一眼，差点笑出来，她的脖子哆嗦着，嘴里漏出的水顺着下巴流下来。太好玩了，比我之前干过的任何事都好玩，能想出这样的恶作剧，我真聪明。

小男生看着我们，莫名其妙。

“呃，呃，呃……”我和莎伦齐声数着一、二、三，代表“三”的第三个“呃”一出口，我们就一齐把水喷了出来。他惊呆了，他的父母原是跟在后面的，见状急忙冲上前来，蹲下身来安慰他。我和莎伦大功告成，我志得意满。

老师把我们俩分开，通知两个母亲到校。

回家时，母亲唠叨了一路。

“那个男生心里会怎么想？你觉得他是什么感受？”

“难过。”我答道。刚喷完水，我就明白过来了——对他而言，这不是个玩笑，不像我预想的那样。这只是我和莎伦的恶作剧，而在水喷到他身上的那一刻，玩笑就过火了。

“真丢人，我都替那个男生难过。”母亲继续说道，车开得很快，“还有那个帕特老师。她到底怎么想的？搞什么小熊奖励，什么玩意儿。”

买颜料

第二年，我又转校了。这次去的是旧金山半岛地区的华尔道夫学校（Waldorf School）。这是个新学校，刚建成一年时间。开学前的那个夏天，一年级新生的家长们聚在一起，为教室粉刷墙壁、选择木料和泥沙，为课桌椅刷漆。每学期的学费是 600 美元（给我们家打了折），母亲算了算，要是家里不买家具的话，应该能付得起。尽管如此，每次交学费时，我们都得拖一段时间。母亲每次都联系父亲，问他是否可以寄点钱来，父亲一共给过两次。

一天，母亲带着我从强宁大道的公寓出发，去了洛斯阿尔托斯。母亲要在那里给人打扫房子。这本是她的朋友桑德拉（Sandra）的活儿，但她搬走了，就把活儿让给了我母亲。桑德拉喜欢我们母女俩，她曾经收藏了一张报纸，报纸上有一篇文章说的是一对母女冬天驾车出门，车撞上了路边的雪堆，母亲昏迷过去，3 岁的女儿步行两英里求助。桑德拉告诉我母亲：“丽莎也会这样做的。”

房子的女主人教我如何用蛋黄酱清理无花果树叶上的灰尘，我按她说的做，将树叶擦成光洁的深绿色。母亲干完了活儿，那位女士付了钱，我们就先去银行把钱存起来，又去了几条街外的大学美术用品商店。

“您好，我是这里的会员。”母亲对柜台后的人说道。艺术家们可以加入这里的会员，享受折扣。“前几天我给你们写了张支票，可能被银行拒付了。”她如此说道。她经常会说支票被拒付，我不知道那是什么意思，虽然事实并非如此，但这个理由很好听。“我想再给你们重开一张，但我想先买一些绘画颜料。”

“当然可以，”那个人答道，“买完东西再过来一起结算就好。”

那个人微笑着，我们也报以微笑。母亲笑得真诚而迷人，因为我们俩的到来，店里似乎变得明亮起来。

母亲沿着货架慢慢地走着，每个颜料管都摸一遍，那些颜料，哪怕是不喜欢的或买不起的，也要逐个看一看。绿松石色、胭脂红色、烧赭石色、藤黄色……一管管颜料被细绳吊在货架上，崭新的颜料瓶光滑如镜。“颜色不一样，价格也不一样，因为原料不同。”母亲对我解释道。画笔是由尼龙或动物毛制成的，不同的材质有不同的用途，都很贵。画笔的笔尖都套着塑料套，新笔的笔尖都用胶固定住了，很硬，使用时需要用水泡软泡散。母亲每次画完画，都会把笔洗干净，再将笔毛拈成尖状，这样一来，笔尖干了之后就能保持形状。

当天，母亲买了一管煅棕土色的颜料，她在收银台前把账一次结清了。她没拿包装袋，而是将颜料握在手心里，一路走到汽车前。

接着我们又去了毕兹咖啡屋拐角处的书店。书店的主人坐在桌子后面跟母亲说话，我能看出来，这个人很有智慧。他上了年纪，留着胡子，眼睫毛很长，就像邋遢状态的耶稣。我想吸引他的注意力。

“我爸爸是史蒂夫·乔布斯。”我对他说道。我本不应该告诉外人这件事。母亲看着我，呆住了。还好，我们俩是店里仅有的顾客。

“哦？”那个人答道，把眼镜推到额头上。

“是的。”我说道。我的话犹如树叶上闪亮的水滴，成功地吸引了他的注意力。“还有，我是世界上最聪明的女孩儿。”

埃伦一家

一天下午，母亲来接我放学。她对我说：“咱们去埃伦（Ellen）家游泳。”

我一听，喜忧参半：喜的是能去游泳了，忧的是——埃伦家是天体主义，游泳时都是裸体的。

“我非得去吗？”我问道。

“我得多跟成年人聚聚，不能老守着你。”母亲答道。其实她也不是真喜欢埃伦一家，但她的朋友里没有人办聚会，而埃伦一家是实打实向我们发出邀请的。

在前往埃伦家的路上，汽车收音机里说着臭氧层损坏的事，说臭氧层破了，变得越来越薄。我一边听着，一边想象：在天空的最高处有层被撕裂的薄纱，没有它的保护，我们都会被太阳晒死。

埃伦家的房子很大，是木瓦结构，老式的帕洛阿尔托住宅风格，占地很大，树也很大。房子内部很宽阔，棕黑色调，角落里放着箱子，窗玻璃很脏，窗台积尘。泳池是呈蓝绿色的长方形，位于大院子里，四周一圈高高的黑色围栏——我松了口气，这样街上的人就看不到里面的情况了。泳池四周，光屁股的大人有的坐在不太协调的椅子上，有的坐在泳池的混凝土边缘，放眼望去，白花花一片。他们说着话，偶尔把手脚探入池水里。女人下水时，动作很慢；她们先是摊开手探入水面，然后僵直地进入深水区。

“你穿泳衣吗？”我问母亲。

“不打算穿。”

“求你了，穿上吧。”

“丽莎，你怎么跟你外祖母似的，要是那样，我就是唯一一个穿泳衣的大人了，多怪啊。”

“就算为了我，你也穿上吧。”我说道。看到她的身体穿着衣服，我心里会有安全感。

“好吧，”她答应了，“为了你，我穿。真是老古董一个。”

嬉皮士任由灰尘积在角落，家具旧了也不换新的。他们说话时，两个辅音之间的那个元音会拉长下垂，仿佛晾衣绳上的湿被单一样，比如：“Heyy there”。他们宣扬自由主义，但不是正常的自由主义，而是随性而为、自甘堕落。我坚信，要是我们跟嬉皮士混在一起，那么，无论是怎样的解脱感、未来的光明与快乐（我在别人身上看到过），最终都会消失，会被吞噬，会深陷泥潭。母亲跟嬉皮士套近乎，是因为她很孤独。有人交往陪伴，总比孑然一身要好。有时候她渴望离我远一点儿，变得更自由一些。但嬉皮士令我却步，每当她要与他们厮混，我就会变成保守的老古董，变成母亲的护卫和看守。

但我们认识的绝大多数嬉皮士都是无害的，甚至是倒霉的。有时候，我会问母亲关于某个嬉皮士的事。几年前，她跟那个人交往了两个月。他明确地跟她说，如果想继续交往下去，就得弃养我。嬉皮士之间的相似之处有目共睹——拉长下垂的元音、颜色单调的衣服、呆滞无神的双眼、没有正式工作……通过提及这个人，我希望能让她明白：她看人的眼光很差。

其实我们谈的并不是嬉皮士，而是我小时候她对我的来去的举棋不定。直到现在，我仍能感到她对逃离的渴望——离开我，离开与我相依为命的生活。而我则想要让她感到羞愧和忏悔。

“他很差劲。”我说道，“你那个嬉皮士男友，我恨他。”

“‘恨’这个词太严重了，丽莎。我觉得你不是恨他。”母亲顿了顿，继续说道，“但我听说，在跟我分手之后，他还跟一个养狗的女人交往过。她很爱自己的狗，他却对她说，要想继续交往，就得把狗扔掉。你能相信吗？他总会找到对方最珍重的东西，然后要求对方为了他而将其抛弃。”

但我还是恨他。

艾达·埃伦（Ada Ellen）身材削瘦，精灵古怪，声音尖细愉悦，蜂蜜色的皮肤，绿色的眼睛，留着长长的金色鬈发。她只有五岁，比我小两岁，但老成很多，或许是她在家里接受教育的缘故吧。当天，我们俩都穿着泳衣。

我们俩跳进泳池玩了一会儿，然后爬出来，走进屋里，在黄褐色的洗衣机旁拿毛巾擦干身子。这里离大人们很远。

“嘘……”艾达示意我不要出声，接着从毛巾里拿出一包水果味口香糖。我很奇怪她是怎么搞到的，因为我们俩的父母都不准我们吃口香糖。

我们俩从裸体的大人们身旁溜过，蹑手蹑脚地越过石块和有尖刺的草地，来到院子中央的灌木丛，藏在后面。我疾步而行，在一丛丛尖草和石块之间寻找平坦的泥土地面落脚。这片灌木叶子不多，凑合能把我们俩挡住。我们把银色包装纸剥开，一片接一片地嚼着口香糖，把这些表面上沾着一层粉的口香糖当成了糖果。一片片牙齿颜色的口香糖在我们嘴里鼓鼓囊囊。

“你们俩在那边干什么？”母亲朝我们喊道。

我和艾达从灌木丛后面站起来，肩并肩站着，对面是裸体的大人们，只有母亲一人身着泳衣。我们俩嘴里还嚼着口香糖，艾达低头耸肩，三角形的肩胛骨从后背凸起。

“是口香糖？”艾达的母亲安妮（Anne）问道，“谁给你们的？”安妮的皮肤是奶油色的，仿佛倾洒的牛奶一样。她的乳房很小，上胸很平，底端则垂成袋状。她在胯部围了一条蜡染花布。

“吃口香糖会让胃误以为摄入了食物，”安妮继续说道，“接着就分泌胃酸，准备消化。”

我的胃真的疼起来了，但这阻止不了我。

安妮身边有个我不认识的女人，她全身赤裸，只在胯部围了条毛巾。她说：“胃酸会把你们的胃壁腐蚀掉。”

嬉皮士对穿衣服没什么要求，对吃糖却分外苛刻，我如此想道。

“这是真的。”母亲对我说道。

“过来，”安妮对我和艾达说道，手掌拢成碗状，“吐出来。”

艾达把口香糖吐在她手里，我也是。

“去刷牙，你们俩。”我们又走进昏暗的房子里，来到二楼卫生间。我用艾达的牙刷，她看着我用牙刷上下左右地刷牙，一边看，一边无意地模仿我的动作，仿佛镜子里的人像一般：我刷左边她就动右边，如同两个人一起刷牙。

有一个下午，母亲离开了，我则留下来跟艾达玩。

“跟我来。”艾达对我说道，接着就带我溜进顶楼的一个空房间里。

只见安妮在地板中央盘腿而坐，面对门口。她的下身仍围着那条蜡染花布，上身则是赤裸的。她的丈夫托马斯（Thomas）衣服齐整，正站在房间远端的两扇窗户旁，同样面对门口。艾达站在她妈妈身边，看着我。

“你吃过母乳吗？”安妮问道。我第一次听她用这种声音说话，怂恿且愉悦，仿佛是在演戏。

“艾达喜欢吃母乳，”站在房间远端的托马斯说道，“你也该试试。”

我站在那里，面对他们一家三口，说道：“不，谢谢。”

“很棒的，我一直都吃呢。”艾达的声音也像她妈妈一样甜腻。这是整件事中最令我难以释怀的地方：我的好朋友怎么会变成这样，变得如此机械虚伪，与我对立。安妮把一只手搭在艾达肩上。

“不，谢谢。”我再次说道，“我不想吃。”但我感觉压力越来越大，仿佛山雨欲来。

“你做给她看。”安妮对艾达说道。接下来的一幕令我大吃一惊，只见艾达蹲下身来，侧身躺在她妈妈的腿上，张嘴含住了一个乳头。

托马斯向前走了几步，站在安妮身后。“试一试，你会喜欢的。”他说道，“一次就行。”

艾达站起身来，跪坐在她妈妈身旁，对我说道：“我喜欢吃奶，太棒了。”

此刻我已明白，我要是不吃安妮的奶，他们是不会放我走的。或许吃一口就行吧，这个愚蠢的念头太丢人，我暗自庆幸屋里没有外人。

“好吧。”我答应了，接着就像艾达那样蜷在安妮的腿上。

安妮的乳房里根本没有乳汁。她的皮肤发黏，比我的嘴凉一点儿，几乎没有味道，不咸。我不知道应该吃多久，若是太早结束，他们没准儿还会逼我再吃一次。我闭上了眼睛，心里默默数着：一千只羊、两千只羊、三千只羊、四千只羊、五千只羊……

“谢谢，真的很棒。”说着，我站起身来。

“埃伦一家让我吃安妮的奶。”几周之后，我对母亲说道，好不容易才说出口。这段时间里，我们又与埃伦一家见过面。我不愿再单独跟他们相处，若是迟迟不跟母亲说这件事，那种事恐怕还会发生。说这话时，我和母亲坐在家里私人车道的汽车上准备出门。

“吃奶？”她愣住了。

“我是被逼的。”

“他们逼你的？”

“他们不让我走。”我希望她不会因为我的屈服而难过。

她大喊一声：“什么？”接着就把汽车熄了火，跑进屋里。我也下了车，站在私人车道上，就在红瓶刷子树旁。随后几天时间里，我听到她跟人打电话，往往是一边哭一边说话。几年后她对我说，她那时曾跟父亲通电话，父亲说她不该报警，应该大事化小。她还给别人打了电话，从她的反应及电话来看，我是再不可能与埃伦一家相处了。事实上，从那以后，我就再也没见过他们。我如释重负，但我担心艾达。母亲的新男友罗恩（Ron）说，她应该报警，母亲照做了。她报了警，还填了一份报告。

“树枝艺术家”

在跟罗恩交往之前，母亲还跟一个名叫克里斯托弗（Christopher）的男人有过来往。他用树枝制作艺术品。

我不喜欢他，不喜欢她对他谄媚的样子。在他身边时，她活跃而轻浮，仿佛是空气做成的，而不是实实在在的肉体。他待她有些疏远，说话轻声细语的，似乎有不可告人之事。他还有些羞怯，给我的感觉就是一直鬼鬼祟祟的。有一天晚上，吃完晚饭，我和母亲送他到汽车旁。他打开后备箱，里面的毯子上放着一根树枝，上面有几处地方绑了彩线，一处拴了块水晶，另一处挂了根羽毛。

“这就是我做的东西。”他轻声说道。

“真漂亮。”母亲赞道。我倒希望她的赞美是装出来的。

“这块水晶很厉害的，”他解释道，“鹰羽是我散步时捡到的。”

“鹰羽？真了不起。”母亲赞道。她把鹰羽捧在手里看着，态度非常恭敬。

“你不是真心喜欢,对吧？那根树枝。”克里斯托弗不在时,我问母亲。

“我喜欢啊。”母亲答道。

“那只是树枝而已。他不像你，他不是真正的艺术家。”我想提醒她那幅画——纷飞的白纸中端坐的女人。

“我觉得那不只是树枝，”她说道，“我的意思是，他在上面绑了线，花了很多时间。有些树枝在召唤他，大自然在对他说话。我也想做一根那样的树枝。”

“我的天哪！”我说道。

“真的，我也想做一根。”

“那只是树枝啊，妈妈，树枝。”

“好吧，可能是有点愚蠢。”她承认道。

她恢复理智了。

母亲每周都有几个下午在一家餐厅兼蛋糕店当服务员，她带我去过一次。她跟我说了个店里的秘密：老板就是蛋糕师，他在后面的作坊里制作花色小蛋糕，往蛋糕上挤糖霜时，糖霜包的金属嘴会有连丝，他总是直接用舌头将其舔断。尽管如此，那次我去看她时，还是点了一个小蛋糕吃。母亲很少允许我吃糖，但这个蛋糕太好吃了，让我连老板唾液里的细菌都不顾了。

“世界是由空间组成的，而不是物质。”几天后，母亲对我说道。当时我们俩正待在屋里，她正在读一本有关量子物理的书，因而变得有些夸夸其谈。她说，原子之间的空间太大，所以空间和物质没有什么不同，因为物质基本上就是空间组成的。从表面上看，物质可以是身体、沙发、桌子……但事实上它们都是空间，要是能领会这个道理，就会穿墙术了。

母亲说，有些“神人”能穿墙而过，视墙如无物。他们都知道一些量子物理知识（虽然只是直觉上的），知道原子之间的空间非常大，比足球场还大，我还没见过足球场。母亲还说，这些“神人”不像我们那样束缚于分裂空间的假象，因为他们能看透固体物质的虚假特性，所以不受物理原理的约束。她说媒体报道过很多类似的奇闻逸事，如某位大师能同时身处两地，能同时与两群人对话。

说这些话时，我们身在客厅里。我试着想象墙后面卧室里的情形，我“相信”物质是不存在的，这样墙就会在我眼前消失。第二天，我抽出几个小时的时间，屏住呼吸，把食指放在鼻子前面数英寸的地方，盯着它，结果手指变成了半透明状态——我认为我能看透手指了，我有了特异功能，下一步就是穿墙了。

第二章　生命线

学画画

当我读小学二年级时，母亲在周末为我及另外五个孩子上美术课。她开车带我们去本地一个名叫“世外桃源”（Hidden Villa）的农场写生。在汽车里，她让我们每两个人坐一个座位，共用一根安全带。

我跟玛丽-埃伦（Marry-Ellen）一起坐在副驾驶座上，我在前，她在后。她留着短发，脸上有酒窝，我的后背能感觉到她平缓的呼吸。母亲把画具都放在后备箱里，每个学生一个折叠画架、一个梅森奈特纤维板用于固定画纸、一套水彩、一支炭笔、一块橡皮，还有一块软布。

“我们要画什么？”乔（Joe）问道。

“我还没想好，”母亲答道，“到那里再说。”

她跟别的妈妈不一样，我们俩也跟别的家庭不一样。我害怕她在上课时把我们的怪异之处暴露出来。

几天前，我走进卫生间，发现母亲脚踩着马桶边沿，高高地蹲在马桶上面，裤子褪到腿上，像一扇窗帘似的。

“你在干什么？”我吓了一跳，问道。

“这是我在印度学的，”她答道，“这样方便更健康，把门关上。”

农场位于丘陵中央，山上满是月桂，树干不粗，半月形的黄叶从树上飘落。路的一侧是一排绿色的莴苣。空气中弥漫着树的味道，干净好闻。这是一片三角形的平原，周围层峦叠嶂。农场的主人是做石棉生意的，母亲说石棉是绝缘体，但有毒性。身在农场，我不由得想，如此清新的空气，如此繁茂的农场，却是靠经营毒物而建成的。

我们取了画具，跟着母亲来到停车场附近的田野中。这里有一棵小树孑然独立，褐色的树干裂纹密布，细枝探出呈环状。树枝上叶子不多，树根四周有寥寥杂草，仿佛胡须一般，草叶间土块可见。“就这里吧。”母亲说道。

我们把画架支起来，围成半圆形。树后面是个围栏，围栏里有菜园、谷仓、棚屋；再后面，峡谷尽头，就是起伏的山丘，仿佛皱起的皮肤。从近到远，树、青草地、青山、紫色的山、天空……画纸那么小，恐怕装不下这么多景物。

“把画架往土里插得深一点儿，这样就稳当了。”母亲对我们说道。她绕了一圈，把我们的画架依次往土里按了按，调正。她的言行干脆利落、应对自如，她这种果敢和自信我倒是第一次见到，甚至有点畏惧。我们把画纸在纤维板上固定好，母亲站在我们前面，一只手拿着画笔，另一只手摊开画纸。“开始之前，我要教你们怎样运笔。”她讲解道，“不能把笔尖按下去，像这样。”说着，她为我们演示了一下。她把画笔压在手掌上，笔毛绽开犹如拖把似的。“而是顺着一个方向运笔，不能戗着笔毛走。”多年以前我就知道怎样运笔，而别的孩子现在是第一次学，跟他们再学一遍，我觉得很乏味。

我们开始画画，纷纷拿起铅笔，红棕色的方棱铅笔跟树上的枝丫有些相似。我们要先画素描，后上水彩。“画树的时候，不要想当然，”母亲说道，“要眼见为实。”

我不知该从何处下笔，不知怎样才能让它越过背后的层层山岭，使其树冠映在天际。我认真地观察眼前的风景，我注意到，草地与山岭几乎占据了同等大小的空间。照这样画，恐怕我的树会变成画纸中央的一个小点儿，周围则是一大片白色的空间，而这是母亲深恶痛绝的画法。

“画第一笔需要勇气，”母亲讲解道，瞅了一眼我的画纸，“记住，自然界里没有真正的直线。”

而我的画纸上，正有几条直线。

“地上溅洒的颜料，也比素描有趣得多。”母亲说道。这句话我以前就听她说过，这是她从社区大学的老师那里听来的。我无法理解，所以不爱听。母亲对模糊和混乱应对自如，我们俩一起画画时，她不让我用那套黑色的颜料。她一再说，黑色其实不算一种颜色，看得久了，就能从中看到别的色彩。她不相信书中、电影中“好人”“坏蛋”的二分法，若是我把某个角色定义为好、坏，她就会生气。对我而言，这样的分类，以及黑色这种颜色，都能令我心中踏实，仿佛落脚点一般。

我们画画，母亲转着圈逐一指导：或是帮这个涂改画错的地方，或是帮另一个画枝干分叉的地方。“需要我帮你吗？”在接过玛丽-埃伦手里的铅笔之前，她如此问道，像对大人那样彬彬有礼。

“要试着去把握树的灵魂，”她说道，“不是它的外表，而是它内在的生命力。”听到这句话，学生们一个傻笑以对的都没有，我很是惊讶。大家都聚精会神地画，只有我一个人无法集中注意力。此前，我不愿跟她过分亲密，但现在，我希望身为她的女儿能与众不同，能当“内部人士”，能有外人没有的信息和知识。我以为母亲的讲解只有我一个人能听懂，并因此而略感不好意思；但看到别的孩子聆听的样子，似乎他们也能听懂，且并不为此而羞愧。

要做到“看树是树”其实很难，我觉得就像是用左手写字一样。树的意向不断扰乱我的手指和双眼，所以，观察过后我就疾笔而画，稍一耽误就会被意向所惑。

“闭上眼睛会好一点儿。”母亲建议道。我按她说的做，周围世界顿时平静下来。接着，不可思议的事情发生了：我正在落笔的树枝变了样子，树枝已不再是树枝，而是光组成的形状，且位于其他光形之间，我激动不已。树只是个形状，与树枝无关。我抓住灵感，疾笔而画，画其神而非其形。

完工。我端详片刻，很满意。

接下来，我们用水彩给素描上色。

“树需要阳光、水分和营养，”母亲说道，“但是，阳光、水分和营养太多了，树也不会茂盛。经历挫折，树才会长得强壮，果树的果子才会丰产。”那几年，她反复说这个道理，我知道那是个类比。

“颜色，以眼睛看到的为准，不要凭空想象。”她讲解道。

此前，她给我演示过：在碗中加入橙色的颜料，在天空下，它反射出蓝色；在阴影里，它呈现出紫色；在强光下，它则是白色。对此，她解释说，这是个惊喜的发现，它教给你眼见为实。

颜色并非独立存在，即使白纸也是有颜色的。万物皆有其意义，万物皆有联系。她可能摸过脸，或是拂过眼前的垂发，我看见她的鼻梁上有点褐色的颜料。“妈妈，”我对她说道，“你脸上有颜料。”

“不要紧的，丽莎。”她如此应道。

家长来接孩子之前，母亲转一圈看看我们的画，逐一点评。“我喜欢你的构图。”她对一个学生说道。

“很漂亮，很精致。”她对另一个学生说道。

她说乔画得格外好。“这一部分，”她指着画中的山丘说道，“画得最好，真不错。”

对我的画，她夸奖说，树的笔触是一气呵成，但也有缺点。她说，从素描到上色，我都画得太快，没有耐心，把画画当成了速度比赛。

父亲依然没有来

“明天史蒂夫给我们送床来。”母亲对我说道。她直呼父亲的名字，似乎我们跟他关系很近的样子。他说过两次要送床过来，但都食言了。我们的公寓里，客厅旁有个带天窗的壁龛，母亲用帘子将其遮起来，准备把新床放在那里。我一个人睡觉时，是在客厅的蒲团上，以后我就可以睡新床了。父亲的新女友（我和母亲还没见过她）还给母亲打电话道歉，承诺这次他一定会过来。

史蒂夫，我对他知之甚少。他就像米开朗琪罗[①]的男性石雕，半是平滑，半是粗糙，总令人揣测其内部世界。

“他上次就没来。”我对母亲说道。那次我们俩足足等了一个小时。或许他不知道买什么样的床，或许他忘了我们的住址，或许母亲跟他约错了时间。

“他说好了，这次一定会来。”母亲应道，“等等看吧。”

① Michelangelo Buonarroti（1475—1564 年），意大利文艺复兴时期伟大的绘画家、雕塑家、建筑师、诗人，文艺复兴时期雕塑艺术最高峰的代表。

我们俩先是在屋里等着，又走到屋外，站在圆形的沥青路面上，看着公路上来往的车辆。知道他要来，我穿上了最漂亮的衣服（是那个攀岩爱好者送给我的），难抑内心的激动。私人车道外，汽车来来往往，每一辆车里都可能是他。我们等啊等，终于，一段时间过后，母亲说道："他可能不来了。"我们走回屋里，我觉得心里空落落的。原本充满激动、新奇、福运、惊喜的一天，突然变得无聊而平凡。最后还是我们母女俩，无所事事。

"咱们去滑旱冰吧。"母亲说道。

我和母亲滑旱冰时，最喜欢的就是软的水泥地面。走路时，不同路面似乎没什么差异，但滑旱冰时，能清楚地感觉到软硬地面的不同。我们将软的路面形容为"黄油一样"。在坚硬而颠簸的路面上滑行时，我的膝盖和骨盆都跟着震颤，脸和眼珠都颠得疼；滑到软的地面，那感觉就像在飘，舒服极了。

我们在橡树林大道的停车场旁边找到一块软的地面，我们在那里住过。那间主屋及分离出来的工作室已经被拆，原地新建了棕色木瓦的联信银行。"你的脐带就埋在那个银行的地底下。"经过银行时，母亲对我说道。我听得一阵心烦意乱，哪有妈妈把孩子的脐带埋在院子里的？

那片软的水泥地面位于一栋帕拉第奥式风格的办公楼前面。楼门是茶色玻璃制成的，前面是个假山庭院，两条弧形人行道绕过庭院，在楼门前合二为一。坡道上的水泥地面如丝绸一般，两侧配有弧形的金属扶栏。我们俩就从一侧坡道上去，另一侧坡道下来，周而复始，乐此不疲。

滑行时，母亲不时地看我，我则假装不知道她在看我。"你知道吗，你就是我想要的那种女儿。"她对我说道，"跟我愿望中的一模一样。当时我在农场待产，那里有个小女孩，三四岁，由她妈妈带着。那是个金牛座女孩儿，聪明、老成。当时我就想，我也想要一个这样的女儿。"

“我知道。”我应道。以前她跟我说起过这件事（当时她说：“我不只是爱你，我是真喜欢你。”），“他以我的名字命名了一台电脑？”

“事后他不承认了。”母亲答道。接着，她又给我讲了一遍当时的情况。他们俩在田野里给我起了名字，他否决了她所有的提议，直到她想到“丽莎”这个名字才点头同意。“他爱你。”母亲说道，“只不过，他不知道他爱你。”太复杂了，难以理解。“等他见到你，真的了解你，他就知道自己错过了什么，他会后悔没有陪在你的身边，他会懊恼死的。就像这样……”说着，母亲刹住脚下的滑轮，一只手抓住扶栏，另一只手紧抓胸口，面露痛苦和悲伤，蜷起上身，仿佛要跌倒死去一样。

我试着想了想父亲错过的事，可什么都想不起来。

后来，我从几个人那里听说，我小时候，父亲的钱包里装着我的一张照片。跟人聚餐时，他就会从钱包里拿出我的照片，给同桌的人传看，介绍说：“这不是我的孩子，但她没有爸爸，所以我多照顾她一点儿。”

“那是他的损失。”在踩着滑轮回家的路上，母亲如此说道，“他的损失太大。早晚有一天他会明白，看到你，看到你跟他多么相像，想到自己错过了多少，他就会后悔，后悔得撕心裂肺。”

我觉得，现在是养猫的最佳时机。

本地的动物保护协会在贝兰德自然保护区（Baylands Nature Preserve）边上，一栋政府大楼里。

“他们收留了很多猫，”母亲开车带我前往，我尽力抑制自己心中的兴奋之情，“要是找不到收养的人，它们就会被实施安乐死。”

动物保护协会的主屋是开敞式平面布局，回声很大，头顶是有屋梁的天花板，脚下是石质地面。收留的动物都在门后面的屋子里。前台的工作人员是位女士，身着绿色制服，束着腰带，衣服上有很多口袋。她拿出一个夹着表格的笔记板，问我们的住址及居住的时间。

“我们现在住在门洛帕克，已经几个月了。”母亲说道。

“之前呢？”

“之前在朋友家住了两个月。”母亲答道，语调平缓。“在那之前，我们在另一个朋友家住了四个月。”

那位工作人员做着记录，嘴越绷越紧。我希望母亲撒谎，或略过一些漂泊的经历，以便面子上好看一些。直到她开始跟工作人员交代我们的行踪，我才意识到这些事本不该说。母亲尽管答应来领养宠物，但我开始怀疑她仍心存犹豫，所以才会毫不遮掩，把我们的漂泊无定坦诚地告诉工作人员。也许，她是决心要实话实说。也许，工作人员的问题使她得以回看多年的漂泊经历并将其和盘托出，她从中获得了某种快感，所以对讲述的兴趣超过了对猫的。看吧，这就是我们母女俩的生活，一五一十，历历在目。

“我们家有个院子。”我插话道。

工作人员问我母亲：“你们搬来搬去的，能把动物照顾好吗？”

母亲答道：“可以。我们现在已经安定下来了。”

工作人员坐直身子，说道：“就目前情况来看，我们不能让你们领养一只猫。”

我没料到她的拒绝是如此直截了当，甚至都没带我们进去看看里面的动物。我和母亲走出办公楼，迎面扑来贝兰德刺鼻的咸味空气，我们俩都没有和彼此说话，满心疲惫。

几天后，母亲带我去了一家宠物店。她给我买了一对小白鼠，还有店里最贵的笼子，是用玻璃做的。

床送来了，可父亲依然没有来。这是一张双层床，共有上下两层，床体由很多红色的金属圆管组成，根根铁管如电路一般曲折上下，乍看之下，像个儿童游戏用的立体方格铁架。母亲把床安装好，把包装的纸箱子踩平。除了床，还有金属管架构、木屑板当桌面的一张白色小桌子。桌子上面，是个白色的书架。我顺着梯子爬到上层床上，正在天窗下面。这是属于我的第一张床，也是父亲送给我的第一件礼物。

黛比

我开始出门玩了——动物园、公园、商店等，跟我一起出去玩的是黛比，她是母亲前男友（那个攀岩爱好者）的姐姐。她同时打三份工：教外国人英语，在旧金山的梅西百货化妆品柜台当售货员，还在附近一个名叫阿瑟顿（Atherton）的城市给一个单身汉打扫房间。黛比30岁左右，跟我母亲年龄相仿，但她没有孩子。她是主动提出要带我出去玩的。她小时候父亲酗酒，以前在家度日如年，还好有一个认识的大姐姐照顾她，还教她如何化妆、如何使用香水、如何正确佩戴首饰。

约好出去玩的那天，母亲和我在路边等她。她来了，走下车，身穿淡粉色牛仔裤、白色高跟穆勒鞋、红色褶边上衣。举手投足之间，手腕上好几个树脂手镯叮当作响。她戴着巨大的耳环，围着花纹围巾。她一出现，仿佛一只热带鸟落在了褐色的土地上。

她开的是一辆手动挡的福特嘉年华。她洋溢着愉悦，情绪高涨，仿佛身上笼罩着一层光环，无忧无虑，我要随她去享受快乐了。她身上有种朦胧的香味，是香橙花的味道，沁人心脾。她留着短发，做过头发，头发的颜色和造型仿佛是四周倾泻的浪花。我摸了一下，却是硬的。

“喷发胶了。”她解释道。

等我长大了，也要喷发胶，我心想。

她开车带我去梅西百货、林科纳达泳池、动物园、她家，我们行驶过皇家大道、厄拉米达·德·拉斯·普尔戈斯路、280高速公路。路上，她说要上高架桥，还说高架桥就在我们头顶，远离地面，在半空中。

“要是能找到就好了，”她说道，“附近应该有匝道。”我们俩开始寻找匝道，但我根本不知道匝道长什么样子。

“该死，”最后她说道，“我一定是错过匝道了。有时候他们会关闭高架桥，下次我带你上去。”

一年之前，黛比生活在意大利，寄居在亚得里亚海岸边的一户人家中。她原想就那样过一辈子，但她妈妈坐飞机过去，把她押了回来。现在，她迈出艰难的一步，在美国开始新的生活。当时我对此并不知情，只知道她是如此无忧无虑，与我印象中严肃沉重的成年人截然不同，就像高架桥一样快乐而自由。

我每周都盼着跟她出去玩，并为此提前准备出门的衣服。我认真挑选，将其单独放好，以保证在约好的日子里它们是干净的。我喜爱黛比，就像小女孩偶尔会喜爱母亲之外的女人一样。跟她在一起时，我是最快乐的。黛比那轻快的口吻，看待生活的独特视角，手镯轻叩的声音，造型各异、五彩缤纷的穿着打扮，都跟我母亲平淡消沉的样子截然不同。

“这才是该有的样子。”母亲在看过一部鲸鱼的纪录片后如此说道。鲸鱼生下来就会游泳，不需要尿布，不用学步，不需要操心。

自从跟那个树枝艺术家分手之后，母亲不愿多干点工作，我们也没有多余的财物。她做的饭总是糙米、豆腐、青菜，我们俩都不爱吃。从早到晚，她长时间地待在自己的屋子里，熄了灯研究《周易》与占卜。我很害怕，因为这种幽暗显示出我们家的怪异，以及作息的反常。

有一天，母亲心情不错，说要带我去旧金山现代艺术博物馆，但首先她要去提款机取点钱。在博物馆里，我们穿过画廊，我懒洋洋地躺在长椅上玩，有时还倒立。而她看着画，有时也向我悄声讲解画家的情况。展厅里有克拉斯·欧登伯格[①]的傻不拉叽的雕塑。博物馆的出口处有一个小餐馆，结束后我们可以在那里吃一点儿零食和点心。

“以后再去提款机吧，”我说道，“求你了。”但在出城之前，她还是在一个提款机前停下车。提款机里没有吐出钱来，而是吐出了一张纸条。她抓起纸条，走了几步，在人行道中央停下，看了看纸条的内容，顿时萎靡不振。她开车带我回家，不回答我的问题，只是叫我保持安静，然后躲进屋里，当天再也没出来。

“去玩吧，”她对我说道，“宝贝，我很好，你让我一个人待会儿。”

然而，画画、整理衣物、照料笼里的小白鼠……一切正常的事情都有风险，就像风暴中的小舟。你不敢转移注意力，因为它随时会翻。

下一周，黛比带我去她家。她跟父母一起住在门洛帕克的霍巴特街（Hobart Street）。她的母亲一头金发，体形圆胖，皮肤像羊皮纸似的。她穿着围裙，坐在早餐桌旁，从彩色报纸上剪下方形的纸片。剪子移动处，发出悦耳的嚓嚓声。

我问她在剪什么。

“优惠券，”她答道，“去商店时用它，就能少花点钱。”她把优惠券分类，放在一个塑料盒里。

黛比的梳妆台抽屉里，有一个秘密隔间，一个抽屉里的抽屉。“爸妈都不知道。”她俯下身，贴着我的耳朵悄声说道。小抽屉里有个首饰

---

① Claes Oldenburg，1929 年出生，美国著名雕塑家，以室外巨型雕塑闻名。

盒，首饰盒里有根项链。项链很细，打了结。

“你的手小，试试能不能解开。”她说道，“要是能解开，就送给你了。”我坐在她的床上，仔细拆解细细的项链，最后终于把每一个结都解开了。

黛比为我戴上项链。

“你有丈夫吗？”我问道。

“还没有。”她答道，“但将来会有的。我在外面走着，‘啪’的一声，他就会出现在我眼前了！”

当黛比送我回家时，母亲正穿着画画时的工作服。

“看！”说着，母亲让我们看一幅接近完工的画。黛比走近一点儿，仔细看了看。“真不错，”她称赞道，“我还没见过这么美的画。”（后来黛比对我说，她很奇怪，我母亲明明很有才华，却为什么会那么穷。她觉得，我母亲再不济也可以在街上卖画。可是，除了接过几个插画的活儿，母亲从未用作品挣过钱。）

我们三个坐在桌旁，我坐在黛比的腿上。她俩说着话，我抬起头，对黛比说：“你的牙真白，我妈妈的牙是黄色的。”母亲顿时不自在了，她总是抱怨自己的牙不好看。

“黛比什么都不懂。”黛比离开后，母亲对我如此说道。“她很虚伪，还挑三拣四、指手画脚，其实她什么都不懂。”黛比是真的看不惯母亲，有一次黛比到我们家来，看到水池里的餐具还没洗，墙上有块污渍（那是前一个租客留下的，应该是洒了酒，时间久了颜色变深，就像块阴影似的），就皱了皱眉头。

“她趾高气扬地走进来，把你带走，”母亲继续抱怨，“你是个惹人爱的孩子。但她敢看不惯我？你能这样，全是我的功劳。”

“我喜欢她。”我说道。

“她并不完美，你知道吗？她不是总这么快乐的，她是装的。”

“你该剪一点儿优惠券。”我对她说道。

“才不呢，”母亲应道，“我不是那种人，也不想成为那种人。”

此前，在黛比来接我的早上，母亲总是陪着我，在屋前车库旁的圆形沥青路面上等她。从那以后，母亲再没陪过我，只让我自己等。

妈妈的小时候

我在学校里有一个好朋友，名叫丹妮拉。一个周末，她们一家带我去听音乐会。那天我穿着白色的紧身羊毛裤袜，演出中间，尿意来袭，我却无法离席去卫生间。我憋了很久，最后实在憋不住了，就尿在了裤子里（场内灯光都关了，所以看不出裤袜湿了，意识到这件事之后，我长舒了一口气）。

中场休息时，我去了卫生间，把裤袜脱下来，扔进马桶里，打算把它冲下去。可是浸了水的裤袜在下水口一圈圈地转着，就是冲不下去。我放弃了，走出隔间。卫生间外面排了很长一条队，排在最前面的那位女士向我用过的隔间走去。“您最好别用这一间，”我婉转地对她说道，仿佛我跟她是一伙的，“马桶里有双儿童裤袜。”她听完，诧异地看了我一眼。走出卫生间之后我才意识到，我这是欲盖弥彰啊！

演出结束后，母亲带我和丹妮拉去苹果木餐馆（Applewood）吃比萨。吃完后，我们沿人行道向汽车走去。路上，我们轮流挥舞着母亲的布包，我们抓着提手，使劲舞出巨大的圈子。母亲在包里放了一把画画时用的美工刀，轮到丹妮拉抡包时，刀刃刺透了包底，露出了一截。布包抡过，划破了我的手腕，在前臂正中位置留下了一道一英寸长的疤，就像字母

“I”似的，不丑，后来我也渐渐习惯了。很长一段时间里，她都很愧疚，不敢看那道疤。几年过后她才释怀，常常指着疤痕说：“这可是我的签名啊。”仿佛那是她画的画似的。

有时候，母亲会说起她的亲生母亲弗吉尼亚（Virginia），说她待她怎样不好，比如：不带她去咖啡馆吃蛋糕，不肯出面去学校，她在床上饿的时候不给她拿零食……在我看来，以上种种抱怨，恰恰也是我童年时从她身上求而未得的。

“我小的时候，”母亲说道，“妈妈注意到我有艺术天赋，但她给我妹妹琳达买了画架和一套精美的画具，却不准我碰。”

我想多听一些类似的故事，听听外祖母对她是如何无情，但母亲跟我讲述最多的，却是夸赞她母亲厨艺很棒，说她把手切的宽面条挂在厨房里晾干，就像晒袜子似的。还说她执意要买羽绒被，而这在当时是很罕见的事。有一次，一个下雪天，外祖母看见窗外的树枝上落了两只红雀，继而萌生买一双红鞋的念头，后来果然买了。凭借弗吉尼亚是她生母的关系，我们还跟已故的布兰奇·里基（Branch Rickey）攀上了亲戚，他是母亲的舅姥爷，是布鲁克林道奇队[①]的总经理，正是他把杰基·罗宾森[②]带进了大联盟。母亲的言外之意是，我们要维护外祖母，但我当时并不知道要替她维护什么。

“小时候，我最早的记忆是躺在婴儿床里，四下里看看，发现家里一贫如洗。”母亲说道，“似乎我是从一个更好的地方投胎而来。”在她讲述

① Brooklyn Dodgers，洛杉矶道奇队的前身。

② Jackie Robinson（1919—1972 年），美国职业棒球大联盟史上第一位美国黑人球员，在 1947 年 4 月 15 日，罗宾森穿着 42 号球衣以先发一垒手的身份代表布鲁克林道奇队上场比赛之前，黑人球员只被允许在黑人联盟打球。

的童年经历里，她有时候脆弱无助，有时候又很强势。俄亥俄州的冬季很冷，但她家里穷，母亲被迫身穿裙子和薄上衣上学。她用攒下的谷物纪念币跟人换来双筒望远镜，清早出去观鸟。现在，她想比小时候过得好一些，让我们母女俩能享受到更高档的东西，我们没见过、没吃过的东西。

失落的母亲

有一次，母亲带我去马里诺尔神学院（Maryknoll Seminary）附近的一个自然保护区远足。那里是一片丘陵草地，其间有个供退休神职人员生活的养老院。我们俩走在一条宽阔的土路上，四周的青草和荨麻味道很香，还带着肥皂味。虫鸣震耳，戛然而止，片刻过后又喧嚣而起。这是蛇出没的季节，路上会有晒太阳的蛇。

“我在印度见过一条小眼镜蛇，”母亲说道，“就在路中央，昂着头。”说着，她压低喉咙发出咝咝声。“小眼镜蛇才是最可怕的，它们不懂得自己的毒性有多厉害，咬一口就会放出所有毒液。”听她讲述时，我并没有把她放在故事的画面里，而是设身处地地站在她的视角，仿佛我才是那个在印度偶遇眼镜蛇的人。

山顶上有棵绿色的仙人掌，结了鲜红色的果实。“仙人掌果，”母亲说道，“我一直都想尝一尝。”

说着，她开始往上爬，脚踩过的地方，扑簌簌地落下土来。

“妈妈，别爬了。”我说道。

“还好你不是我妈妈，真啰唆。”她应道。

“以后再来摘吧。”我说道。

“丽莎，别吵，我一直都想尝尝仙人掌果。”

“有刺啊。”我提醒她道。

“我又不是 3 岁小孩子。”她一边应道，一边继续往上爬。每当我做出“万事通”的样子，她就会如此反应。当地正经历一场罕见的旱灾，雨是人们最渴盼的东西。为了节水，大家小便之后都不冲马桶了。所以此刻山是黄色的，草也枯了，脚踩上去发出噼啪的断裂声。

她爬到仙人掌较高的一根枝上，这样垂手就能摘到果子。这棵仙人掌不像真的植物，其外形古怪，仿佛塑料洋娃娃似的。

“在自然界里，红色是危险的颜色，”母亲解释道，红色的果子已经触手可及，“这是一种警告——有毒，不能吃。”

她用衬衫下摆把手裹住，收腹，探身，抓住顶部一个红果，拽了一下，却未能摘下来。

她转着手腕，“长得真结实，”她嘟囔道，“就是摘不掉呢。”

我想劝她罢手，她这个样子疯疯癫癫的，我不喜欢。我什么都知道，我能预知一切，连草地都在嘘她。

终于，她摘下了一个果子，爬下来，站在我身边。

我说：“带回家，煮熟了再吃。”

“不，现在就吃。”她应道，“把皮剥掉就行。”说罢，她用衬衫裹住手，把皮剥掉，又小口吃掉中间的果肉，其间小心避开果皮。“喏，真好吃，味道不错，你要不要来点？”

“不要。”我答道。

开车回家的路上，她开始呻吟起来。

“啊呀，我的喉咙，咽唾沫都疼。”

趁着红灯停车的空当，她坐直了身子，张开嘴，在后视镜里检查喉咙的情况。我不打算可怜她，但我有些害怕。

“我都跟你说了，要煮熟了再吃。”我说道。

“知道了。我不能说话了，丽莎，太疼了。”一定是果皮上透明的小刺扎在了喉咙里。

到家时，她的喉咙跟着了火一样。她从烘干机里拿出洗好的衣服，却发现不小心把一件心爱的兔毛衫水洗了，结果缩水了。

“该死。”她抱怨道。毛衫门襟上有一排珍珠母的扣子。“给你穿吧。”

我试了一下，正好。衣服长短刚到我肚脐下面，袖口齐腕，质地柔软，粉色为底，上有花朵图案，似乎是为我量身定做的一样。

距离我跟黛比出去玩还有几天时间，这段时间里，我谨慎地不敢穿那件毛衫。衣服换了主人，仿佛是我夺走了母亲的东西，一些原本属于她的好运转移到了我的身上。

几天后，我看见母亲坐在卧室的地上，往地毯上掷三枚硬币，她的身旁有一本书、一支笔、一张纸，她这是在占卜。她坐在房间的角落里，没开灯。时间还是白天，但她的卧室有些昏暗。她身子前倾，手肘拄着双膝，手支着额头。一缕缕头发垂下，遮住她的脸颊，也遮住了耳朵。

“怎么了？”我问道。

“我的 20 岁再也没有了。”她答道。

说罢，她再次把硬币掷下，看了看，拿笔在纸上草草记下卦象，笔迹像昆虫腿一样细。接着，她拿起一本小书查阅卦象。

“但你的确拥有过 20 岁啊。”我劝道。

“你现在过得很好，”她说道，“能常常跟黛比出去玩。可我连个陪的人都没有。”

“你可以跟我们一起去啊。”我建议道。但我知道她想要的并非如此。

“我想要自己的朋友，自己的生活。”说罢，她再次掷下硬币。我们母女俩好像永远不能同时快乐，她的悲伤也传染了我。她渴望的东西——丰富多彩的生活、乐趣、仙人掌果等——对我而言却都是危险的。我的快乐是从她的库存中取出来的，而那是我们共享的、存量不多的东西。如果她有，我就没有；如果我有，她就没有。仿佛这个世界的快乐有限，不足以让我们母女俩同时享有。

“你有朋友啊。”我劝道。

她一听，哭了起来。“我没有男人——没有丈夫，没有男朋友，没有恋人。什么都没有。”

卧室里的空气不太新鲜。“我爱你啊，我陪着你啊。”我继续劝道。

“我什么都试了，可都没有用。”她自顾自地继续哭诉，似乎根本没听到我说话。“以前，我的手又漂亮又有劲。”她哭得很伤心，上下唇间黏了唾液，吐字不清。“你知道法耶在圣诞节给我买了什么礼物吗？”法耶是她的继母。我把吉姆和法耶当成外祖父、外祖母，因为我只见过弗吉尼亚寥寥数次。

“她给我买了个电熨斗。”母亲抱怨道，“你知道她给琳达买了什么吗？”琳达是母亲的妹妹，长得很漂亮，就是前文提到的得到一套画具的那位。琳达姨妈现在管理着数家超级剪连锁理发店，正与美国国家航空航天局（NASA）的一位物理学家交往。他留着胡子，家里有热水浴缸。

“一个香槟桶！”母亲自己答道。

我知道，母亲其实对礼物的实用性并无怨言。那个电熨斗及配套的熨衣板，我们用了很多年，琳达姨妈后来也解释说，法耶给她买的不是香槟桶，而是盛冰块用的冰桶，并且那是她点名要的。电熨斗也是母亲点名要的，但其象征意义与“礼物”二字不太着边。我想让她跟外祖母说，让外祖母纠正错误，收回电熨斗，再给她买她想要的东西。

母亲站起身来，走出卧室，从客厅里抓起一把剪刀，走到衣橱前，一个个拨弄着衣架，把各种各样的裙子取下来，丢在地上，堆成一堆。

“别这样。”我劝道。

“别管我。我没有衣服可穿了，什么都没有。”说着，她拿起一件灰色的旧衬衫，用剪子剪开一角，用力一扯，将其撕烂，露出一条镶边。

“这是领口，太难看了。我讨厌这些衣服。”她啜泣着说道，继而咆哮了一声。接着，她拿起一件T恤，在下摆剪开一个口子，双手一扯，将其撕成两片，愤怒地吼叫着。

以前，她生气时也会拿衣服撒气。有时是剪领口，有时是把衬衫的下摆和袖子剪短，过后就再也不穿了。再后来，她就会把这些衣服扔掉，使原本就不多的衣服所剩无几。她心情好的时候也会修改衣服，那些衣服的寿命就长了一些。尽管如此，她似乎总不满意，总要把衣服修改一下再穿。

就在那段时间，父亲为自己举办了一个奢侈的30岁生日宴会。他邀请了母亲，她也打算参加，还邀请黛比一起去。可随着日子临近，母亲犹豫了，她买不起新衣服。她觉得穿旧衣服过去，在衣着华丽的宾客中间太过丢人，于是在最后关头推掉了邀约。黛比原本打算在宴会上觅得佳婿，却一下被放了“鸽子”。当时，我对宴会的事并不知情，只知道母亲情绪消极，注意力大都放在衣橱上，还因青春不再而暗自神伤。

我知道她对自己有种种不满：大腿太粗、前额太大、牙齿太丑、脸颊上有法令纹……而她深信，以上种种缺点，再加上一身旧衣服，意味着她事事不能如愿。其实她很漂亮，颧骨高，鼻子挺。她说，上中学时，她、琳达、凯西被同学们称作“大脑门三姐妹”。她的发际线挺靠后，但我喜欢她的前额，光滑、平整，就像蛋壳似的。我见过罗丹[①]的一幅素描画，画上有位侧脸背对观众的女士，母亲像极了她，丰乳肥臀柔背细腰，散

① Auguste Rodin（1840—1917年），19世纪法国最有影响的雕塑家。

发着阴柔之美。

当天晚上，母亲做饭。洗扁豆时，她用指肚轻轻地抚摩扁豆，目带忧伤，仿佛一些无价之宝正在指尖流逝。

一天傍晚，我和黛比从外面回来，母亲在车库门前等着我们。看她站立的样子，我就觉得不大对劲。再看她的脸，只见嘴唇紧抿，嘴角上撇。她一只手搭在前额遮挡阳光，我能看出来，她刚刚哭过。

我们刚下车，母亲就开口了："行了，我受够了。你凭什么觉得自己比我好？"

"妈妈，别说了。"我劝道。

"亲爱的，请你别插手这些事。"她回答道。

黛比吃了一惊，甚是无辜。她侧身闪开，转身向她的车门走去。

"你别假装听不懂了。"母亲说道。

"我没有……我真的不懂……"黛比站住了，结结巴巴地解释。

"你想得倒挺美。当初闯进我家里，你当着我女儿的面，对我指指点点。你觉得自己十全十美吗？其实你又愚蠢又肤浅。"母亲咬牙切齿地说道。母亲的指责并非全是无稽之谈，而这些真实性更让她的愤怒显得吓人。

"你想插足丽莎的生活，想表现得比她妈妈还好？真恶心。你以为你是谁啊？你这是骚扰。"母亲越说嗓门越大，已经近乎嘶吼。她横眉怒目，龇牙咧嘴，而黛比则惊魂未定，战战兢兢地退到车前，打开了车门。

我担心黛比会觉得我和母亲是一路人。我担心别人不把我们母女俩当成单独的个体，而是两个身体里的同一个灵魂。

"妈妈……"我想说话，却立刻被母亲打断了。

“给我安静点！丽莎。”

我的身子动弹不得，脑子也僵住了，呆若木鸡，我为母亲感到羞愧。她咆哮的样子是那么吓人，犹如泼妇一般。眼前的一幕如同展开的画卷：黛比苦苦哀求，母亲咄咄逼人，黛比节节后退，最后钻进车里，发动车子开走了。从那之后，我再也没见过黛比。

罗 恩

母亲要跟罗恩出去约会，这是他们俩首次约会。

罗恩要过来接她，顺便见见我，然后他们俩出去吃晚饭。当时我已经 7 岁，足以独自在家待两个小时，但其中一些细节还得交代清楚。

“吃完饭以后呢？”

母亲回来之前，我应该早就上床睡觉了。

“吃完饭就回来了。”她答道。

我让她许诺不留罗恩在家过夜，她竟然答应了。

自从她的心思放在罗恩身上后，就不再一直紧盯着我不放了，我如此想道。最近，她不再占卜，快乐得忘乎所以，脸上常有淡淡的微笑，就像那次爬山摘仙人掌果时一样。

跟前一个男朋友分手之后，母亲会孤独失落，在下一个男朋友出现之后，她又会变得欢欣鼓舞。而我最喜欢那段中间的空窗期，因为那时我和母亲的关系最为亲密，真正的母女情深。

约会那天傍晚，罗恩准时到达。他敲门时，母亲正在卫生间的洗手池上倾着身子，对着镜子化妆。

我跑去开门。我一眼就能看出，罗恩不是嬉皮士。他秃头，只在两耳上方各留了一簇头发，像个小丑似的。他眉毛浓密，戴着金边眼镜，大嘴厚唇，像鱼一样。

“你好。”我打招呼道，“我是丽莎。妈妈马上就好。”

“很高兴见到你。”罗恩应道，跟我握了握手。

我把他带进客厅。我发现，他走路时两脚撇得很开，外八字很严重。

母亲从卫生间里喊道：“我马上就来。”

经过书架时，我伸手寻找一本影集，将其从书架上取了下来。影集里面是我出生时的照片。我颇感诧异，因为这不是事先打算好的，似乎我的胳膊不听指挥一样。

我数次让母亲扔掉这本影集，但她不同意，不论搬到哪里都带着。影集封面是棕褐色的草编制而成的，已有些年月了，边缘处的草磨损很厉害。在我看来，封面的破败与内容的不堪甚是契合，我自以为，别的孩子家里不会有这样的影集。

我和罗恩并肩坐在花纹图案的沙发上。

“给你看样东西，是我和妈妈的照片。”我对他说道。

我把影集放在腿上摊开，方便他能看到。里面有一些母亲的照片，她那时还很年轻。有一张照片中，她躺在床上，黑发如瀑布一般散在脑袋四周。这些是我出生时的照片，都是黑白照，四角剪成了圆弧形。还有张照片，母亲身穿男士衬衫，下摆提起束住胸部，腰部以下什么都没穿，双腿展开呈“M”形。我翻到下一页，是我出生的情景，我出现在她洁白的双腿间，像一只从水池中露头的乌龟。

后面几张照片，我已经被完全生出来了。我的皮肤满是皱褶，脸上蜡白蜡白的，五官不端，表情怪异。

看着这些照片，我心中升起一阵反感，但我继续翻着影集。以我小小的年纪，本不该有如此险恶的用心：我想让罗恩像我一样心生厌恶，从而主动离开。我想向他展示我们母女俩真实的一面，这样他就会坐不住，夺门而逃。

“还有一些。”我用最甜的声音说道。

“嗯，我看见了。”他答道，但没有任何起身逃跑的迹象。他稳稳地坐在沙发上，时而看看影集，时而把目光移开，一副心不在焉的样子。这时，母亲从卫生间里出来了。她看到我们在翻看影集，上前从我手里一把抢走，塞回书架，又瞪了我一眼。

睡觉时，我听到门口传来窸窸窣窣的声音和轻笑声，他们俩回来了。他们原是悄声说话，奈何控制不住声音，把我吵醒了。隔帘上方有盏灯，我抬头看时，他们俩刚巧从隔帘旁边经过，蹭得窗帘簌簌作响。

我支起耳朵，看她是否会食言，是否会带罗恩去她的卧室过夜。一声响亮的吸啜声，接着一片沉寂，然后又是吸啜声。这是什么动静？我跟母亲说好了，只要她不带他进卧室，我就不离开我的隔间。我很生气，因为她这是阳奉阴违了。

若是我要上厕所小便呢？她总不能不让我出去吧？

我拿定主意，从儿童床的梯子上爬下来，梯子发出吱——嘎的声音，我把隔帘拉开。

罗恩仰面躺着，母亲趴在他的身上，双手支在他的肩膀两侧，她双膝跪在他身子一侧，做着俯卧撑，每做一下就吻他一口。她快活得如同小鹿一般，完全换了个人一样。我无法理解，她做的事我也绝不会做。这一刻，她已不是我的母亲，而是一个快活的小女人，正跟一个躺在地上、享受她拥抱的胖男人嬉耍。她纤细的胳膊竟然能撑得起体重，真是令人惊讶。他们俩继续玩闹。我从他们身边走过，以此表示我全看见了，但他们却不为所动，似乎并不在乎。

我心情不佳。母亲想逗我开心，就提议带我出去。

“我们去买点布料，我给你做件裙子。”她说道。

“你不会做的。”我应道。

“我会，”她答道，“会一点儿。”她的确有台缝纫机。她现在神采飞扬、眉开眼笑，但给她带来快乐的却不是我。罗恩给她买了件丝裙，上面有黑白花纹，如同埃舍尔[①]画中彼此纠缠的蛇一样。裙子的腰胯都很合身，但下摆绽开，如同牵牛花一般。他还给她买了一件短袖的有领衬衫，粉白两色方格，穿插着银线。

“好吧。”我勉强应道。

我们去了布莱特斯纺织品店（Britex Fabrics），挑了一块淡黄色穿插金线的棉布，接着又选中一款样式：两条厚肩带，三层布料，从上到下一层比一层略大，长及脚踝，像多层蛋糕似的。

母亲嘴里含着几根针，照着样式捯饬着布料，我则站在旁边看着。“你知道伊莎多拉·邓肯[②]是怎么死的吗？”

“伊莎多拉·邓肯是谁？”我问道。这个名字念起来很好听。

“一个著名舞蹈家。她喜欢围一条长围巾，那是她的标准打扮。”说着，她模仿着那个女人的样子：昂首抬头，目空一切，撩起胸前的半截围巾，将其甩到背后。“有一天，她坐上一辆敞篷车，围巾缠在了车轮上，车子开了，围巾勒住了她的脖子，把头勒掉了。”

母亲熬夜把裙子做好了。其间，缝纫机发出悦耳的嗒嗒声。裙子很合身。转圈时，裙摆绽开，像降落伞一样兜住空气，上面的金线闪闪发光。

第二天早上，我穿着新裙子去上学，排队等着跟老师握手之后进了

① Maurits Cornelis Escher（1898—1972年），荷兰版画家，以其绘画中的数学性而闻名。

② Isadora Duncan（1878—1927年），美国舞蹈家，现代舞的创始人。

教室。一个男生说我的裙子透光，另一个男生也这么说，玛丽-埃伦说她能看见我的内裤，老师让大家安静。他常常特意点名让我不要搞怪，说我是个惹事精。我低头一看，能看到腿的轮廓，还能看见花布三角内裤，不仅仅是轮廓，连花都能看到。先前照镜子时我没注意，母亲也什么都没说，这太丢人了。

“转起来就看不见了。”玛丽-埃伦建议道。

我当即转了起来。裙摆兜住了空气，不再贴在身上。

“嗯，转起来就看不清了。”玛丽-埃伦说道。

老师说：“丽莎，别转了。”

我非但不停下来，反而转得更快了。因为如果停下来，大家会看到我近乎全裸的身子。

第三章　动身吧

到此为止

我对父亲最早的记忆，是别人为他在俄罗斯山[①]举办的生日宴会上，那时他 30 岁刚出头。

旧金山，我们称为“那个城市”。这里的灯光跟帕洛阿尔托不一样，斜射、发黄，比帕洛阿尔托的灯光更柔一些。那栋房子也更漂亮：房间宽敞，羊毛地毯沿及四壁，还有当时我见过的最大的电视机。后院的草坪几乎被一个圆形金属支架的高大蹦床占据。

父亲站在蹦床上，身穿牛仔裤和法兰绒衬衫。

“嗨，想玩吗？”他朝我喊道。

我走了过去，有一个人（不是我的母亲）把我举起来。我抬高双腿，刚好够到蹦床边缘的布料，我的脚趾像袋鼠一样蜷曲着。蹦床像个小型游泳池一样大，表面光滑如镜。我原以为我跟父亲两人会像我在上体操课时那样跳，可蹦床上同时有两个人，节奏不规则，会相互影响。我尽力控制自己的跳跃轨迹，但半空中还是差点跟他撞上。他的动作不协调，不知道怎么起落。他这样跳，对我俩来说都很危险，而且，蹦床四周还

① Russian Hill，旧金山的一个街区。

没有防护网。我们可能会掉到草坪上，砸在宾客身上，或者飞出后院的围栏。我体重较轻，所以，飞出去的人很可能是我。更严重的是，我们俩可能会同时飞出去，然后我砸在他的身上。我当天穿了一条黄色短裤，跳跃时，短裤兜风卷起，我担心他和下面草坪上的宾客会看见我的内裤。可我要是双手按住短裤，又显得太过滑稽，跳跃的动作也会变形失控。

我不知道自己是否跳到了最高点，因为每次跳起都伴随着下落，仿佛被人在下面拉扯着一样。

有两次，我们俩是同时落在蹦床上。我暗暗祈祷，千万不要有身体碰触，那样就显得过于亲密了。在外人面前，我刻意避免与父亲的意外亲近。半空中，他微笑着看我。

我掉下，他弹起；他掉下，我弹起。蹦床下面，有人为我们拍了张照片。我们俩跳啊跳啊，最后他对我说："好了，孩子。今天就到此为止吧。""到此为止"，这是我第一次听到这个词。

"嗨！史蒂夫"

母亲给我讲过一件事，那是她从我父亲那里听来的：

父亲是被人领养的。20多岁时，他曾寻找生身父母。最初的一段时间里，寻亲的事几乎没有进展，最后，父亲找到了当时负责接生的医生。他已经找了太久，所以，他将其视作最后的机会，要是再无进展，他就注定与亲生父母无缘了。

他去见那位医生，问生母的名字。医生说不知道，即使知道也不能告诉他，因为此举违反保密协议。

父亲从医生的办公室里出来，没有立即回去，而是打算再等等，看看有没有转机。与此同时，医生坐在桌前写了张纸条："等我死后，请转告史蒂夫·乔布斯，说我认识他的生母，她叫乔安妮（Joanne）。"还在纸条上写了她的联系方式。

四个小时之后，医生死于冠心病。父亲拿到纸条，找到了生母，还得知自己有个妹妹，名叫蒙娜。

讲述类似的故事，易于把控事件的巧合。在讲到父亲逗留期间医生写下谶语时，母亲故意压低了声音。

我 8 岁时，又跟母亲搬了一次家，父亲每个月到我们家来一两次。那时父亲被迫从苹果公司离职，后来我听说，这件事对他打击很大，即便我当时还小，也能感觉到他深深的沮丧，走路的样子变得很滑稽，一副魂不守舍的样子。他那时创办了一家新公司，名叫 NeXT[①]，生产计算机软硬件。我还知道，他还有一家电脑动画公司，名叫皮克斯动画工作室[②]，皮克斯制作了一部里面有大小两个台灯的动画短片，大获成功。但这点成就，无法与苹果和 NeXT 相比。

母亲后来对我说，父亲之所以来找我们，是因为他世界级的成功事业遇到了挫折。她认为，父亲只有在事业受挫、在外失利时，才会想起我们母女俩，继而来家里探望，想在我们身上找到慰藉。他似乎在事业狂飙突进时忘记了我，受阻时才又想起我。

父亲过来时，我们俩一起在附近滑旱冰。母亲也陪着我们，因为那

① 史蒂夫·乔布斯于 1985 年从苹果公司辞职后同年成立，1996 年 12 月被苹果公司收购。

② Pixar，1986 年史蒂夫·乔布斯以 1000 万美元收购卢卡斯电影公司旗下的工业光魔公司的电脑动画部，成立独立制片公司"皮克斯动画工作室"。1987 年，皮克斯的第一部动画短片 *Luxo Jr.*（《小台灯》）获得奥斯卡最佳动画短片提名，并且获得旧金山国际电影节电脑影像类影片第一评审团奖"金门奖"。后来其台灯形象被用作皮克斯的标志。

时我对父亲知之甚少，单独跟他相处让我感觉很怪异。他通常是下午过来。他来的时候，汽车轰鸣着开进我们的私人车道，停在红瓶刷子树前，震得房子及对面的篱笆都瑟瑟发抖，空气中洋溢着激动的气氛。他开着一辆黑色的保时捷敞篷车，车停下时，发动机由轰鸣变成呜呜低吼，熄火后才安静下来，显得周围越发宁静，只听得到鸟鸣的声音。

“嗨，史蒂夫。”我打招呼道。

“嗨。”他应道。

我喜欢他走路的样子：脚尖发力，身子前倾，一颠一颠的，他的外表干净利落。

我盼望着父亲的到来，为之牵肠挂肚。他离开后，我还总想他，但每次跟他在一起的一个小时里，我们之间总有种怪异的宁静，就像他的保时捷熄火之后那样。他不太跟我说话，大多数时候，他都是在跟母亲交谈，但中间会有长时间的静默，只听见旱冰鞋轮子在人行道上的摩擦声、鸟鸣声、汽车声和旁边草坪上吹落叶机器的声音。

我们在街区的街道上滑行，树影斑驳，旁边院子里种着灯笼海棠，花瓣绽开，雄蕊垂下，仿佛身穿舞会礼服和紫色鞋子的女子。有些街道两边种着巨大的橡树，有些树的树干因内力或地震而开裂，弯弯曲曲的裂纹里满是亮闪闪的黑焦油。

“看，焦油里映着天空。”母亲对我和父亲说道。真的，在天空的映衬下，条条焦油就像浅蓝色的小河。

跟母亲两个人在一起滑旱冰时，我总是很健谈，但跟父亲在一起时，我就变得沉默寡言了。

父亲的旱冰鞋跟母亲的一样，鞋身是褐色磨绒牛皮，红色鞋带交叉穿过金属扣眼。我有时滑到他们身前，有时跟在他们身后。母亲谈起旧金山的一所大学，说想去那儿上学。父亲在人行道或街道上的裂缝处总会绊一下，对我来说，滑旱冰就像跑步、游泳一样简单。母亲的旱冰鞋的后刹车片早就磨平了，前刹车片（像橡皮一样的那块）也磨掉了一半。她双脚迭进，直行一段之后，稳稳地停在一个停车标志前，就像弗雷德·阿斯泰尔[①]的舞步一样。而父亲的旱冰鞋的刹车片都是新的。

“你会用刹车片吗？”我问他。这时我们已接近一个停车标志。

“我不用刹车片。”他答道。只见他直直地朝标志杆冲过去，实实在在地撞在前胸上，双臂搂住标志杆，绕着它转了好几圈，磕磕绊绊地停了下来。

经过种有灌木的院落时，父亲拽了一把叶子在手里，然后边滑边撒叶子。碎叶在我们身后连成一条线，就像《韩塞尔与葛雷特》[②]故事里的情节一样。

好几次，我感觉到他的目光落在我身上，可当我抬头看时，他又把目光移开了。

父亲离开后，我和母亲谈论起他。

“他的牛仔裤上为什么全是窟窿？”我问道。他该把破洞都缝起来。我知道他有数百万美元的身家。在谈到父亲时，我和母亲不说他是“百万富翁”，而是说“数百万富翁”，一是因为那样更精确，二是因为知道精确的数字显得我们是“自己人”。

“上高中时，他的衣服也有破洞，不仅仅是牛仔裤。”母亲答道，“他

① Fred Astaire（1899—1987年），美国电影演员、舞蹈家、舞台剧演员、编舞、歌手，1950年获奥斯卡终身成就奖。

② 《韩塞尔与葛雷特》，又译《糖果屋历险记》，出自《格林童话》，讲述的是一对可怜的兄妹遭继母抛弃，流落荒林，最后来到了一座糖果屋；他们凭借智慧战胜女巫，找到了回家的路。故事中兄妹俩先后两次把石子和面包屑撒在路上以做标志。

就那样。我们第一次约会时，他来家里接我，我爸爸说‘小伙子，你长大后想干什么？’你知道他是怎么回答的吗？”

“怎么回答的？”

“他说‘做个流浪汉吧’。你外祖父听了，很不高兴。他想让我跟有上进心的男人交往，可你爸爸那时是个留着长发的嬉皮士，只想得过且过，做个流浪汉。”

母亲说，父亲说话口齿不清。“可能跟牙有关。”她解释道。她说，大多数人要么是上牙兜住下牙，要么是下牙兜住上牙，“但他的上下牙是直接相对的，多年的磨合使得上下牙咬合时严丝合缝，像锯齿，或是拉链一样。”

在他们俩上中学相恋时，甚至在制售可以免费拨打任意电话的蓝盒子之前，父亲就预言自己会功成名就。

“他怎么知道的？”

“他就是知道，”母亲答道，“他还说自己会英年早逝，估计 40 多岁就会死掉。”

他的第一个预言已经应验，所以我相信，他的第二个预言也会成真。我继而把他看作某种先知，一生与孤独和悲剧为伴（只有我们了解他的孤独和悲惨！）；他永远游离于光明和黑暗两端，没有中间地带。

“还有，他的手掌很平，这很奇怪。”母亲补充道。

我那时认为，父亲身上的种种怪异之处恰恰意味着他的神奇。他奇怪的走路姿势、拉链样的牙齿、破洞牛仔裤、平的手掌……这些怪象都被我赋予了神秘色彩，仿佛他不仅仅是跟别的孩子的父亲不一样，而是比他们更好。因为现在他出现在了我的生活中，哪怕只是一周见一次面，也说明我之前并非白白等待。与那些始终有父亲陪伴的孩子相比，我会过得更好。

“大多数人到了二十来岁就不再长个儿了，可他还在长。”她说道，“我亲眼见到的。”

当然，父亲身上的种种特点并不协调：他富甲一方，却穿破洞牛仔裤；他事业有成，却寡言少语；他文质彬彬，却笨手笨脚；他声名显赫，却孤孤单单；他发明了一款电脑并以我为名，却对我视而不见，也不向我提起这件事。尽管他身上有种种矛盾和不协调，我仍将其视作一种特质，是他独有的个性。

“我听说，只要剐蹭了一下，他就会直接买新的。”我无意中听到母亲对罗恩说。

“新的什么？”我问道。

“保时捷。”

“涂点漆不就行了？”

“车漆不是那么简单的。”罗恩解释道，“你看原车漆是黑色的，就补上黑漆，那可不行。两种漆不一样，光黑色就有好几千种。所以，要是刮了，就得把整辆车都喷涂一遍。”

之后父亲过来看我时，我看着他的车，禁不住疑惑：这究竟是上次开来的同一辆车，还是全新的另一辆车？

蒙娜·辛普森

有一天，父亲到我们家来，还带来一个人。她身材娇小，相貌漂亮，身穿牛仔裤，留着红色齐肩直发，深蓝色的大眼睛，嘴巴挺大，笑靥如花。

“这是我妹妹。”他介绍道。她名叫蒙娜·辛普森（Mona Simpson），是一位作家。父亲的生父将父亲弃养之后才结了婚，几年后生了个女儿并把她留下来抚养。她跟我父亲性格投契，刚认识就一见如故，亲近得不得了。那时她刚刚出版了自己的第一本小说，名叫《芳心天涯》（*Anywhere but Here*）。这本书连续数周占据畅销榜，还被拍成电影，由苏珊·萨兰登[①]和娜塔莉·波特曼[②]主演。乍看之下，史蒂夫和蒙娜毫无相同之处：一个高大，一个娇小；一个沉闷，一个活泼；一个男，一个女……根本看不出他们是兄妹，只有两人同时笑起来时，才能看出一些端倪——他俩的笑容是一样的，还有相似的嘴唇，一样的大颗牙齿。

父亲的妹妹名叫蒙娜，对我而言这是天大的巧合。我们俩的名字合起来，恰恰是那幅世界名画《蒙娜丽莎》。这是怎样的机缘巧合啊！

在他们二人相认之前，父亲兄妹俩各自事业有成，但都不知道对方的存在。他们俩有着不同的审美观，父亲购买昂贵的灯具、地毯、书籍，蒙娜则在跳蚤市场里寻觅古旧的水银灯、木雕、木兰花盘子、银边玻璃杯。

后来，在蒙娜的一再要求下，父亲为我和母亲租了一栋房子，比我们在麦尔维尔（Melville）住得好多了。也是在她的一再要求下，父亲把他在伍德赛德（Woodside）住的（我跟他生活期间也住在那里）小房子重新铺了地毯，粉刷一新。还是在她的一再要求下，父亲把我从原先的红毛地毯卧室换到了另一间卧室，这样我去上厕所时就不必穿过他的卧室。她给我买了一张新床，还主张让父亲给我们母女俩买栋房子。她一直站在我们母女俩这一边，为我们争取利益。她支持我母亲的艺术事业，格外关注并提升我的生活。她来我们家时，还带着对食物、饰品、衣物的热情。她能为我们找到最好的餐馆，吃当地最好吃的馅饼。她常常戴着同一副耳坠，长长的金链垂下，扫动着她的下颌。

---

① Susan Sarandon，1946 年出生，美国演员、制作人。

② Natalie Portman，1981 年出生，美国演员、导演、制片人、编剧。

蒙娜的父亲弃家出走，所以，她也是跟母亲长大的。我曾让她给我讲她小时候的事，而在我听来，她的母亲简直是脑子有问题。有一次圣诞节，她母亲给男友的孩子买了礼物，却什么都没给她买，她母亲把她扔在路边，让她去餐馆点一份牛排，自己却驾车离开，因为她们没法付钱，我的母亲绝不会做这样的事。蒙娜的往事令我不禁战栗，仿佛站在万丈悬崖边上俯视，濒临危险的同时却安然无恙。蒙娜对我很感兴趣，她注意到我的品位并对此做出评价，说我很聪明，她给我的第一份礼物是《一千零一夜》。后来我想，她这样帮助我、为我争取利益，或许是在弥补幼年时自己缺失的爱。

蒙娜看着我时，仿佛对我的脸格外感兴趣，甚至在跟别的大人谈话时，她也会偶尔注视我片刻。有一次，我们在餐馆吃饭，我在一个盘子的垫纸上胡乱画了画，她却说我画得很棒，将垫纸拿走装框，放在她纽约的住处里。

我希望自己的人生也能达到蒙娜那样的高度，我长大后也要像她一样娇小玲珑，我也要在大学里学英语文学，我也要写作。

有那么一年的时间里，她每周都寄给我她写的长信，用的是厚纸、褐色墨水。她送给我的礼物也是把我当成大人：银长耳坠，柔色封面平装版的契诃夫[①]文集、蒂芙尼[②]的镶紫水晶金戒指。

这些礼物就像一扇扇窗户，为我打开了一个丰富多彩的、我渴盼跻身其中的世界。她的童年不幸福，但她从丑小鸭变成了白天鹅，成了人生的胜利者，那些送给我的礼物就是最好的证明。我担心，一旦她在我身上看不到自己幼年的影子，一旦她对我不再心生同情，她送给我的礼物和对我的关注都会戛然而止。

---

① Anton Pavlovich Chekhov（1860—1904 年），俄罗斯短篇小说巨匠、杰出剧作家、批判现实主义大师。

② Tiffany，著名珠宝腕表品牌。

我上中学时，蒙娜又出版了一本书，名叫《一个普通人》（*A Regular Guy*），我那时 15 岁。付梓之前，蒙娜寄给我一份书稿，问我的意见，问我有没有需要修改的地方。我受宠若惊，可当我开始读时，我却震惊了：书中的角色都像极了我和我的父母，而我的角色名叫“珍妮”。此前，我根本不知道她要写我们的事。上大二时，我写了一篇文章，阐述了被人写成故事的经历。在文章中，我记录了蒙娜是如何收集我生活里的点滴，并将其纳入书里：她甚至连送给我的礼物都描述得巨细无遗，如一个古代中国的珐琅盒，蓝底，饰有菊花和五彩鸟。其他内容都是杜撰的（那本书是小说），但这种虚实结合的叙事令我反感。看到自己的事情变成了她笔下的白纸黑字，我甚是惊讶，甚至觉得自己被出卖了，仿佛她收回了给我的所有礼物。话虽如此，每当我读到蒙娜的书，总让我有提笔写作的冲动。

“人们习惯以小说的形式来叙述家事，”蒙娜解释道，“托尔斯泰[①]就说过，小说的细节源于真实生活。”说这些话时，我们俩正坐在佛罗娜咖啡馆（Caffe Verona）里。我们俩到这家咖啡馆专门聊这本书的事，那时我还在上中学一年级。蒙娜得知我读过书稿之后心中不快，第二天就乘飞机从洛杉矶到帕洛阿尔托来跟我解释。

“作家就是这样的。我不是有意伤害你，绝不会。”

“我很伤心。”我说道。读她的书，我觉得自己已没什么可写。我感觉被掏空了。“珍妮”不喜欢寿司，因为吃寿司时就像嘴里被塞进了一根舌头。书中的细节令我不快，因为她写得太好了，那些事仿佛就变成了她的，而不再属于我。

---

① 列夫·尼古拉耶维奇·托尔斯泰（Lev Nikolayevich Tolstoy，1828—1910 年），19 世纪中期俄国批判现实主义作家、思想家、哲学家，代表作有《战争与和平》《安娜·卡列尼娜》《复活》等。

“你先前读书稿的时候，怎么不告诉我，不想让我出版呢？”蒙娜问道，“我可以修改，可以等一段时间再出版，甚至可以不出版啊。”可我那时只有 15 岁，怎么会想到，又怎么可能干涉她的事业。

现在，书的出版已成定局。

何况，由于心中不安，我只读了一半书稿。我根本不知道我这个角色结局如何，所以，即便提出意见也很可能会被她无视。

“你没读完？”蒙娜问道，松了口气，“你会喜欢的，珍妮的结局很好。”

“或许吧。”我答道。

“没准儿有一天你也会出书，那就把我的书写进去。”她对我说道。我一听，颇感惊讶：原来可以做到书中有书，仿佛俄罗斯套娃一样。原来同样的人物、同样的时间段，都还有内容可以挖掘。

在那本书的故事最后，珍妮身穿校服跟其他孩子一起冲进教室。她终于跟大家打成一片了。

拍照

罗恩认为我就读的那所私立学校过分强调素质教育，基础教育不扎实。他说服了母亲，于是，我们搬到了帕洛阿尔托学区，以便我在这里的公立学校上学。

我们的新家是位于一栋房子后面的公寓。我们原先租住的房子就够小了，新家比老房子还要小一半，但房间一样多，就像儿童游戏房似的。房子里铺着木地板，在我们入住之前，房东将其重新打磨上漆。地板呈干草黄色，闪闪发亮，仿佛沾了水。在此之前，我们住的地方都是满屋地毯。母亲一见到这地板就欣喜若狂，这让我颇为诧异，她在新房间里把我的儿童床安装好。

我们入住不久，一天晚上，母亲租来《神秘约会》[①]，在新电视机上看，但她不准我看。在此之前，我们住的地方都没有电视机。她让我上床睡觉，我却悄无声息地掉了个头，把门敞开一条缝，隔着沙发偷看。

电影里，一个女人身穿破旧黑衣，头发像谷穗一般，戴着好几条项链。越看，我就越想变得像她一样。

母亲转过身来，发现了我在偷看电视。

“我就知道你在偷看，”她说道，“快去睡觉。”说罢，她走过来把门掩上了。

几天过后，我在一本杂志里看到一张图，或许是盖尔斯或 Jordache 的牛仔裤广告，图上有位女郎，她留着蓬松短发（或许是湿的），在空中跃起。她在半空中双腿劈叉，身下是黑色的沥青。她身穿 T 恤，砂洗的牛仔裤，我也想成为跟她一样的女孩儿。

一天，正当我和母亲在厨房里时，罗恩来了。家里的厨房正对正门，他一进门，就举起了手里的相机。

“别动，”他边说着边按下快门，“很好。”我们家没有相机。

开始时，他是抓拍，后来就让我们为他摆造型。我脸上的笑容都快僵住了。

在跟我和母亲相处时，罗恩总是过于坚持己见。母亲说他“犟得很”，仿佛只有极端的重复才能使人注意到他的存在。

我知道罗恩是个好人，他的摄影技术很好，没有歹心，还很大方。

---

① *Desperately Seeking Susa*，1985 年上映，讲述了一位受丈夫冷落的女子因看到报纸上的寻人启事，而和一名到处惹祸的新潮朋克女郎卷入了一场阴错阳差的风波中，又因意外丧失记忆力而经历一连串惊险、紧张、有趣的奇遇，是一部美国新女性英雄神话式喜剧。

他给我和母亲买了两条金项链，她的粗一些，我的细一些，均是鱼脊形的双套链。他拍了很久，还对我们俩的反对置若罔闻，最终惹得我们生了气，把他拒之门外。现在，他又追到厨房里来了，一面是母亲和我，一面是急于拍照的他。我们对他冷眼相看，他却打开了闪光灯。

"罗恩，够了，"母亲说道，"不拍了，可以吗？"

母亲跑进了卫生间，我则躲在了墙后面。

"回来啊，"罗恩喊道，"再拍几张吧。"

罗恩不在这里过夜时，我就跟母亲睡在她的床上。其实我更想一个人睡在这张床上。

"你为什么不离开他？"第二天，我问母亲。

"会的。"母亲答道。

罗恩把洗好的照片装在纸质信封里拿了过来。他刚进门，母亲就一把夺过他手里的信封，跑到沙发那里，坐下来翻看。我想抽几张来看，罗恩也想抽几张看看，但母亲蜷着身子把相片护在自己的怀里，一边看，一边把不喜欢的抽出来，塞到腿下面压着。

母亲深信，摄影师的核心视角就在其拍摄的照片中，好的照片意味着罗恩抓住了她的美，甚至是她的灵魂，丑的照片则证明他没有发现她的美，不懂得欣赏她，甚至不爱她。

"我看看。"我说道，从她背后探过手，想要取照片，但还是慢了一步：她把压在腿下的那些照片拿出来，撕作两半。

撕完后，她转过身来，冲我们耸了耸肩膀，得意地歪着脑袋，扬了扬眉毛。她知道这让我和罗恩愤怒且沮丧，但她却自鸣得意。在撕掉自己的照片后，她总是做出如此反应。

每当她这样做，都会触怒我。现在，我对她越发挑剔。我发现她走路时带点内八字，她的小脚趾外侧结了黄色的老茧，那些老茧坚硬且锋利，垂直于脚底板。她往沙拉里放了太多啤酒酵母，闻起来像灰尘密布的房间，而她做的蛋糕也总是塌的，因为她性子急，冷却时间太短。我曾经喜欢她咀嚼时鼻尖耸动的样子，还喜欢坐在她的腿上，听她咀嚼时发出的镰刀割草似的声音。但现在，我觉得这些都奇怪且不正常，我相信，由于以上种种原因，她也只能与罗恩这种档次的男人交往，她配不上我的父亲。继而我认为，她失败的感情经历完全是咎由自取：她不够漂亮，因而不可爱，也不会惹人怜爱，甚至还可能把我也抚养成那样。

我的父亲是乔布斯

新学校的教学楼是西班牙风格的单层建筑，灰泥墙、拱门和院子都是脏兮兮的。教室之间的走廊是露天的柱廊，地上铺着亮闪闪的水泥方砖。下雨的时候，积水就灌进院子和学校后面的围栏操场。我的老师是约翰逊女士（Miss Johnson），她是位年轻的女老师，我们是她带的第一批学生。她的金发沿脸颊垂下，刘海则是内弧形。她笑起来的时候，腮上会鼓起圆弧，仿佛嘴里含着好吃的东西。

此前我对效忠誓言[①]一无所知，所以，当全班第一次起立宣誓时，我只是张了张嘴，滥竽充数。我发现，全班只有一个女生是坐着的，但她似乎不是忘了起立，而是坐得理所当然。

① Pledge of Allegiance，美国公立学校的学生每天早晨上课前都会全体起立，右手抚左胸，面对美利坚国旗朗诵一段效忠祖国的誓词："我宣誓效忠国旗和它所代表的美利坚合众国。这个国家在上帝之下，统一而不可分割，人人享有自由和正义的权利。"

我问她这其中的缘故，她告诉我："因为我是耶和华见证人[①]。"

得知这件事之后，我也不再起立效忠宣誓了。

"你为什么不效忠宣誓呢？"有一天，约翰逊老师问我。

"我是佛教徒。"我答道。母亲说过，她和父亲都信奉佛教。

"哦，这样啊。"约翰逊老师应道。从那之后，她再也没要求我起立宣誓。

"并不是父母单方面选择了孩子。"母亲对我说道，这肯定是佛教的理论。"据说，孩子也会选择父母来投胎。"我"评估"了一下自己的投胎选择：父亲遥不可及，像闪烁的碎镜片一样；母亲如影随形，却咄咄逼人。或许的确是我选择了他们。如果让我再选一次的话，我还是会选他们。

在学校里，我不可以提及父亲。

"以防被人绑架。"罗恩解释道。

母亲上高中时，学校里有个女生被人掳进一辆白色无窗的货车，手脚都被绑了起来。出城之后，绑匪到加油站加油，她借机打开车门，才逃出魔爪。我隐隐约约地知道，由于父亲的关系，我也可能被人绑架。可是，因为他不在我的日常生活中，所以我遭绑架的可能性似乎有些小，同时又颇为刺激。

在罗恩的催促下，母亲带我去警局采集了指纹。一个男警察捏着我

---

① Jehovah's Witness，简称见证人、耶证。由查尔斯·泰兹·罗素（Charles Taze Russell）于19世纪70年代末在美国发起的基督教非传统教派。教众遵循中立原则，遵守现存国家的法律，但不对国旗或肖像敬礼，不向任何团体和个人宣誓效忠，对所有政治事件或军事冲突均保持中立，不参与政治斗争，也不服兵役。

的手指，先在黑色的印油里蘸了蘸，再将其按在一张纸上。为了精确地采集指纹，需要把手指肚来回滚一滚。我的手指很细小，每次他抓住我的手指在纸上按，我都有点疼。指纹采集好了，纸上留下了数个指肚纹路。母亲解释说，那就是我的指纹，全世界独一无二。她说，我的指纹是螺旋样的，又称“簸箕”。接着她给我看了看她的指纹，她是同心圆样的，像山脊线似的。

“我有个秘密。”我对学校里的几个新朋友说道。我故意悄声，让他们以为我是不愿说出口。我觉得，要想达到预期效果，关键就是轻描淡写。“我父亲是史蒂夫·乔布斯。”

“谁？”有人问道。

“他可有名了，”我解释道，“他发明了个人电脑。他住在大别墅里，开保时捷敞篷车，要是剐蹭了，他就会再买辆新的。”

话虽如此，但即便我自己听来，这事都不甚可信。此前我跟父亲少有相处，只有寥寥数次滑旱冰和来访的经历。如果有这样一位成功人士做父亲，那么他的孩子理应有光鲜的衣服、时髦的自行车。可我什么都没有，连我的姓都跟他不一样。

“他还以我的名字命名了一款电脑呢。”我对朋友们说道。

“什么电脑？”一位名叫伊丽莎白的女生问道。

“丽莎。”我答道。

“一款名叫‘丽莎’的电脑？”她说道，“我从没听说过。”

“因为太超前了。”我引用了母亲的原话，但我不明白它为什么会超前。“后来他发明了个人电脑。你们可要保守秘密，要是让坏人知道了，他们就会绑架我。”

我耐心等着，只有在需要的时候才把这件事透露出去，起到欲扬先抑的效果。跟那些有父亲的朋友相比，我不记得曾感觉低人一等，我暗中拥有一个神秘的身份，在自怨自艾时，它就会发痒发痛，心理压力越来越大，继而以某种形式表达出来。

有一次，我听说父亲被《花花公子》杂志评为“年度最性感男士”。我有选择性地吹嘘此事，因为我既不知道消息的真实性，也不知道这个头衔的确切意义。据我猜测，因为既有《花花公子》又有《花花女郎》两本杂志，所以我不知道他到底是在有裸体女郎的男性读物里被报道了，还是在有裸体男士的女性读物里脱光了。继而我得出结论，父亲应该是在《花花公子》里刊登了他的裸体照片。一想到这种情况，我就不寒而栗。我想，所谓成长，就是要对类似情况泰然处之吧。

学校里一个名叫柯尔斯顿（Kirsten）的女生开始在课外尾随着我，嘴里念叨着“你爸爸是史蒂夫·乔布斯，你爸爸是史蒂夫·乔布斯”。

“别吵。”我对她说道。

但她不听。她有时是以嘲笑的语气在说，有时则像机器人一样嘟囔。我不胜其烦，但其骚扰也有好处：她广而告之的正是我想让大家知道的事实。是她在替我吹嘘炫耀，我则是无辜的，甚至是受其折磨的一方。

“那个女生是怎么回事？”我把这件事告诉了母亲，她如此问道，“她是怎么知道的？”

我说，可能是我告诉她的，但我是无心之过。

“你跟她说的？”

“我说漏嘴了。”我等着她大发雷霆，她却没有生气，只是疑惑不解。

“那更说不通了。”母亲分析道，“你告诉了她，现在她又反过来追着对你说？让她别再说了。这孩子真奇怪。”

一天下午，父亲又过来跟我们一起滑旱冰，他从 NeXT 公司捎来一沓贴纸，一共六份。贴纸很漂亮，又大又厚，由透明硬塑料制成，上面印着一个黑色的立方体，立方体上面是亮闪闪的四个彩字：NeXT。

“你可以把它送给学校里的朋友。”他说道。我激动坏了：这样一来，朋友们就会知道我并非是在杜撰自己的身世。

就在那段时间，约翰逊老师在班里搞了个活动，名叫“猜数字”，让学生们猜罐子里玉米粒的数量。我连续两次以全班最小的误差猜中了大概的数字。其实我只是在纸上写了几个数，我读不出来，因为我还不认识个、十、百、千的计数单位。母亲来接我放学时，约翰逊老师把这件事告诉了她，她们俩都以诧异的眼神看着我，仿佛我是个神童。一周之后，我写的一首诗被选中，刊登在学校的周报上：“美丽的朝圣者，伟大的朝圣者，他们乘着五月花号，踏上我们这片土地。”一切好像水到渠成，我变成了自己梦想中的样子：像父亲一样有名并且幸运。

不久之后，父亲给我送来一台麦金塔电脑[①]。他把箱子从汽车后座上拖出来，搬进我的房间，将其放在地板上。他看了看箱子，说道：“该怎么打开呢？”似乎他真的不知道，我禁不住怀疑他是不是这台电脑的发明者。

房间里光亮的木地板上，只有儿童床这一件家具，平行四边形样的光从窗户里射进来，点点浮尘像半空中微小的火星。

他抓住顶部的把手，将电脑拉了出来，放在地上，靠近墙上的电源插座。

他抓起电源线，似乎很眼生的样子，说道：“我猜，应该把它插进去。”

他盘腿席地而坐，我则跪坐在他身边。他找到电脑的电源开关，按下开关，电脑启动，屏幕中央出现一张电脑的笑脸照片。接下来，他教我如何用电脑画画，画完后如何保存，然后他就离开了。

---

① Macintosh，于1984年1月24日发布，是苹果电脑继Lisa后第二部使用图形用户界面的电脑。

他对另一款电脑——Lisa——只字未提。我担心他并未以我的名字命名电脑，担心那只是个误解。

“你想让别的同学都喜欢你吗？那就跟他们说，你去了 NASA，还玩了飞行模拟器。他们会羡慕你的。”罗恩如此说道。他在 NASA 工作，是阿姆斯研究中心（Ames Research Center）的工程师，所以能把我带进去。几个月之后，终于等到了去 NASA 的日子。那天，骄阳似火，茶色玻璃门外面的白色石头都散发着热量。他为我拍照：在 NASA 的标志旁边、在接待处的桌子后面、在飞行模拟器门外。那时我刚刚在超级剪理发店剪成齐腮短发（我的姨妈琳达在超级剪连锁理发店担任经理，所以我们享受折扣）。

可是飞行模拟器关着。“该死，”罗恩埋怨道，“怎么非在今天呢，太不凑巧了。”飞行模拟器并不像飞机，更像是间办公室。操作台上有几根黄色、蓝色的操纵杆，但屏幕是黑的。

“这些模拟器太棒了，就跟真的在飞行一样。”他解释道。听他讲着，我却在想，是不是真的会有乘风飞翔的感觉，如果操作失误，是否也会有失事坠机的感觉。

“看着屏幕，假装全神贯注的样子。”他吩咐道。他拿起相机，为我拍了好几张照片。“把操纵杆一起拉下来，很好。你可以跟朋友们说，因为相机开着闪光灯，所以照片上看不到模拟器屏幕的样子。”

接着，他带我去吃午饭。那里的桌布都是白色的，水装在银质水壶里，用玻璃酒杯喝。他为飞行模拟器的故障向我道歉，我跟他说没关系。

他又给我拍了几张照片：手肘支着桌面，小口地喝着水，微笑着。食物端上来了，我们开吃。

当天晚上，我在日记里写道：我爱爸爸。

紧接着我又在下面做了澄清：不是罗恩，是史蒂夫·乔布斯。

在史蒂夫·乔布斯的下面，我又写道："我爱他！我爱他！我爱他！"我觉得这份爱就在我的胸膛里，如果它没了，我的心也会碎掉。

"准备好回家了吗？"

母亲被旧金山的加州大学工艺学院（California College of Arts and Crafts）录取了，她要在那里攻读学士学位。因为她星期三晚上有课，父亲就主动提出每周三晚上带我去他的住处。这是我第一次跟他单独相处，我们俩将住在他那占地七英亩、白墙闪亮的别墅里。

第一个星期三，我坐在教室里，心里又是激动又是难以置信。我上四年级了。我们换了老师，她叫济兹曼（Keatsman）。她坐在教室前面，因为学生们的顽皮而内心备受煎熬。她一圈圈地捻着手指上的金戒指，戒指下的皮肤因之扭曲。这一天终于结束了，放学铃响时，我第一个冲出校门，四处寻觅一辆白色本田思域。父亲让我上这辆车，他的秘书芭芭拉（Barbara）会过来接我。

那辆车就停在校门外的路边。我走出校门，她从车里弯腰看了看我，摇下车窗。

"你是丽莎？"

"你是芭芭拉？"

"是我。"她答道，把副驾驶一侧的车门打开了。

她开车带我去父亲的公司。她一只手握住方向盘，另一只手握住车挡，我发现，她的手指甲是红色的。她身穿长裙，女士衬衫，左右两条布在衣领处打成领结。她的头发是褐色的，很有光泽，刚刚齐肩。她戴着眼镜，我喜欢在她身边。后来我发现，在我成长的过程中，我都喜欢跟父亲的同事相处，他们都对我和蔼温柔，跟他们在一起，比跟父亲在一起更舒心。他们大都富有人情味，还很谦逊。我想，父亲一定是喜欢他们的人品，所以才选择跟他们做同事，但他自己的性格却罕有以上特点。芭芭拉虽然比我母亲大不了几岁，但她稳重而成熟。

到了公司里，我被带进一个大房间里，坐在中间的地毯上。房间四周是白色的水泥柱子，四周有几个矮沙发、一株绿色植物，玻璃墙外是很多间办公室。房间里有股新油漆和新地毯的气味。芭芭拉给我拿来纸和彩色铅笔。从我坐着的地方，可以看到父亲的办公室，就在地板的另一边，跟其他办公室一样大小，门开着，我能听到他打电话的声音。不断有人走进他的办公室，跟他谈一会儿，出来后在我身边停一下，跟我打招呼，问我是否一切妥当，还看我画的画。他的办公室里有活动百叶窗，而且大部分时间是拉上的，所以我看不到他坐在办公桌前的样子，但是我能听到他说话。有时候他会走出办公室，朝我挥手微笑，每次我都以为他是要带我离开，可他随后又走回办公室。每间办公室里都有白色书写板。父亲跟人说话的时候，语速很快，声音很大。天色暗了下来，他的办公室跟同侧的其他办公室一样都灯光耀眼，天色越暗，越显得明亮。

“我带你看样东西，”其间他走过来对我如此说道，“把书包放在这里就行。”我跟着他下了楼梯。楼下也是一些房间，但都关着门。我们经过一面墙，墙上挂着白板，白板上贴着员工照片，照片下有名字，名字旁边是一串数字。

“别的公司对员工的收入都是藏着掖着，讳莫如深。”他解释道，“我们这里则是公开，每个人都能看到，避免了各种猜疑和风言风语。”

我跟着他走进一间地下办公室。这里屋顶很低，有一排排桌子，桌子上有很多电脑，有几个人站在桌子四周。其他人大概都已下班回家了。他向大家介绍我，说我是他的女儿，然后他们开始交谈。他们的语速很快，我也听不懂他们谈话的内容。

“看这里，”父亲对我说道，指了指一个大屏幕电脑，“再看这里，这里。他们的装配工是个瞎子侏儒吗？”他指的是大显示屏上的太阳计算机系统公司[①]的商标。他之所以如此抱怨，是因为每个屏幕下缘的商标都贴得不齐整。

看他不平的样子，我就纳闷，既然如此不满，当初为何要买呢？

“我们要用他们的电脑，来生产我们自己的电脑。”他解释道。哦，用电脑生产电脑，我明白了。

接着他向在场的人道别，带我回到楼上。

我以为这就要回家了，可他把我带到放书包的地方，又走进办公室里，打起了电话。

“准备好回家了吗，孩子？”

听到这句话时，已是深夜。芭芭拉早就下班走了。离开之前，她过来看我，把挎包按在腿边，以防滑落，然后蹲下身来问我画的是什么。房间的冰箱里有芬达汽水，我喝了很多瓶，晕晕乎乎的。

一想到要跟父亲去他的大房子，单独与他过夜，我就心绪不宁。夜幕降临时，我尚未想到——我们距离他的房子还很远，还没走进家门。

① Sun Microsystems，创建于1982年，现已被甲骨文公司收购，是IT及互联网技术服务公司，主要产品是工作站及服务器。

伍德赛德距离帕洛阿尔托有二十分钟的车程。这里是一片林地，有人在这里养马。父亲的房产占地七英亩，是套别墅。

七英亩，这个数字听着是如此广阔，比我知道的所有东西都大。

他的房子是西班牙风格，外面抹着白灰，正面是个旧铁门。铁门上了门闩，得亲自动手打开。门里有根旗杆，但上面没挂旗子。房间都很大，很黑，都空荡荡的。两面墙上都有大窗户，不然的话屋里罕见光亮。我早就知道这间房子的采光情况，那还是在几年前的一个白天，他刚刚买下这栋房子时，我和母亲跟他一起看过。

这次，父亲让我把泳衣也带着，以备游泳时穿。但几年前荒地里脏池子那一幕仍令我心悸不已，池子里现在还漂着死虫子和动物尸体吗？

伴着恐惧而来的，还有别的思绪，那是一种狂喜的期盼：今晚的某个我无法预测的时刻，他会对我说“我们走吧”，然后带着我走下宽阔的楼梯，穿过新布料的化学味道，走进芬芳的夜里，然后坐进他的汽车，呼啸而走。第一次，没有别人，只有我们父女俩，向着他的七英亩别墅飞驰。

汽车的折叠车篷盖好了，通风口里呼呼地吹着热气。动身时，我想着：我终于跟父亲迈出了相处的第一步。我是丽莎，我跟父亲在一起，我们正行驶在山峦掩映的夜里，身在干草的芬芳之中。我把自己的经历默默地讲给自己听，我不知道这些经历最终会怎么样，但我知道它非同一般，或许意义非凡。

我心中惴惴，不敢说话。车里黑漆漆的，除了圆形的仪表盘、上面的指示灯和抖动的指针之外，什么都看不清。而这仪表盘是我见过的所有汽车里最漂亮的，在微微的颤抖中，仪表行走准确，发出白色的光。父亲开车轻重得当，汽车稳稳地趴在路上，但他加速很快，毫不犹豫。

父亲打开音响，把声音调得很大，放的是一首披头士乐队的《一夜狂欢》（*A Hard Day's Night*）。车外凉爽的夜风一丝丝地钻进车里，跟通风口喷出的热气交织在一起。我找到座椅一侧的调节钮，把座椅调到最高最靠前，车里有种肥皂的香气。我的屁股和大腿感觉越来越热，皮质座椅上有一些点状小孔，热气一定是从那里面冒出来的。

我们沿着沙山路（Sand Hill Road）行驶，从高架桥上越过 280 高速路，驶入幽暗的山地，空气中全是草地的味道。遍是红杉的山脊映在明亮的夜空里，山的轮廓犹如锯齿一般。一路上，父亲既不看我，也不跟我说话。我绞尽脑汁地想找些话题，却又难以开口。我想立刻跟他亲近起来，就像别的父女一样，我想要滔滔不绝地聊天，想要你来我往地问答，想要他对我的关注。我等这一刻太久了，现在终于和他有了相处的机会，却感觉有点为时已晚。

在他的沉寂中，我再度泄了气，失望之情慢慢涌起。我全神贯注于他的点滴细节，却迷失了自己。

我看着他握住方向盘的双手，他的手指很好看，第一指关节下面长着黑色的细汗毛，大拇指的指甲很宽。他跟我一样，都喜欢咬指甲及两侧的死皮。他不时地会咬一咬牙关，腮上便会出现抖动的纹路，像池塘水面下游动的鱼。

我大气都不敢出一口，唯恐因为紧张变了声调，让声音听起来刺耳，也怕他对我的话置之不理。我有一肚子话想要对他说，只要他开口问我，我就会对他倾诉衷肠：我在学校里不效忠宣誓，因为我说自己信仰佛教；济兹曼老师喜欢转手指上的戒指；我 6 岁时，在波托拉谷的陡坡上，母亲开车时让我把着方向盘；我猜中了罐子里的玉米粒数；我如何学着杂志封面女郎的样子跳跃；小时候，母亲在银行排队时，或是在博物馆里欣赏画作时，我就在一旁的硬地面上倒立（头顶地面，一下倒翻身体，所以不会磕到头）以打发时间……可这些往事在此刻是不合时宜的，我不想破坏这气氛。

“你今天过得怎么样？”终于，我打破了僵局。我的手指在颤抖，心吊到了嗓子眼。其实我后面还准备了两个问题：我们晚饭吃什么？你平时都吃什么？

“还好，谢谢关心。”他回答道，不以为意，看都没看我一眼。说完他就再度陷入沉默，仍是不看我。

怎么可以这样？

怎么可以这样！

路边橡树的树冠鱼贯映入眼帘，待我们经过后，又陆续隐入黑暗里。

一辆车从山路上下来，向我们迎面驶来。父亲轻拨了一下方向盘旁边的一根操作杆，只听一声清脆的咔嗒声，我们的车灯变暗了。待来车经过后，他又拨了一下，车灯再度变亮，照亮视野里的树林。此前我从未见过会车时变换远近光灯，因而对他优雅的驾车习惯大为敬佩（第二天我跟母亲说了这件事，她却说每个人在会车时都会变换远近光灯）。

我们驶上芒廷霍姆路（Mountain Home Road），又拐上一条两侧有白色柱子的路，柱身有粼粼裂纹，柱子也不是竖直的，歪歪斜斜，在夜色中呈银白色。接着，父亲的别墅就出现在视野里了：那个有旗杆、有大门的白色的房子。

院子里有两个汽车般大小的板条箱，里面种着两棵大树，像盆栽似的。蓬松的树冠像云朵一般，树干都是定过型的。我随着父亲走进前门，来到拱顶大厅里，从这里可以到达四面八方各个房间。前门是原木所制，摸一下的话很可能会被木刺扎到。跟我上次来时相比，这扇门似乎更大、更沉重了。

父亲打开灯，开关的咔嗒声在瓷砖地板上回响。暗淡的灯光下，只见宽大的楼梯及其弧形扶栏一路向上，消失在楼上的黑影里。走廊的墙上，倚着一辆摩托车。双人黑皮车座、铬黄色车身，像只大黄蜂。

“这是你的车？”我问道。因为他看起来不像是会骑摩托车的人。

“是。”他答道，“但我已经不骑了。你等会儿想去泡个热水浴吗？”

让我带泳衣来，原来是为了这个。看我仍有疑问，他带我去看了他的卫生间。我从未见过这样的卫生间，以至于在此后多年时间里，我都将其视作奢华的标准：马桶上面是个独立的蓄水池；天花板上是立体星星外形的吊灯；摩尔式风格的瓷砖洗手盆，上面有密集多彩的花纹；水龙头的把手是青铜翼状。浴室里灯光很暗，回声很大，屋顶很高，几乎高不见顶，给人一种神圣的感觉。我四下里寻找马桶的冲水阀，只见一根链子连着一个白色的陶瓷把手，拉一下，马桶里就猛烈地冲下水流。

我又跟他来到大厅里。屋顶上是一排排黑色的屋梁，房间正中央是一架黑色的钢琴，盖子是掀起来的。除此之外还有一盏灯、一个黑皮沙发。沙发很大，但跟房间一比，一下子又显得很小。隔壁有个大拱门壁炉，我无须弯腰即可走进去。壁炉上面是个餐具橱，白色的橱架直通屋顶，但里面空空如也。穿过弹簧门，是一间白色的大厨房。我记得上次来的时候，这里是连绵不断的空房间，屋里全是霉菌和腐木的味道，也没有摩托车和钢琴。

父亲从冰箱里拿了两个盛着沙拉的木碗，还有一瓶褐色的果浆。除此之外，冰箱里再无他物，只剩白色而干净的储物架。他为我们两人满满地倒了两杯果浆，多到我喝不了的地步。接着，他把沙拉倒满到一个大盘子里，两种不同的沙拉并排摆放，半边是胡萝卜和葡萄干，另外半边是干碎麦和欧芹。

“每样都给你来一些，好吗？”他对我说道。我点了点头，从没有人一下子给我这么多食物。他是想让我都吃掉？

“还有这个，”说着，他举起一个绿色的方瓶子，“这是世界上最好的橄榄油。”我不喜欢吃橄榄油，但我还是让他在我的沙拉上倒了一点儿。

他递给我一把大叉子，我们开吃。沙拉很冷，除了食材的原味再无其他。我们俩并排坐在厨房工作台前的长凳上，面对炉子，他边看报纸边吃饭。过了一会儿，他问我吃饱了没有，我说吃饱了，他便收走我的盘子和杯子（几乎还是满的），放到了洗碗池里。至于我吃了多少，他一句话都没说。

“换上泳装吧。”他说道。

我们俩从另一扇门走进门廊，又穿过好几个空房间，走上一段楼梯。楼梯刷的是白漆，有几处地方已经褪色了。

“下面得摸索着走了。”他说道。灯的开关在楼梯下面，走上楼梯就没办法关灯了。说罢，他把灯关掉了，周围顿时伸手不见五指。楼梯吱嘎作响，我双手扶墙，摸索着往上走。“轰！”他出声吓我，接着又学起鬼叫，“嚯……哈……哈……哈……嚯……”

走上楼梯，我跟在他身后进了一扇门，外面是一个狭长有顶的木质阳台。从阳台上可以看到院子以及院子里的黄杨树。脚踩上去，阳台抖动不已。“这玩意儿快散架了。”父亲说道。我们沿着阳台走到一个纱门前，他推了一下，门嘎吱嘎吱地开了。“这是姻亲房。”他介绍道。

“什么是姻亲？”我问道。

“姻亲是一类人，离得越远越好。”这其实是一整套公寓。

房间里的味道跟这栋房子的其他房间一样——旧地毯、霉菌、木头、油漆。我跟着他走上一段楼梯，走过一个小门廊，走进一个空旷的大房间。这是他的房间，地板上有个床垫，金属支架上有台大电视机。

“那是你的床。”说着，他指了指隔壁的一个房间。里面铺着红色的粗毛地毯，地毯上是个蒲团，上面有床单和枕头。

这是位于空荡荡的洞穴般的大房子内侧的、只有寥寥几件家具的小公寓，却给人一种野营的感觉。

他走出去，让我换衣服。我换好衣服出来时，他也已换好衣服在外面等着我了。他光着脚，身穿短裤和T恤。他递给我一条黑色的大毛巾，比我用过的任何毛巾都大、都舒服。他家里的什么东西都是大的：板条箱里的树、正门、壁炉、冰箱、餐叉、电视机……

在楼梯井旁边，我又看见了上次来时看到的那架电梯。乍看上去，它就像一个普普通通的门道，只是旁边有两个黑色的按钮。我问父亲能不能坐电梯，他说可以。这架电梯只有在外门和内折叠门都关上之后才能运行。菱形格的栅栏随电梯轿厢一同上下，厢里某处不断地发出嗡嗡的声音。只见四壁快速移动，仿佛我们是静止的，上下的是它们。身在轿厢里，仿佛置身于监狱的囚室，不知会在哪里把你放出去。电梯停下，父亲伸手去打开金属门闩，他的胳膊擦到了我的胳膊。我推开电梯门，一跃而出，到了门廊里。

外面一团漆黑，连脚都看不见。我们沿着柏油路走下山坡，朝泳池走去。枯卷的橡树干叶戳进我的脚趾缝里。旁边的大树上，树叶被风吹得飒飒作响。草坪上的这条柏油路通往泳池，泳池边上就是热水浴缸。借着月光我能看到热水浴缸是干净的，但泳池里漂满落叶。

父亲脱下T恤，滑进浴缸里。“啊……”他舒服地舒了口气，闭上了眼睛。

我也坐进浴缸里，学他的样子说了句：“啊……”我坐在他对面的凳子上，头部后仰，只见一望无垠的天空，繁星点点，犹如在我的胸口跃动。冷风滑过脸颊，蟋蟀促促而鸣，树枝吱嘎作响。上半身是冷冷的空气，下半身是暖暖的水，我感觉就像坐在父亲的敞篷车里一样，车篷落下，加热座椅开着，冷热两重天的体验。

我们俩静静地坐在浴缸里，水面不断升起气泡和薄雾。我把头扎进水里，想在水里倒立，但下面的喷孔有水流，水泥凳子也碍事，我也怕碰到他的腿，最终还是打消了这个念头。

“好了，孩子，”他说道，“我们出去吧。”

“好。”我答道，我的手已经泡皱了。我们披上毛巾，走回刺脚的草坪。我觉得既是跟他在一起，又是独自一人。我们来到沥青路上，汽车就停在这里。他指着二楼的屋角说道：“从那间卧室造一段滑梯下来，一直到泳池，你觉得怎么样？”

“好啊，一定要造。”我答道，却怀疑他是在开玩笑。不过，我又希望那会是真的。

他的房子有些地方有裂纹，还有一些修补的痕迹，呵护与疏于管理并存，令我不解。卫生间里的洗手盆里有锈色的斑点，一间侧厅的角落处漏水，但外面花园里的树莓却修剪得井井有条。整栋房子都是空荡荡的，他却不在乎，仿佛自己并非主人，而是住客。我问他这个房子里一共有多少个房间，他说不知道，因为他尚未把每个房间都看一遍。

后来，我把整栋房子探索了一下。不论是单间还是套间，打开满是灰尘的房门，看到的总是空荡荡的、同样满是灰尘的房间，有的是铺了瓷砖的水池或淋浴室。别墅后面是一栋巨大的建筑，看似是个教堂，它本应是个水塔，却没有蓄水池了，只剩一层层木质的箍环，中央位置原本是蓄水池的地方却是空的，外面全是落叶、鸟屎和蜘蛛网。因年代久远，箍环变成了银色，仿佛一具大型动物的骸骨。父亲住在这里的那段时间，我都没有来得及把所有房间都看一遍，那些未“征服”之地、未知的领域，都令我着迷。泳池旁边有个网球场，周围的防护网上爬满了葡萄藤。球场的绿色地面也被地下的树根顶得起伏不平，甚至开裂，有几处地方已经褪色或磨光。球网很脏，在两根杆子中间耷拉着，几乎要垂到地面。

“网球场是你的吗？”我问道。

“不知道。”他答道。

“你会打网球吗？”我又问道。

“不会。”他答道。

“我也不会。”我说道。

和父亲在一起

泡过热水浴之后，我们俩躺在他的床上（他在靠近电视机的那一侧），一起看《红气球》[①]，接着又看了《哈洛与慕德》[②]。我不喜欢《红气球》，因为内容太幼稚了，但我又觉得我应该喜欢它，因为那是父亲提前选好的电影，也是我们父女俩一起看的第一部电影。我喜欢《哈洛与慕德》，中间当我要去厕所小便时，他就先把电影暂停了。“那是帕洛阿尔托的教堂。”看到电影中哈洛与慕德相遇的那个教堂，他对我解释道。

两部电影都是影碟，就像银色的唱片似的。取放光盘时，他用手指捏住中间的圆孔和边缘，不碰触光盘的表面。装进光盘后，影碟机关闭舱门，会发出一连串机械运作的声音。

影碟机舱门的嘎嘎声、液压车门的砰砰声、车灯操纵杆的咔嗒

---

① *The Red Balloon*，1956 年上映的一部法国奇幻短片，讲述了巴黎的一个孤独的男孩儿与一枚红气球结下友情的故事。

② *Harold and Maude*，1971 年上映的美国剧情片。

声……在他身边听到的所有声音都让我感到很新奇。他的床边有个金色底座的床头灯，只需触一下底座就可以开关电灯，我试了好几次，太精妙了。我在想这样的电灯为什么不能普及呢？为什么大家还要用按钮式或旋钮式的机械开关？

“该睡觉了。”电影结束后，他对我说道。

很晚了吗？我并不知道。跟他在一起时，时间的概念是模糊的。早上也是如此，跟他在一起时，早上的时间也是漫长的——空旷的空间、明亮的环境、四周的沉寂……跟与母亲在一起的早晨截然不同，跟她在一起时，总是匆匆起床，跑到暖气旁穿衣，再开车送我去学校，在车里吃烤面包当早饭，她的汽车挡风玻璃上挂着白霜，等着车里的暖气上来将其融化。但我跟父亲在一起时，从没有匆匆忙忙让人手忙脚乱的时候。

深夜，当我躺在床上时，我才注意到这里蟋蟀的叫声竟然大到震耳，虫鸣声远远地向我袭来，越过黑暗的草坪，进入黑暗的大房子，冲击着我的耳膜。就在我以为即将被蟋蟀的叫声淹没时，叫声却戛然而止，周围一下子变得空荡荡的。那时我才感觉到，跟这个我几乎不了解的人住在这个石洞般的大房子里，其实是很可怕、很孤独的一件事。

母亲从印度带回来一串豆粒大小的铃铛，那是印度舞者戴在脚踝上的东西。而这边蟋蟀的叫声像极了那种脚铃的声音，它们齐声鸣叫，仿佛数千名戴着脚铃的舞者在狂舞，速度越来越快，舞步越来越快，却又突然停下动作，万籁俱寂。

“你为什么不戴手表？”第二天早上，我穿好衣服准备去上学，我问他，因为在我的印象中，优雅的男士都戴着手表。

“我不想被时间束缚。”他答道。

“那是什么？”我从厨房的窗户向外看去，指着一个建筑物问他。

它像是一个检票亭，前面是透明的玻璃，上面有一个尖顶。

“是鸟舍，喂鸟用的。”

“里面有鸟吗？”

“没有。朋友以前送给我一只孔雀，可现在它跑了。”

“你会再弄些鸟放在里面吗？”

“不。”

我能看出来，他已经被我问烦了。七英亩有多大，我心中纳闷。若是站在宽广的草坪上，背对网球场和泳池，面向远处层层叠叠的山丘，视线依次越过鸟舍、一棵巨大的紫叶欧洲山毛榉、树莓林、橡树林、水塔，直到树林渐密、山丘隆起的地方，估计就到头了。“那里就是。”有一次，父亲指着远处对我说道，但我不知道他指的是哪里。

他把两个苹果、一把杏仁放进一个纸袋（是一个食品杂货袋，不是午餐袋），然后把袋口卷紧。“给，这是你的午餐。”他一边说着，一边将袋子递给我。移动间，袋底的杏仁发出咯咯的撞击摩擦声。

我走在他的前面，陆续穿过餐具室、客厅，来到那个有钢琴的大厅里。大厅的沙发前有个小茶几，上面放着一本书，名字是《红沙发》。书里的图片都是一个红色天鹅绒旧沙发，这些沙发放在世界各地，上面坐着的都是各路名人。我翻到其中一页，图上的人正是父亲。图中的他英姿飒爽，头发顺滑光亮，双眼炯炯有神。跟书中的其他人物不同，他双手指尖相抵，食指对食指、中指对中指……呈金字塔状，像个小动物的肋骨组成的胸腔。随后的几个月时间里，我试着将这种姿势融入自己的生活中——上课时手肘支在课桌上、与母亲吃饭前手肘支在饭桌上、跟朋友在外吃午饭时手肘支在大腿上……可我的动作总不自然，双手撑在一起的时候，我的手显得很大，样子很傻。

我们俩走出大门时，“你不锁门？”我问父亲。

“没什么值得偷的。”他答道。

“你可以添点儿家具。”我建议他。要是他能再买些家具，这栋房子该多么好啊！我想让他真正喜爱这栋房子，并为之装点布置，将房子维护好。在学校里，我们玩一种名叫“选房子”的游戏，写下汽车、丈夫、房子的种类，然后随机搭配，看看未来自己会过什么样的生活。其中房子有四种：别墅、独栋房子、公寓、棚屋，而我对这四种房子都有直观的体验（树林大道上的工作室就算棚屋了）。我父亲有栋别墅，我不知道别的孩子谁能这么说。每个人都想住别墅，也都想要好车：保时捷、法拉利、兰博基尼……

在拐上 280 高速的高架桥时，父亲说：“眼睛看着要走的方向，手就能很自然地转动方向盘，真是奇妙。”

他讲解驾车拐弯的道理，就像母亲讲解画作一样。他不知道，其实我也有驾驶经历。对他而言，或许我没有任何过往，只是刚刚出现在他的眼前。

行驶在沙山路上，他指着远处凌驾于一众屋顶之上的胡佛塔①，对我说道：“看，像男人的那玩意儿吧？”

我不知道他说的是什么意思。

“帕洛阿尔托之根，”他解释道，“仔细看看，那个红色的头特别像。”

胡佛塔在朝阳中熠熠生辉，圆形的红瓦屋顶与校园里众多红瓦屋顶甚是相配。我跟母亲去过胡佛塔，近距离观察过塔上的铃铛和鸽子，感受过高处的风。铃铛周围围了网，以防鸽子在里面搭窝。

“噢。”我应道，笑了几声，努力地在脑海中把胡佛塔与见过的寥寥几根阴茎联系起来。

“就像那玩意儿一样。”他又说了一遍，语气中满是不屑。

---

① Hoover Tower，斯坦福大学的标志性建筑，以美国第 31 任总统胡佛命名。

同在屋檐下

“我应该会在自己 40 多岁时死掉。”就在那段时间，父亲对我说了这番话，他是第一次到朋友家来接我。他的表述颇具戏剧性，似乎是要激起某种回应，我却不知所措。我那时只有 8 岁，对我而言，40 岁已经很老了。我心中窃喜，因为他把如此私密的事情告诉了我，还因为我们俩还有大量时间共处而高兴——毕竟还有四到九年的时间呢！我早就知道，他预言了自己的成功和早逝，母亲告诉过我这些。他是不是会认为我们母女俩不在背后议论他？看他说这话时一本正经的样子，好像他真的以为他不在的这些年里我们没有想过他、谈过他，就像他离开房间之后，房间就不存在了。

总之，他的这番话并没有令我悲伤，反而令我振奋。好歹有几年与他相处的时间，比什么都没有强多了。

他是个伟人，而伟人——比如肯尼迪①、列侬②——都是英年早逝的。我不知道这些，但他知道。

当晚，他接上我，开车带我回家。在车上，他说道：“这里原先都是果园。”母亲载着我在库比蒂诺行驶时，也会说同样的话，但我从来都不信。现在，这片土地上已经是道路纵横，低层建筑物鳞次栉比，仿佛存在已久，没有一点儿果园的痕迹。

“等我死了，就把我埋在苹果树下面。”他对我说道。

我记在心里，告诉自己到时候要想起来。

---

① 约翰·费茨杰拉德·肯尼迪（John Fitzgerald Kennedy，1917—1963 年），美国第 35 任总统。

② 约翰·温斯顿·列依（John Winston Lennon，1940—1980 年），英国摇滚乐队“披头士”成员，摇滚音乐家、诗人、社会活动家。

我们俩单独相处时，他总是提起这句话，所以我想，我有责任完成他的遗愿。他的意思是把骨灰直接撒到土里，不要装盒深埋，这样一来，树根就能把他吸收。

接下来的两个星期也是同样的：我坐着敞篷车去他家，车篷敞着，电热座椅开着；吃的是混合的冷沙拉，喝的是果浆；泡热水浴；一起看影碟——《西北偏北》[①]《摩登时代》[②]《城市之光》[③]。每放一部电影之前，他总会问我是否看过。如果我回答没看过，他就会默默摇头，表情严肃，仿佛我犯下了什么大错一样。每次我要去厕所时，他总会把电影暂停。第三次跟父亲同住时，我尿床了。醒来后，我羞愧难当，怕清扫房间的人会向他告密。当地一对住在一栋小房子里的夫妇负责为他做沙拉、清洗被褥。当时我已经快 9 岁了，已经很多年没尿床了。但第二周我再来时，床铺已经换成了新的，而父亲也只字未提我尿床的事。

吃晚饭前，我们俩在钢琴上合奏《心灵》[④]。我想，这可能是我们唯一都会的一支曲子。琴声在空旷的大厅里回荡。

上床之后，我尽量多等了几分钟，在蟋蟀喧嚣的黑暗里积攒勇气，然后走出卧室，走到父亲的床尾，装哭。或许这是从电影《安妮》[⑤]中学来的——小女孩如何讨好脾气暴躁的男人。我穿着睡衣站在地上，低头看着床上的父亲。我知道该利用好身为小女孩的优势：要想唤起他的

---

① *North by Northwest*，阿尔弗雷德·希区柯克执导的惊悚悬疑片，1959 年在美国首映。

② *Modern Times*，查理·卓别林导演并主演的一部经典喜剧电影，1936 年在美国上映。

③ *City Lights*，查理·卓别林导演并主演的一部无声影片，1931 年在美国上映。

④ *Heart And Soul*，作者是美国通俗作曲家霍奇·卡迈克尔（Hoagy Carmichael，1899—1981 年）。

⑤ *Annie*，美国家庭喜剧片，1982 年上映。故事发生在 1930 年，10 岁的孤儿安妮生活在一所孤儿院里。一天，亿万富翁沃巴克斯来到了孤儿院，从孤儿中选中安妮来陪他生活一周。其间，安妮以其勇敢活泼的个性将沃巴克斯打动，他帮助安妮寻找生身父母，却使其陷入一连串骗局和凶险，最后安妮平安归来，沃巴克斯将安妮收为养女。

爱心，就得表现得弱小无助。对他而言，如果想和别的父女一样亲近，就得爱我才行，并且，他的床也比我的床舒服。

我进屋睡觉之后，父亲就戴上一副大耳机看电影。这时，他摘下耳机看着我。

“我做噩梦了，”我撒谎道，“我能不能跟你睡？”

“行啊。”他答道，指了指离电视机较远的一侧。我跳上床，枕头被我的脑袋压陷，仿佛里面装的是空气。

我的要求似乎并未唤起他的爱心，反而是种打扰，我希望日子长了能有改观。然而，他并非我想象中的那种父亲。的确，他的家里有电梯、钢琴、管风琴，他富有、出名、帅气，可美中不足的是，跟他在一起时，我明显感觉到精神上的空虚，那是一种莫大的孤独感——楼梯位于厨房后面，却没有灯；风从阳台吹进来，而阳台摇摇欲坠。我想要的都有，却无法乐在其中，就像豪华宴会上的一道冷饭。

早晨，他快速地晃我的肩膀叫我起床，“起床了。”他说道。

我穿上衣服，借着他为出门做准备的空当，四处探索了一下。我推开他卧室里的一扇门，探头看了看，原来是个衣橱。一排西服整齐地挂在衣架上，袖口在一条水平线上。跟他的房子不同，他的衣服都是精挑细选的，崭新而且昂贵。所有袖子都一般齐，绝无参差。我把手伸进袖口里摸了摸，衣料是那么轻软，仿佛把手置于缓缓的溪流中一样。

“英格丽·褒曼[①]太漂亮了。”接下来的那个周三，我们一起看《卡萨布兰卡》[②]，他如此说道。“你知道吗，她从不化妆，真是天生丽质啊。”

---

① Ingrid Bergman（1915—1982年），美国好莱坞电影演员，两届奥斯卡金像奖最佳女主角、四届美国电影金球奖最佳女主角、两届托尼奖最佳女主角。主要作品有《卡萨布兰卡》《东方快车谋杀案》等。

② 华纳兄弟影片公司出品的爱情电影，1942年在美国上映。

我喜欢英格丽·褒曼的嘴唇，平滑且饱满，嘴角探入脸颊。我喜欢她的口音，喜欢她走路时轻摆的样子。父亲对美女的评判标准是全无雕饰，但回想起来，我觉得她至少是涂了睫毛膏的。

我却觉得，美女应该涂口红、化妆，穿着漂亮的衣服，涂长指甲，用发胶做发型。

每当他谈起别的女人的美丽之处，听他语带向往地说着金发或美胸，看他做出捧的手势，似乎在掂量胸部的重量，我就会有种怪异的感觉。他谈到美女的时候，品评的全是种种脱离生命的细节，而非人的行为举止。

如果我个子高、金发、大胸，他就会爱我了吧？这些特点我以后也会具备，虽然是痴人说梦，但我总会有这样的幻想。

“你知道吗，我听过英格丽·褒曼的一件事，很震撼。”他说道，“但那是个秘密，不能外传。”

这时我们已经看完《卡萨布兰卡》，他把最后一张碟片放入影碟机里。

“我发誓，我绝不会跟别人说。”我许诺道。

“我有个朋友，”他开始讲了，“他爸爸是个电影制片人。他小的时候，英格丽·褒曼到他家去过。他家有个泳池，她就躺在泳池边的椅子上。”

父亲蜷在靠近电视机的床侧。他在谈论八卦和秘事时，往往更有文采，语速也更快。

他继续说道：“原来，英格丽·褒曼喜欢光着身子晒日光浴。我那个朋友，他那时还小，他的卧室就对着泳池，他能在卧室里看见她。接着，她就，嗯，她……”

他的声音越来越小，我则丈二和尚摸不着头脑，完全不知道他在说什么。

“总之，”他继续说道，“最后，高潮的时候，她抬头看见了他，正好看着他。”

“噢。”我应道。她在干什么？他看见什么了？她为什么光着身子？“我那个朋友，跟我是同龄的。”他补充道，似乎在澄清什么。“总而言之，对他来说，那场面简直太香艳了。”说着，他摇了摇头，又低下头，脸上挂着微笑。

随后几年的时间里，他对我重复讲过好几遍，每次都说自己听到了一件精彩绝伦的事、一个大秘密，却忘了自己跟我讲过。

大概在那段时间，我有了零花钱（每周 5 美元）。我买了一支藏青色的眼线笔，并将它带到了父亲家里。一天早上，上学出门前，借着他在外面等我的空当，我进了卫生间，伏在洗手池上，离镜子近一些，开始描眼线。

“快点。”他站在外面的阳台上，把着纱门。

“马上就来。”我应道。眼线笔有蜡质成分，不像铅笔在纸上那样容易画。我怕画得太深，所以下手很轻，几乎察觉不到。我听母亲说过，淡妆的女孩才是最好看的。看到我化了妆，他就会意识到我是个成熟的小女人。一想到这个，我就心烦意乱，连手都抖了起来。

我走到门前，问他有没有注意到我的眼睛跟以前不大一样了。

他俯身看了看，说：“没有。”

“好吧，”我说道，“你应该能看出来的啊。”

“看出什么？”

“眼线，”我答道，“我画了眼线。”

“去洗掉，”他生气了，不由分说地命令道，“马上。”

安全感

“看那边的天空，”母亲对我说道，她正开车载我们回家，“漂亮吧？”我眼角一瞥，只见半空的电话线上方有一团艳粉色的云彩，路边梧桐树的叶子闪烁着金光。

“还行。”我应道。

母亲对色彩的感觉很敏锐，而指认色彩也是我们俩的交流方式之一，她开车带着我四处转，为我指出各种颜色。她跟罗恩分手了，起初我如释重负，觉得终于摆脱了他，母亲又属于我一个人了，但现在我不那样想了。他在的时候，我觉得他挺烦人，现在他不在了，我倒有些想他了。罗恩跟我们母女俩不同，他是个花样百出的人。他一走进家门，家里的气氛就会变得不一样。男人带来生机和活力，身在其中时觉察不出什么，等他们离开了，生活里就没了趣味和惊喜，变得平平淡淡。我和母亲没有钱，旧金山的餐厅和博物馆我们都消费不起。

现在，坐在行驶的汽车里，她想让我看云彩。

“抬头看看，”她说道，“你怎么了？”

我瘫坐在副驾驶座上，仿佛窗外的那朵烂云彩是世界上最无聊的东西。要欣赏她指给我的景象，似乎要浪费太多精力。不过是夕阳而已，我早就司空见惯了，生活已经开始了枯燥的重复。

柯尔斯顿邀请我到她家过夜。她就是那个追在我身边，宣扬我父亲名字的女孩儿。从那时起，她就不再那样做了，我们俩在学校里是一伙的。经过家长和学校的同意，我们俩放学以后可以从学校步行回她爸爸家。她爸爸的房子位于大学路北边，与我们家正好在帕洛阿尔托的两端。

能不用大人陪同走这么远的路，对我们而言是一种特权。

柯尔斯顿家的房子是维多利亚风格，房子前面，一条水泥路直通木质楼梯。院子的土里，三条树根蜿蜒拱行，像脖子上的青筋一样。她的房间在阁楼上，就在屋檐下面，天花板斜着与地板连在一起。她的卧室里有一台小电视机。我在她的床沿坐下，床垫像果冻一样在屁股下面动来动去，太好玩了。

“这是水床，”她解释道，在床上摊开身子。

她身上有种奇异和不安分的特质，显得我保守而平凡。跟她在一起时，我总有种昏昏欲睡的感觉，就跟与那些看重我父亲名气的人在一起时一样。我跟着她下楼来到厨房里。

她从冰箱里拿出一根胡萝卜。

“你知道有些女人用这个做吧？”她问道，“她们把这个塞进下面，模拟做爱。”

“真恶心。”我应道。这个世界上存在很多令人反感、无法接受的东西，性就是其中之一。我对性已有了解，却对此感觉不安：人们私下里做着爱，人前却一本正经，仿佛干净的墙面里藏着的虫子。

“看！”柯尔斯顿说道，从她衣橱抽屉里拿出一条黑纱织物。那是一条蕾丝松紧胸罩，两个三角形的罩杯，上面有两条黑色的莱卡肩带。它看似是成年女性的胸罩，很是性感，尺寸却很小，是小女孩穿的。此前，我竟不知道世上有如此完美精致之物，其小巧和精美令我神往，就像小时候看到玩偶屋里的家具、食物、餐具的感觉一样。我想要柯尔斯顿的东西，所有的，偏远的房子、电视机、水床、蕾丝胸罩。

“哎，你想看《德州电锯杀人狂》[①]吗？”

---

① *The Texas Chainsaw Massacre*，1974 年美国上映的恐怖片，讲述了身无分文的贩毒者途经德州特拉维斯镇，被变态杀人狂追杀的故事。

“好啊。”我应道，其实我根本不知道《德州电锯杀人狂》是什么。她从一个旧纸盒里拿出一盘录像带，放进电视机下面的录像机里。电影的画质很差，就像好几十种颜色的毛线织成的毛衣，我只能看出一个男人走过干草地，朝房子走去。

“我看了很多遍，”她说道，“每次都是睡觉前看。”

看完电影，我们俩正要关灯睡觉，她爸爸过来看我们了。

他坐在床边，看着柯尔斯顿。

“爸爸，我很没有安全感。”她奶声奶气地说，“你说过，要是我觉得不安了就告诉你，我现在就很不安。”

“噢，宝贝。”她爸爸爱怜着说道，紧拥着她。

她没有安全感？我看不出来。我很惊讶，她竟然知道“安全感”这个词，同时又有些嫉妒，因为她可以跟她爸爸说这样的话。这是大人才会用的词，我是绝对想不到的。

“好乖，宝贝。”她爸爸边安慰边站起身来，看着我们俩。“晚安，你们俩，睡个好觉。”伴着楼梯的吱嘎声，他下楼去了。

第二天早上，母亲过来接我，柯尔斯顿去厨房了。我借机在衣橱上层抽屉凌乱的衣物里找到了那件胸罩，塞进了我的书包里。

第五次到父亲家时，我已失去耐心。很久以来我一直希望，如果我能把分内事做好，那他也会做出相应的回应：我是惹人怜爱的乖女儿，他则是溺爱我的慈父。我认为，如果我能表现得像别的女儿一样，他就会上道。我们俩先是假装亲近，然后弄假成真。然而，倘若我了解他的本性，倘若我有一双慧眼，我就该知道此计不通，只会惹他反感。

我们俩坐在他的车里，向他伍德赛德的家里驶去。今天他穿了一件皮夹克，袖口是黑色棉线螺纹，与他的发色相配，很是潇洒。他仍是沉默不语，我的胆子却大了起来。

“等你用完，可以给我吗？”我问道。这时汽车刚刚左转，经过几根歪斜破败的白石柱子，这条颠簸的窄路正通向房子正门。这件事我想了很久，但直到现在才鼓起勇气开口。

“给你什么？”他反问道。

“这辆车，你的保时捷。”我不知道他把别的保时捷放在哪里了。我猜，应该是在别墅后面，排成亮闪闪的一排。

“休想。”他拒绝得如此决绝而刺耳，我一听就明白自己刚刚犯了大错。我想，或许他剐花车漆就换新车的传言是假的，他并未因一辆车剐花了就再买一辆新的，或许他花钱如流水的传言也是假的。在钱、食物、话语方面，他并不慷慨，而保时捷似乎只是一个美丽的例外。

我真希望能把话收回来。这时我们到了，他把车停在房前，关掉引擎。蓝色的绣球花比我的脑袋还大，从院门两侧探出墙来。

（几年之后，他曾戏弄我：“你觉得什么样的绣球花最好看？”

“蓝色的，宝蓝色。”

“我以前也是这么认为，那时我还年轻。”他挖苦道，“其实白色锥形的才最好看。”）

我正要下车，他转过脸看着我。

“你在我这里什么都得不到。”他说道，“明白吗？什么都得不到，绝无可能。”他说的是车，还是别的更贵重的东西？我不知道。他的话像一把利刃扎进我的心里。

熄火之后，车里只有车顶一盏白色的小灯亮着，周围一团漆黑。我知道犯了大错，他发火了。

在此之前，虽然他不承认，但他以我的名字命名了一台电脑的想法一直在我脑中盘旋，而且，当我在他身边感觉卑微渺小时，就用这个想法支撑自己。我关心的不是电脑，那不过是塑料外壳里的一堆金属、芯片和电路，其功能令人痴迷，但外形称不上漂亮，看久了令人厌烦。我关心的是，能以这种方式与他有所牵连。尽管他与我疏远，难得一见，但以我的名字命名电脑，意味着我被他选中、在他心中尚有一席之地，意味着我不是无根的飘萍。他有名气，他开保时捷，而如果 Lisa 是以我命名的，那我也是他生活的一部分。

现在我明白了，我跟他并不相合。在他看来，我是他恢宏巨画上的一个污点。因为他期望自己有伟大的事迹、光辉的形象，但私生女的丑闻与之相悖。我的存在，毁了他的完美。对我而言，却恰恰相反：与他多加亲近，我的羞耻感就大幅削减。他是我人生中的半边天，他带给我光明。

或许这只是个巨大的误会，是某个环节出了错，他可能只是忘了以我的名字命名电脑一事。我迫切地想把这件事纠正过来，如同举办了一个惊喜派对，等着主角到场——突然把灯都打开，再高声欢呼。一旦他承认了——是，我是以你的名字命名了一台电脑——一切就都理顺了。他会把房子都修缮好，买入家具，说他一直都在惦念着我，却无法找到我……但我同时还感觉到，如果我急于求成，反而会打破这微妙的平衡，他会从我身边一走了之。所以，我不上不下地等待着，只为留住他。

我跟着他下了车，走进屋里。这一次，我们没泡热水浴。我们吃了沙拉，其间他一直在看报纸。我们一起看了《闪电舞》[①]，我没打算睡在他的床上。晚上，我因尿意醒来，眼前漆黑一片，什么都看不见，万籁无声，蟋蟀也都住了嘴。伸手不见五指，我甚至分不清东南西北，也不知道自己是趴着还是仰着。我睁着眼睛在黑暗中等着，什么都看不见。

---

① *Flashdance*，1983 年在美国上映的音乐爱情电影，讲述了热爱跳舞的女主人公追求理想的奋斗过程。

我仿佛是要融入这黑暗里，但它却把我排挤在外。

要去卫生间的话，我得穿过父亲的卧室，再沿着走廊前行，穿过一个空房间就到了。

我爬下床，摸索着找到房门。房门是白色的，在黑暗中若隐若现，走近才清晰起来。我看见，父亲卧室一侧的床上，躺着一个金色头发的人。

是个男人，他是前来刺杀我父亲的。他已经把父亲杀了，又躺在父亲的床上睡觉！我对这个金发男人的嘴脸了然于胸，他只是个满嘴花言巧语的冒牌货。他会对我说，他是我的新爸爸，但他跟父亲没有一丝相似之处。我看不到他的脸，但我很害怕，金色的头发在黑暗中闪闪发光。我蹑手蹑脚地去了卫生间，又蹑手蹑脚地回来。穿过父亲的卧室时，只见那个金发男人还在床上。他在睡梦中翻了个身，钻进被子下面，就像游泳时潜入水中。我回到自己的床上，忧心忡忡，分秒难熬，不知所措，生怕明天一早醒来发现人生发生巨变，父亲从此消失不见。我怕极了，不敢再次起床与金发男人对质。我决定醒着直到天亮，可不知在什么时候睡过去了。

第二天早上，金发男人不见了，父亲复活了。昨晚的情景都是我臆想出来的。我没问父亲有无此人此事，我为自己无端的恐惧和保护意识而羞愧。

又一个周三晚上，母亲的夜校课因故取消，她开车过来看我们。我们不知道她会来，她在外面敲门、叫门，可都没人应，所以她就径自推开前门（没上锁）走进屋里，又穿过黑漆漆的房子，来到明亮但清冷的厨房，找到了我们俩。我和父亲正坐在台前吃饭，母亲坐了下来，父亲则像往常一样打趣我。

“这个家伙给你当男朋友，怎么样？”他边吃边看报纸，随手指着报纸上一个老头儿的照片问我。我看了一眼，打了个喷嚏，嘴里的沙拉谷粒飞到报纸上。接着他谈起蒙娜要给我买张新床的事，“小伙子们喜欢新床，这下你可不缺暖床的人了。你打算邀请谁来同睡？”他的玩笑开得实在尴尬。父亲别的地方都很高雅，却似乎不懂得怎样跟孩子说话。我想跟他多加亲近，可他尴尬的玩笑常常令我却步，我不知该如何应对，母亲也看到了我尴尬的表情。

后来她说，那天晚上厨房里的这一幕——他的玩笑、他像叔伯那样对待我的方式，以及我明显的不安——都令她惊诧。她说，我当时无所适从，全无往日自在的模样。从那以后，她周三晚上去上课时，就把我放在朋友家里，并告诉我，以后不让我在父亲那里过夜了，改成他来带我出去滑旱冰。我觉得这样的安排也挺好。

第四章　小不点儿

父亲的早年故事

我和母亲又搬家了，这栋新房子是我童年时期住得最久的一处，一共住了七年。新房子位于帕洛阿尔托林科纳达大街（Rinconada Avenue），是一栋木匠风格的平房，独门独院，有三间卧室，两个卫生间，一个独立的车库（后来母亲将其改作工作室了）。在我看来，这才是真正的房子，浅黄色为底色，点缀以皇室蓝，门是蓝色。从正面看去，房子左右对称，一条水泥路将门前的草坪一分为二，两扇前窗下面各有一块地，母亲后来种了五颜六色的凤仙花。私人车道旁边有一棵杨梅树，树干曲折，树皮如鳞。在此之前我们并不知道杨梅树的果实会被秋雨冲落，掉到草坪上裂开，流出黏糊糊的橙色果浆，沾在鞋上总也洗不干净。侧门外是一丛茂盛的紫藤，开花时会散发出肥皂味和糖果味，引来很多蜜蜂。

入住之前，父亲在 NeXT 的后勤经理帮助我们将这栋出租房整饬一新。他为人和善，瘦高个儿，总是弯下腰来跟我说话。他说，让我来挑选地毯和卫生间的洗手盆。他笑声洪亮，喉结大且突出，在喉咙处上下移动。在他的指导下，房子里面重新刷漆，木地板重新抛光并染以金色，卫生间和厨房的地板上铺上了地毡，窗户上安装了金属百叶窗。卫生间里，我亲自挑选的洗手盆端然而放。

母亲买了一套百科全书，书脊上是金蓟花。遇到问题，她就冲到书架前，取下其中一册，翻开印有金色图章的书页，找到词条所在的页面，将解释大声读出来。

她有一个步入式衣柜。衣柜不算大，或者说，其体积与“步入式”并不相符，但人可以钻进去，还能转身，故得名如此。衣柜里面有挂衣架的横梁，还有可以挂衣服的金属架。她还有自己的独立卫生间，上有天窗。

有一天，在卫生间里，她给我看她的新钱包。

“是从内曼·马库斯[①]买的。”她说道。我在天窗下仔细查看：数根长条状的褐色皮子缝合成皮面，每条皮子的中央位置都有褶皱，皮纹拉紧，形成条条褶皱。这是我摸过的最软的皮子，还发着油光。

“是鳗鱼皮，”她解释道，“厉害吧，鳗鱼！”

“像丝绸，”我赞道，“又像黄油。”

“对啊。再看这里。”说着，她给我看硬币大小的金属扣。我能感觉到，那是一块磁铁：扣鼻吸住扣眼，严丝合缝。

据我所知，母亲此前从未有过钱包。种种奢侈的用品——钱包、天窗、衣柜、旋转热饭的新式微波炉、无绳电话——意味着我们的生活发生了天翻地覆的变化，我们步入了更新、更高档的范畴。原来，父亲提高了子女抚养费，其中包括大额租房费用和生活费用。不久之后，他又同意每周为母亲支付一次医疗费用，连续数年时间。母亲没有钱换新沙发，于是就把旧沙发重新包了布，布上有更多淡色花朵。

房子装修完毕之后，父亲来过几次。他和母亲相处融洽，互相开着玩笑，一起欣赏房子。他们都喜欢房子里面的漆色、新式工业风格灯具（两根白色金属杆，毛玻璃灯罩，通常是户外用的，放在室内同样美观）。

① Neiman Marcus，美国以经营奢侈品为主的高端百货商店。

每当父母在一起时，我就觉得自己心里的某处角落咔嗒一声就了位，就像钱包的磁扣上了扣。

入住的第一年里，新鲜感未退，一切都显得完美。有好几次，走进前门之后，母亲都会站在原地，深吸一口气，手抚心口，欣赏眼前的美景——暖气通风口上方的墙上，外面的阳光照进来，形成一个美丽的金色平行四边形。

在这栋房子居住的几年时间里，每当想起或者我询问时，母亲就会给我讲父亲的事和她家的故事。她说，父亲在上中学时总是表现得害羞而笨拙，当他说话或讲笑话时都没有人在听。他给母亲做过一个风筝、一双凉鞋。他们在史蒂文斯山谷路尽头租房同居的那个夏天（租客里还有人养了羊），盖的被子是母亲远在俄亥俄州的外祖母做的，改善生活时，他们吃的是街边廉价的小号热狗。

母亲说，那年夏天，他们俩身上一度只剩下 3 美元，然后他们开车去了海边，父亲把钱扔进了海里。

“我真的吓坏了，”母亲说道，“但他很快又卖了很多蓝盒子，我们又有钱了。”

父母的早年故事需要加上母亲离奇的家庭背景才能算真正完整。母亲 12 岁时，他们一家搬到加利福尼亚州，之后不久，她母亲患上了精神病。她母亲出生在俄亥俄州的代顿[①]，她的外祖父、外祖母就生活在那里，她的父亲在国防部工作。后来，她父亲工作调动，从代顿到科罗拉多州的斯普林斯（Springs），又去了内布拉斯加州，最后才来到加利福尼亚州。在这里，她的母亲被诊断出妄想型精神分裂症，后来夫妻二人离婚了。

---

① Dayton，美国俄亥俄州西南部城市。

在母亲口中，俄亥俄州仿佛失去的天堂：在俄亥俄州，她的祖母和外祖母做着棉被，十分宠溺她，还让她玩她们手背上的皱皮。她的外祖母（也可能是祖母）家有一个农场、一个鸡棚，每天早上，她都去拾鸡蛋，那时她的母亲还未发疯。每次看到周围有壮丽的美景，如金色的余晖反照在柱式结构的砖房上，如参天大树，她都会说像俄亥俄州一样美。

搬到加利福尼亚之后，她的母亲总是坐在黑咕隆咚的客厅里，喝酒、吸烟，等着女儿们放学回家。从外面看进房间，唯一能看见的只有香烟烟雾中燃着的红点。她比我稍大一点儿时，她的母亲开始了对她的刁难和侮辱，或许她的善解人意、风趣优雅、活泼，都令她母亲想起了年轻时的自己。她 12 岁时，她母亲羞辱她，说她之所以学竖笛仅仅是因为竖笛像男人的阴茎，她母亲还在邻居中间污蔑她，说她跟狗交配过。

上高中时，母亲认识了父亲。最令她心动的，是父亲的眼神。与她母亲阴沉沉的、满是恨意的眼神相比，父亲的眼神完全可以说是“慈眉善目”。

“上高中时，我第三次去史蒂夫家里，他妈妈把我叫到一旁。她对我说，史蒂夫六个月大时，她总是担心会失去他，因为他的生母想把他要回去，所以她不敢跟他亲近，生怕到时候会舍不得。当时我根本不明白她为什么要跟我说这个。”母亲说道，“那时我还只是个高中生，跟他认识的时间还不算久。”

她讲述那些往事时似有所指，但我理解不了究竟意味着什么。

后来他们俩恋爱了。父亲给我外祖母写了很多长信，将信放在我母亲家的前门，信里说她过于刻薄，并请求她不要再欺压我母亲了。当时，父亲就是我母亲的救世主。他发现她身上的才华、美丽、善解人意，在外祖母狂躁犯病期间，他无微不至地关心着母亲。“你是我认识的最心灵手巧的人。”他夸她道。

他们俩一起吃迷幻药，父亲是第一次吃，但母亲不是。母亲解释说，迷幻药服下后，需要过一会儿才会起作用，所以他们就安静地等着。突然之间，世界变得不正常了，他们开始腾云驾雾。想到母亲吸过毒，我就一阵反感，但她跟我说："不用担心，丽莎，早就是过去式了。"她告诉我，父亲害怕吸毒过后会出洋相，所以请母亲许诺到时候提醒他，免得他做出什么荒唐事来。就在那段时间，父亲告诉母亲，说有一天自己会名扬天下、家财万贯，然后在花花世界中迷失自己。

"'迷失自己'是什么意思？"我问母亲，同时我想象着父亲在人群里一脸茫然的样子。

"意思是迷失了道德的方向。"她解释道，"为了钱和权，为了世俗的利，出卖自己的人格、灵魂。人性扭曲，与自己的灵魂断了连线。"

他们俩在那栋房子里住了一个夏天，然后父亲就去上大学了。房子隔壁也是一个平房，里面住着两三个二十来岁的富二代，整天吸毒。他们无所事事，等着父母去世好继承遗产。这一幕令我父母唏嘘不已，也给他们留下了深刻的印象，人竟然可以这样浪费生命。

几年之后，母亲还会反复向我讲述那几个懒惰、堕落的富二代的事，以此为父亲不在经济方面资助我开脱，说他不想让我变成那样的人。

"你爸爸妈妈什么时候离的婚？"别的孩子会这样问我。

"他们从来就没结过婚。"我答道。我喜欢这样说这个客观事实，它往往具有惊奇的效力，能瞬间将对方的敌意化解，它使我与众不同。父亲对我们母女并非始爱终弃，而是恰恰相反：与我出生时相比，他们俩现在在一起相处的时间反而变长了。

滑旱冰

现在，每到周末时，父亲如果在附近，就会过来带我出去滑旱冰。就只有我们俩去，母亲则在我们出门时朝我们挥手作别，然后继续待在家里画画。父亲称我为“小不点儿”：“小不点儿，我们快动身吧，时间不等人啊。”

我原以为“小不点儿”是落在袋子底部的又冷又硬的炸薯条碎末，我还以为他是暗指我个头小或是他的私生女。后来我才知道，“small fry”是一个老词儿，指的是捕鱼时扔回海里让其长大的小鱼苗。

“好，胖不点儿，咱们走。”我穿上旱冰鞋，应道。有时候他会担心自己太瘦了。“他们都说我需要增重。”他说道。“谁说的？”我问道。“同事。”他说道，穿着旱冰鞋站在屋子中央。“你们觉得呢？”有时候他还担心自己长了啤酒肚，也来问我们的意见。

我们打算滑去斯坦福大学。在这一天，因为刚下过雨，人行道仍然是湿的。

棕榈大道（Palm Drive）因两旁的棕榈树而得名。树长在人行道和公路之间的土里，老旧的水泥地面之下，树根匍匐而行，地面因此时有隆起。地面多次重铺水泥，却仍然难以阻挡树根的强大力量，每层水泥都被顶了起来。每过一个坎，我们都弯着膝盖，以起到缓震的作用。落叶很多，有的地方甚至堵住了人行道，我们只好绕过成堆的树叶，从土地上走过去。落叶后的棕榈树干像鱼似的，甚是丰满。

“真希望我是一个印第安人。”父亲边说边眺望着斯坦福大学后面的群山。从远处看去，山岭曲线柔美，毫无瑕疵。第一场大雨过后，只需两三天时间，山上的绿草就钻出地面，一直能活过冬天。

“你知道吗？印第安人都是光着脚走路。”他说道，“就在那些山里。他们早就生活在这里了，比这个城市存在的时间还早。”我在学校里学过，印第安人在石板上将橡子磨成粉，山上留有很多类似的痕迹。“我喜欢青山，”他继续说道，“不过，我更喜欢干枯季节的黄色的山。”

“我喜欢青山。”我说道，不理解怎么会有人喜欢枯死的草木。

我们来到斯坦福大学的椭圆形广场（The Oval），又到了大学的四方院里。这里树木掩映，地面上是菱形的灰白相间的水泥，仿佛褪色的小丑戏装。

“想不想骑在我的脖子上？”

说着，他俯下身子，双手托住我的腋窝，把我举了起来。我那时 9 岁，但身材娇小。他一下重心不稳，晃了两晃。他驮着我，绕着四方院转了一圈，经过拱门和金字玻璃门。他双手搂住我的小腿，却突然因身体失衡而放开了手。他身子后仰，站直，又后仰，又站直，前仰后合。我骑在他的肩上，也跟着前后摇摆，吓得要死，接着他就摔倒了。向前摔倒的过程中，我担心不已，担心摔伤脸和膝盖，因为这两处很有可能会撞在地面上。时间久了我才发现，原来他经常摔跤，如家常便饭一般。尽管如此，我还是愿意让他驮着我，因为他似乎将这看得很重要。我觉得这是一种无形的改变：在他看来，驮着我是父女亲近的表现，我如果拒绝了，他就会从此远离我。

我们爬了起来，拍打身上的尘土。他摔到了屁股，擦伤了手掌，我则磕伤了膝盖。我们向四方院一端的饮水池滑去，饮水池建在墙边，墙上贴着有图案的瓷砖。从那里可以看到不远处一个小院里的绿叶，就像染色玻璃一般。我喜欢在阴凉处看外面的阳光，那样不会刺眼，像个相隔的发光体。

我们又朝大学校园里滑去。沥青路面很粗糙，全是石子。从路面上滑过时，我的喉咙和大腿都颠得发痒，全身的骨头都哗啦作响。我们向上走，经过喷泉和大钟，来到一个餐馆的户外铁桌旁。我们坐了下来，休息片刻，喝了点苹果汁。我借着旱冰鞋的重量抖着腿，拨弄着椅子上的金属网栅。我们旁边有棵橡树，树长在院子里一个半高的台子上，树干上银色的纹路盘旋向上，树皮间的沟壑很深，中间都是黑色。

我们穿过校园往回滑。沿着粗糙的水泥路面下坡时，我超过他滑在前面，却变成了一个大音叉，喉咙被石子颠出抖音“啊！啊……”

“稳一点儿，你没事的，孩子，”他说道，“别得意忘形啊。”

“不会的。”我应道。我之前从未听到过这个词——得意忘形。

一路上，他指给我看彩色玻璃、金色的瓷砖，还给我讲解建筑所使用的当地沙石——从石柱到筑起外墙的大石头，应有尽有。石头上密布着大颗沙砾，阳光下凹凸明暗，显得格外粗糙，有些地方还有雕刻，以作修饰。

“你觉得这些石匠是不是从外国来的？”他问道，抚摩着一个像枕头一样的长方形石块。

当时，我们所看到的这些建筑物是一模一样的，但对我来说，这只是人工斧凿堆砌的一堆石头而已。我开始发现，父亲身上有两种对立的品质：一种细腻而敏感，就像牙神经一样；另一种则迟钝而冷漠。他能注意到建筑的细节，能联想到做工的石匠，能想象这些石块当初是如何被切割凿刻堆砌的，我猜他一定也能关注到别人的情况，比如我。

“你知道吗？我没上大学。”他说道，“或许你也可以不用上，高中毕业后就直接进入社会可能会更好。”

我要是不上大学，就能跟他一样。那一刻，我觉得我们俩就是世界的中心。他总是能自带这种感觉，随时都能让自己成为世界的中心。

“在你最有创造力的年纪，他们却教你别人是怎么思考的，”他解释道，“这样会毁掉人的创造力，把人都变成笨蛋。”

听上去很有道理，但我奇怪的是，如果他不相信大学教育的好处，为什么他总到斯坦福大学校园里滑旱冰？似乎他很喜欢这个学校。

“他那是无理取闹。”我后来跟母亲说，父亲认为上大学是浪费生命，母亲对我如此解释道。

我们一起穿过马路时，父亲抓住我的手。

“你知道我为什么要抓住你的手吗？”他问我。

“因为本就应该如此吗？”我希望他回答“因为我是你爸爸”这样的答案。除了过马路，他从来不握我的手，而我盼望着能跟他手牵着手。

“不对，”他答道，“是因为如果汽车快撞上你了，我能把你甩到马路外面去。”

我们来到大学路上，他指着一个蜷缩在角落里的纸板上的流浪汉，跟我说：“两年后我也会这样。”

几分钟后，我们来到居民区的街道上。这里远离市区的公路，离我家很近。他放了个屁，声音很大，音调很高，仿佛气球开了个口子开始撒气，一下子打破了周围的沉寂。他若无其事地继续往前滑。不一会儿，他又放了一个屁，我扭过头去。等放完第三个，他才咕哝道：“对不起。”

“没关系。”我应道，替他感到有一点儿尴尬。

当我们俩回到我家所在的街区时，很多小孩子正在家中的院子里或者人行道上玩。我家正对面住着一家人，妻子个头很高、短发，名叫简，丈夫在 NeXT 工作。他们家长长的私家车道远端，是一座深褐色的木头房子。房子里住着一个怀有身孕的女人。母亲怀着我时，父亲跟这个女人交往过。对我们母女俩而言，搬到这里竟然突然发现两个与父亲有关联的人，真是个古怪的巧合。母亲则解释说，父亲总是能触发离奇的巧合。

我们在我家对面的人行道上停了下来。几个住在附近的男人围到父亲身边，是三个带孩子的男人，他们想听父亲的意见，想知道他对这件事、那件事的看法。我站在旁边，有种莫名的自豪感，因为他们都盼着能跟父亲交流，但他们谈的人和提到的公司我却一个都不知道。

不一会儿，几个孩子哭闹起来。

父亲继续讲着硬件、软件……当时在帕洛阿尔托，只要遇到认识的男人，这种谈话总是不断出现。三个小孩号啕大哭，父亲却置若罔闻，三位男士都想继续听下去，于是把孩子抱在怀里摇晃轻拍，不料他们哭得更厉害了。父亲不得不提高嗓门，加快语速，以使自己的声音高过孩子们的哭喊。每到断句处，他的声音都格外尖细，十分刺耳，胸口都觉得疼。不知道那几个哭闹的小孩是否也是同样感受。三位男士不得已终止与父亲的交谈，带着孩子离开了。

回到屋里，我们俩在暖气旁脱掉旱冰鞋，母亲朝我们走了过来。他们俩仍然彼此喜欢着，我能看得出来。我弯下腰，折牛仔裤的裤脚，把长出来的裤脚卷边折起来，显得腿细。卷边之后，我的身材比例就好多了：我上身喜欢穿一件宽大的 T 恤，腿又细又直，像两根杆子。

“你这是干什么？”父亲问道。

“卷裤脚啊。”我答道。

“你觉得这样很酷？”他问道。

“是啊。”我答道。

“噢。”他应道，接着又以嘲弄的口吻说道，“哦，比福！哦，布莱恩！

希望你们能喜欢我穿牛仔裤的样子。”

“史蒂夫。”母亲劝道。她脸上挂着微笑，但我能看出她的不悦。

“或许她可以嫁给萨德。”他继续说道。

“德克”“布莱恩”“特伦特”“特拉夫”……这些都是他臆想的我的男友和丈夫的名字。我当时才 9 岁，“结婚”对我来说似乎是太过遥远的一件事。我以笑应之，表示我知道他在开玩笑。但我依然怀疑，他之所以将我的未来夫婿冠以这些难听的姓名简称，是否是因为我长得丑，而且可能没什么前途。

“或许你可以嫁给克里斯汀。”他又说道。

克里斯汀的家就在街对面，他与我年龄相仿，金发、戴金边眼镜，说话带着老家佐治亚州的口音。他喜欢穿 T 恤和格子图案的短裤，身材瘦削。他用自动铅笔写作业，字迹小而潦草。他母亲也是独身，我喜欢他，但我不愿让他当我男朋友。还有一个名叫凯的男孩儿，他爸爸住在这里，他一个月左右来这里一次。他长着一头黑发、白皮肤、红嘴唇。他爸爸家就在我们家隔壁。他从窗户里探出头来，刚好能看到我的卧室，令我又惊又喜。他性格内向，不喜欢玩，但他的身影曾令我芳心暗动。我想，要是非让我选一个认识的男孩儿当丈夫，我会选他，但我从未对任何人说起过这件事。

“我看看你的牙。”我对父亲说道，转移了话题，“看看它们是如何像拉链的。”

“没门儿。”他应道。我只是好奇，但他可能觉得我是在嘲笑他。

“求你了。”我央求道。

他弯下腰，张开嘴。他的牙既不是地包天，也不是天包地，而是地接天，上下牙之间没有缝隙。

“真有意思，”母亲说道，“怎么长成这样的？”他闭上了嘴。

“丽莎，给我看看你的。”他说道。我张开嘴让他看了下。

“好玩。你的呢？”他又对我母亲说道。

他去看她的牙齿，她的下牙长得很挤，仿佛很多客人挤在一个小房间里。

“不是很好，你该去看看牙医。”他说道，一下变了脸色，刚才还很和蔼可亲，却一下子判若两人。母亲也面露不悦，一下闭上了嘴。如磁铁突然换了两极一样，他们俩瞬间翻脸，根本无法预料。

“或许她长大了会像波姬·小丝[①]。”他说的是我。

“波姬·小丝是谁？”我问道。

“一个模特。”母亲答道。

“你的眉毛太漂亮了。”他赞道。

之后他就离开了，穿过门前草地时，我隐约听到他在说“或许你……”，他脚上只穿着袜子，旱冰鞋挂在肩上。他一走，家里立刻“由晴转阴”，快乐的余晖被沉闷一扫而光。我自己吹着长笛，母亲给我买了热带鱼图案的新床单。再过两三个月，表妹萨拉（Sarah）要来家里玩。父亲来之前，家里所有的一切都令人兴奋不已，但当他离去数日之后，一切又都变得无关紧要，需要很久才能重燃兴奋之情。

不过现在我知道了，我的眉毛很有前途。

母亲后来告诉我，就是在那段时间，父亲真正喜欢上了我。“他很在乎你哦。”她如此说道。可我却对此全无印象，我只是发现他来家里的次数增多了，喜欢搂住我，再把我抱起来（即使我不想让他抱着）。他评点我的穿衣风格，不减反增地开我玩笑，打趣我的“未来夫婿”。有一天下午，母亲在做饭，我在玩，父亲突然对她冒出一句话：“一直

① Brooke Christa Camille Shields，1965 年出生，美国女演员、作家、模特。

希望你是我妈妈。你知道的，她对我的意义远大于父母的二分之一，远大于遗传给我一半的基因。”此番告白令母亲措手不及，不知该如何应答。他说这番话，或许是开始觉得与我亲近，想在我的生活中占据更大比重。

我记得当天屋里的阳光明媚，只有几块斑点样子的阴影，似乎那时的阳光比现在都多。

我和父亲出去滑旱冰时，总会借机四处转着看房子。他喜欢深色木瓦屋顶的房子，深褐色或灰色的房子正面攀爬着葡萄藤，年代久远，木屋仿佛镀银一般。竖框窗户，嵌着方格玻璃，院子里的植物仿佛被风吹得堆积起来。从窗户向内看去，房子里面漆黑一片。我则喜欢刷着白漆的房子，左右对称，院子外面有竖栏，院子里面是平整的草坪，上面的草非常茂盛，像河岸一样。

“停一下，闻闻这些玫瑰。”他仓促地说道，接着便停了下来，俯下身，把鼻子探到一朵玫瑰花里，深吸了口气。我本想说那只是表象，其实玫瑰本身并不香，却不愿打击他的兴致。然而，我很快就妥协了，我们俩在街上左右穿梭，在街区内一起寻找最好看的玫瑰花丛。这边的院子里都种着很多玫瑰。有几处漂亮的玫瑰花丛藏在篱笆后面，他都没看见，但我发现了。我告诉他，然后我们俩就踮着旱冰鞋脚尖，越过草坪，走到近处欣赏一番。

伊兰

自从母亲跟罗恩分手后，我们又回到了母女俩相依为命的状态。我想，现在我们俩应该都很清楚，我们的生活里不需要别人，母亲不需要男朋友，我们现在过得就挺好：新房子，父亲时不时来趟家里。所以，当母亲跟我提及一个名叫伊兰（Ilan）的男人时，我又惊又怒。伊兰是母亲交往时间最长的男人，长达七年，他给我的人生带来了正面的影响。但在最开始的半年时间里，我不愿搭理他，只对他报以傻笑，想把他赶出我们的生活。

他长着一头黑发，密而卷曲，脸很长，鼻子很大，有一双褐色的眼睛，看上去充满智慧。他是一位化学博士，自己创办并运营着一家小公司，生产科学玩具。

我喜欢听他讲故事，他的父亲是名举世闻名的匈牙利剧团男高音，所以他得以随父亲巡演周游世界。他上学时，总是爱搞一些很高明的恶作剧。我一边听他讲故事，一边傲慢地将他和我父亲相比较，我觉得和父亲相比，他就像个书呆子一样无趣。伊兰开着一辆大众高尔夫，他有时候会假装有车载电话，在停车牌前停下车来，假装接听重要电话，以此嘲笑硅谷那些刚刚买了砖头样车载电话的人。

他有两个孩子，大的是女孩儿，小的是男孩儿。他女儿名叫爱兰歌娜（Allegra），跟我一般大。一天下午，在她家里，我跟她一起伴着麦当娜[①]的《幸运星》跳舞，那时我还以为伊兰跟我母亲只是朋友关系。

伊兰跟妻子是开放式婚姻，但他却违反约定爱上了我母亲，随后他就跟他妻子分居了。我不喜欢这个状态，我奚落母亲，但恋爱中的她并非我所能改变的。

“他还在婚姻状态中呢。”我提醒她道。

“哎呀，宝贝。”她应道，似乎我是个傻子。

每次跟伊兰和母亲在一起的时候，我内心就会有一股无名之火，一如她与前两个男友交往时那样。“你没事吧，宝贝？”她问道。爱情使

---

① 麦当娜·西科尼（Madonna Ciccone），1958年出生，美国女歌手、演员。

她变得凌驾于我之上，显得高不可攀，脸上带着藏不住的一抹浅笑。

她与前两个男友交往时，我还能感觉到我们母女俩是站在一边的，可换了伊兰后，我觉得，如果让她二选一的话，她会选择伊兰而不是我。我想要逼她做出正确的选择，于是制订了一个长远的计划。

在他们开始交往几个月之后，某一个周末的上午，我们仨一起出去吃早餐。

我不愿意去，还抱怨了一番，最终还是妥协了。我们快步走过繁忙的阿尔玛街（Alma Street），来到街对面，穿过栅栏上的一个洞，又穿过灌木丛，来到铺着铁轨的白色石子坡上。从那里开始，我们沿着山石和铁轨一直向北走了二十分钟，其间有时走在一条铁轨上，有时走在枕木中间。

我们等着看火车。

“看。”伊兰说道，只见一辆火车从远处驶来。他把一枚硬币放在铁轨上，我们躲到一边，看火车轰鸣而过，硬币变成一个薄薄的铜片，呈不规则的椭圆形，很烫手。我想留着它日后把玩。

可当他将这枚变形了的硬币送给我时，我却咕哝道：“不用啦。”

要想和我一样能连续几个月对母亲和伊兰冷眼相对，需要极大的精力。在他们身边，我一直装傻充愣，不管他俩谁讲笑话，我都板着脸。我发现，跟外人吃饭时，伊兰总能不露痕迹地将话题引到他的父亲身上去，对方总会好奇地问道——你父亲是什么人？在他身边时，我的冷漠和不快就像下压的阴云。我身心疲惫，却未能拆散他俩，仅仅是使他们面对我时小心翼翼。我知道，我若是稍微反常地露出一丝高兴的痕迹，母亲就会将其当成我的认可。我才不要这样，她似乎已经忘记了她每次分手之后我们所经历的痛苦，我讨厌她泪眼婆娑的蠢样子。

我们要去的饭店名叫“麦克阿瑟公园”（MacArthur Park），位于一个改建后的谷仓里。这里的自助早午餐特别好，有一碗又一碗的草莓、鲜奶油，还有华夫饼、鸡蛋，还有鲜榨的果汁。通常我们在外头吃饭时，都吃得很简单，没有这么丰盛。

那天上午，情况发生了改变。我站在自助餐餐柜前，回头看着母亲和伊兰，只见他俩坐在一个圆桌旁，微笑地看着我。隔着一堆堆的水果和奶油看着他们，我突然厌倦了跟他们作对。他们俩很有父母的样子，我妥协了。身在拱形的天花板下，身在叮当作响的餐具环绕中，我突然觉得很安心。不论我之前多么无情无理，他们现在都会接纳我，如果我愿意，我也能做到被他们接受。时至今日我才有机会拥有一个完整的家庭，希望这不算太晚。

成年之后，我跟伊兰谈起家里的事，伊兰告诉我，他跟我父亲在林科纳达的房子遇见过好几次，并且一起散步聊过天。他鼓励父亲拿出更多的时间来陪我，培养父女关系，根据自身的条件合理地安排相处时间——“史蒂夫，这样做是为了你好，”伊兰曾如此对他说道，“你要这样想才行。”伊兰发现，我父亲是个机会主义者，他总是把注意力放在当前最具吸引力的事物上面，只要有外人，就会对我置之不理。伊兰鼓励我父亲，甚至夸赞他为人父的一言一行。比如说，父亲带我出去滑旱冰，伊兰就夸赞他。伊兰自己也是处于创业初期，他的工作同样耗时耗力，但母亲说，伊兰能轻易而迅速地从工作模式转变为生活模式。所以，当他跟我们母女俩在一起吃饭时（吃完后再回公司加班），不论是对我们俩还是对我自己，他都能全神贯注，而不像很多职场人士那样心不在焉。

连续好几个晚上，在我们家里，伊兰坐在我旁边的沙发上，耐心地辅导我做数学和科学作业。而他因为公司经营不顺利，原打算回去加班。那几天，我第一次尝到了做好了复习和预习、理解了当天所学、作业全部做对的滋味。被他辅导了几天之后，我对复习和预习的动力大增，对功课胸有成竹，也得到了老师的关注和同学的羡慕。我开始好好上学，一部分原因就是受了伊兰的影响。

那年夏天，我带伊兰的女儿爱兰歌娜去我父亲在伍德赛德的别墅游泳，之后我们一起对别墅探索了一番。她在正门附近发现了一个我此前从未到过的房间，房间里的书橱贴墙而立，从地面直到屋顶。书橱是空的，只零落地放着几本书和杂志。房间中央是别墅的缩微模型，模型很粗糙，草坪是用插花时支撑花茎的绿色易碎材料做成的。

“他到过这个房间吗？”爱兰歌娜问道。

“没有吧。”我答道。我们俩胡乱地翻着屋里的东西，我想，这些应该都是上一位主人扔在这里不要的。

在书橱上面，我找到了几本《花花公子》杂志。

“看！这是什么？”

我们俩席地而坐，翻看着杂志。我一直以为早先的传言——父亲被刊登在《花花公子》杂志上——可能不是真的，但我刚翻到第二页就看到他了。一张邮票大小的黑白照片，下面附着一些文字。照片中的他身着白色衬衫，扎着领结，一副正派的样子，他全身上下都穿着衣服。

“我就知道！”我说道，“我听说过。”看他没有赤裸，全无浪荡的样子，我心里一块石头落了地，我还想让爱兰歌娜注意到他。

有这样的父亲，我深感幸运。我们又翻了一页，只见一位裸体女郎跨页而躺，浅黑色皮肤，爆炸头，眼神迷离，红艳艳的嘴唇娇嫩欲滴。

衬线字体和表妹萨拉

那年，有一次我和父亲出去滑旱冰，在市中心附近一个树木环抱的矮楼旁边，我们停了下来。因为刚刚摔过跤，我们俩各有一个膝盖擦伤了。

“我认识里面的人，”他说道，“这是个设计公司。”我们没有脱下旱冰鞋，因为楼里面铺着地毯，所以我们可以正常行走。

我们俩穿过走廊，进了一个房间。房间里有张大桌子，开着荧光灯，很多白纸散乱在桌面上。

“你知道衬线吗？”他问道。

“不知道。”我答道。我希望他能给我解释一下，或许他想教我一些知识，加深我的好感，他指着一张印有黑字的白纸，说道：“看。”

“S？”我问道。

“不。”他指着一个大写字母“T”的横画右端，只见那里有一个下垂的短线。“看到笔画端头的细线了吗？”他说道，“每个长笔画尾端都有条小细线，这就是衬线。他们认为，有了衬线，能有助于阅读。”

他语速急促，这让我认为衬线一定是很重要的东西。

“看这里，”他一边说，一边指着别的字母，“这里、这里、这里……”

在他的指示下，一个个衬线似乎脱离了所属的字母，变得清晰起来。在用笔写字时，写到最后压笔，也能写出同样的效果。衬线其实随处可见，但直到现在我才知道它的真正称谓。后来我想到，以此类推的话，脚是腿的衬线，脚趾是脚的衬线。

世界上有无数个细节，而他要教我的却是这个。

他又指给我看别的字体。不同字体之间，衬线各不相同，或长或短，或粗或细。看着这些字，我不由得想起了春天萌生的新枝，它们呈卷须状，就跟这些字体一样。

“这是博多尼字体，”他说道，“这是新罗马字体，这是加拉蒙字体。”

接着，他指着一个没有衬线的字母，问我这叫什么。

“不是……衬线？”我答道。

“拉丁语里有个词，意思是‘没有’。”他提示道，接着便闭口不语。可我哪里懂拉丁语？

“是 sans。”他又提示道。

“那么，这种字体叫作 sans？”我疑惑不解。

“无衬线字体，像这些都是。”他边解释边指给我看另一个字母“S”，但这个“S”没有了衬线，仿佛裸着身子。

母亲喜欢画简单而纤细的字母。她喜欢细字，父亲则喜欢粗字。等我长大了，我想去这些地方工作：科学实验室、银行、留学办事处、餐馆、化妆品公司、设计公司。这些地方都有各自的编码和符号，用行话和术语描述美丽和重要性。因为一个人的时间和精力有限，我不能在以上地方都工作过，我得好好挑选一番才行。

“所以你到现在为止跟别人接过吻吗？”滑旱冰回去的路上，父亲如此问我，而且他指的还是法式的吻。

“没有，真恶心。所以你的初吻在几岁？”

“就在跟你现在差不多大的时候。”他答道。

“跟谁啊？”

“她的名字叫迪尔德丽·罗帕丽提。”这名字听起来有点意大利风情，感觉太过完美。“她是褐色头发，有这么长。”说着，他用手比画着到臀部位置。“我们是在她父母家的地下室里接吻的，事实上，是她吻的我。”

我一直盼望着能听他讲述自己的往事，而非我讲我的事，也期待着他的信任。就像初吻经历似的，是有着真实人物的故事。我已经落后于他了——如果他是在我这个年纪就有了初吻，那我也得赶快才行。

表妹萨拉过来玩了。她是母亲的大姐凯西的女儿，也是亲戚里面唯一与我年纪相仿的人。我出生后不久，在她父母加利福尼亚州爱迪尔怀尔德（Idyllwild）的家里住过几个月。

现在，萨拉长高了，但有点驼背，语速很快，声音很大，在室内尤其刺耳。她是我认识的孩子里面唯一一个有阿Q精神的人，似乎她已饱经世故。之外，她身上还有一种特质，一种成熟的知觉，或许是聪慧老成，也就是说，她明明是一个小孩子，却能像大人一样远观事态。

对于她的到来，我已经盼了好几个月。她至今未见过我的父亲，而今晚我们要一起去斯坦福购物中心的布拉沃福诺（Bravo Fono）吃饭。我们俩小时候一起玩时，身边都没有父亲的陪伴，现在我有了，我想让她看看是什么样子。

地方是父亲选的，他却迟到了，他总是迟到。他一走进饭店，我就感觉到他好像不高兴，或许是因为当天的工作不顺心。他神色不对，一脸不愿意来的表情，他的情绪就像空气中的一股黑烟。

母亲点了生菜沙拉，我点了意大利虾面。跟父亲一起在外吃饭时，我们点饭菜都格外谨慎，因为他吃素。他之所以吃素，与爱护动物无关，而是出于美学和保持身体纯净的角度。后来，当他面带鄙夷地看着别人用餐时，我能看出他眼中透着“愚蠢”二字：吃着动物尸体，简直愚昧无知。

在父亲身上，“礼貌”和“粗鲁”之间只隔着一层窗户纸，一不小心就会触发他的情绪。我知道他不会同意我吃虾，但也不至于惹他发火。但此前我们忘了警告萨拉。“我来个汉堡吧。”她大声说道。我很想低声提醒她，保护她，这也是在保护我自己。后来我掌握了其中的诀窍，那就是尽量别暴露在他的攻击范围里，这样的话他就会转移目标了。如果不是我，就会是别人。

食物端上来了，我希望萨拉没有感觉到空气中的紧张氛围，希望她没有注意到父亲至今还没跟她说过话，还目带鄙夷地瞅着她的餐盘。饭店里装的是落地窗，砌的是玻璃砖，地上铺的是石板，再加上上座率不过半，所以回声特别清晰。然而萨拉说话声音太大了，我都不知道怎样才能劝她轻声说话。

果然，刚吃了几口，父亲脸色一变。

“你怎么回事？”他问萨拉。

“怎么了？”萨拉应道，嘴里嚼着一大口肉。

“真的，”父亲说道，“我问你话呢。”

乍听之下，他似乎真是向她问话。她怎么了？她的社交礼仪都哪里去了？她吃饭怎么狼吞虎咽的？她的嗓门怎么这么高，跟小孩子哭叫似的，总是惹人注目？

他的声音变得尖锐起来。

“你连说话都不会，”他说道，“也不会吃饭，你吃的是屎啊！”

萨拉看着他，我能看出来她正强忍着不让自己哭出来。

“你有没有想过自己的声音是多么吓人？”父亲继续说道，“快住嘴吧。”

虽然我正在耳闻目睹这一切，但我仍不敢相信眼前发生的事。

“史蒂夫，你住口！”母亲喝止道。

我能了解或自以为了解到萨拉对父亲的看法：要是身边有这样一个父亲，可不是什么好事。

“真后悔跟你一起吃饭，”父亲继续说道，“我都不愿再跟你浪费一分钟生命。收敛一点儿吧，控制住自己吧。”

他声音很大，周围桌子上的就餐者都能听到。萨拉蜷在座位上，看着桌面，哭了起来。

“史蒂夫，”母亲劝道，“别说了。”

“你真该好好反省一下自己到底出了什么问题，再改正过来。”

说完，他就起身去了洗手间。

我和母亲向萨拉靠过去，这样别人就看不到我们了。我知道周围的就餐者注意到了我们，我知道他们能听到我们刚才的闹剧，我知道他们在想什么。他们只是看热闹的人，看客而已。萨拉哭得稀里哗啦，声泪俱下。她一边用袖口擦着鼻子，一边对我们说没事。我比她小，个子比她矮，体重比她轻，但她也很小，还是个孩子。

“他就是个刻薄的人，”停车场里，在走向汽车的路上，我对萨拉说道，“跟你没关系。”以前我被父亲恶语所伤时，母亲就用这句话安慰我。

“我知道。”萨拉应道。我看不出来：她是真知道，还是说说而已，只是不愿我再安慰她。这时她看着我，又说了一遍：“我知道。”

缇娜

父亲的女朋友缇娜（Tina）留着一头浅金色的长发，如火焰中最热的那部分。后来我才发现，她和她的头发，与那天晚上我臆想中将父亲绑架杀害的金发男子一模一样。

我记不清第一次见到缇娜是什么时候了，或许是在伍德赛德的房子里，那天我和母亲过来吃午饭。受我父亲雇用、平日里为他收拾床铺、制作沙拉的人，这次为我们做了全麦意大利面。做面的机器仍固定在厨房的工作台一边，盘子里的意大利面条上都撒了一层粉。

父亲和另外几个人正在玩一个玩具，控制它越过厨房的空地。那是一个小型银色塑料机器人，带着红色的头盔。它的腿间有个轮子，移动时，心口位置的一个黑洞就会发出亮光，我也想玩那个玩具。

缇娜注意到我艳羡的眼神，就对他们几个人喊道："你为什么不把它送给丽莎呢？"她厚厚的刘海在额角两侧留长垂下，她声音低平，面容和善。

父亲还在玩那个玩具，手指敲击着机器人胸口的亮光。但随后他将玩具递给我，郑重地说："送给你了，当作给你的礼物吧。"

缇娜和父亲几年前就认识了，她当时在苹果公司的慈善部门工作，父亲当时还住在蒙堤圣利诺，也就是我和母亲搬走沙发的那个地方。缇娜是个软件工程师，性格内向，但待人热情。她不愿谈及自己的美貌，似乎她并不是很想要，也不在乎，所以，在认识她很多年之后我都没有留意到她的美，因为她从不刻意用化妆品或漂亮衣服去修饰自己。她就是她，以本色示人。

缇娜交往的也都是一些好人，有亲朋好友、艺术家、科学家，他们也都跟她一样，对我们母女俩关注甚多。所以，在缇娜与父亲交往的那些年里，我总觉得在母亲、父亲和我身上有个特殊的保护罩。

几年后，缇娜告诉我，她和我父亲初识时，父亲口口声声说我不是他的孩子。等她见到我之后，发现我明摆着就是他的亲生女儿，可当她向他提及此事，他却拒绝更多的谈论。

父亲邀请我陪他和缇娜去夏威夷度假。那时我上四年级，已近10岁。母亲从来没带我出去度过假，所以我对度假的事一无所知，不知道会发生什么。当我们到达停机坪走下飞机时，只见天空是亮白色的，飞机场的大楼是褐色屋顶，不是封闭的，而是开放式的，潮湿的空气附着在我的皮肤上。一个身穿 Polo 衫的男士给了我们每人一个花环，花环的花是艳粉色的，花蕊是黄色的，芬芳扑鼻，随后我们跟着他上了一辆白色厢货车。一路上，我看到四周全是黑色的焦土，担心他会带我们去他自认为是美景的地方，就在这时，车子一个左转，大海和环状的绿地映入了我的眼帘。

度假村的草被割得极短，草坪上点缀着棕榈树的树荫，而棕榈树的树干又细又长，仿佛绳子一样。吃早饭时，拳头大小的褐色小鸟在高处房梁上叽叽喳喳乱叫，时而扑到下面尚未收拾的餐桌上，把餐巾纸、果浆和吃剩的面包块弄得乱作一团。它们在桌上跳跃、啄食面包屑，争吵不休，直到服务员来收拾桌子才一哄而起，飞回横梁上，再等着别的食客离开。泳池边上，一只开屏的孔雀抖着双翅，发出呀呀的叫声。它在原地站了一会儿，接着便大步走开了。它慢条斯理地踱着步子，整个半圆形的尾屏都跟着摆动。

那一周的时间里，我总是赤脚走在沙土路上，脚下的热量从小腿一直传到膝盖。几天之后，我胳膊上的黑色汗毛从头到尾变成了金色。随着海浪的轻摆，海边的沙砾和黄鱼漫不经心地浮来漂去，因为水的折射，它们变得明亮而清晰。之前我从未听说过凤梨奶霜酒，现在我一天要喝三大杯。

我在当地交了个朋友，她名叫劳伦（Lauren），跟我年龄相仿，也住在加利福尼亚州。我们在度假村的各处嬉戏：草坪、餐厅、泳池、沙滩。我们一起去看黑唇鱼、黑天鹅、热带鸟、蜥蜴。

当地的礼品店里卖一种手环，有一英寸宽，由寇阿相思树的木头制成，打磨得锃亮。

“给你妈妈和缇娜各挑一个吧。”父亲说道。店里的手镯挂成一排，发出清脆的响声。

其实我也想要一条，但我的手太小、手腕太细，不合适。

父亲给我买了一套比基尼泳装，红色布料，上面有花朵图案，此前我从未穿过比基尼。劳伦也有一件类似的，也是在礼品店买的，不过她那件是蓝色的。

缇娜穿着牛仔裤、T恤、中式平底鞋。她手腕挺粗，胸很大，跟我说话时总是蹲下来，方便跟我平视。她高兴的时候会开怀大笑，显得她的面容格外美丽。她的鼻子与我母亲相仿，小而挺，鼻尖略歪。她都是自己修剪刘海。

缇娜的性格里快乐和悲伤兼具，她的幽默感是带着自嘲的冷式幽默。跟我相处时，她的心情总是很好，她喜欢我，我能看出来。在我眼里，她既有女人的成熟，又有女孩儿的天真，或者说，她能找到与我同龄时的感觉，所以我们俩没有代沟。回到帕洛阿尔托之后，每当一起坐在父亲的保时捷里，缇娜总是把高大的身躯挤进后座，为的是让我坐在前排父亲旁边。早在那时我就发现，她跟我父亲是个奇怪的搭配：他常常把自己变得有点浮夸，把自己与缇娜相配的那部分抛诸脑后。

“她穿麻布袋都好看。”我听到父亲如此说，似乎美丽的衡量标准能克服多么大的展示障碍，他评价英格丽·褒曼时也是如此。我时常留意缇娜的样子，因为我不觉得她漂亮。她的睫毛是金色的，跟发色一样。她不化妆，而当时我一直以为化妆才美。但是有几次，她甩开脸侧的头发，眼睛在阳光下闪烁，犹如湛蓝的池水，简直漂亮极了。可接着她又低下头，刘海又把她的脸颊挡住，于是又变得平淡无奇了。

我们仨一起走在树林中蜿蜒的白沙路上，准备去吃晚饭。我和缇娜走在两侧，父亲走在中间，左拥右抱。他的手穿过我的腋窝，放在肋骨位置。“我生命中的两个女人啊。”他以低沉的声音缓缓地说道，似乎是戏剧的开场独白。他仰头向外，仿佛是要说给周围的树林听。

我是他生命中的女人！我心中一阵狂喜，先抬头看向别处，又低头看着眼前的路，看我的赤脚，以防被他看到我在笑。

他向缇娜依偎过去，吻了吻她，原先搂着我的手被顺势提到腋窝位置，手指随着脚步而颠簸，挠得我难受，但我愿意一直被他这样搂着，当他生命中的女人。

“她漂不漂亮？”在吃饭的空当，缇娜去了洗手间，父亲如此问我。只要我俩单独在一起，哪怕只有片刻时间，他都会向我谈及缇娜的美，为之赞叹不已，仿佛她是遥不可及似的。

缇娜回来了，他探过身去吻她，又在她耳边低语着什么。她不愿意跟他亲热，他就按住她的后脑勺，倾过身去，仅凭一根椅子腿支撑在地面上。他一边吻她，一边揉着她的胸部，她的T恤在他的掌下皱了起来。“嗯……”他一边与她亲热，一边满足地哼哼着。

我既感到厌恶，又对这样的画面着迷不已。我猜，我的角色应该是观看并记下他是如何宠溺她，不顾我近距离看他们亲热的尴尬。这一幕过于夸张，像一场表演，既不自然，又不真实。

她为什么不阻止他？或许是因为她还年轻，也被爱情冲昏了头脑吧。

“你们俩为什么当着我的面亲热？”成年之后，有一次我如此问缇娜。

“他觉得不安时就会那样。”她答道，“他在你面前会觉得不安，因为他不知该如何与你相处。”她解释道，“那些对成年人有效的手段，在你一个孩子身上行不通，你一眼就能看穿。所以他就借着跟我亲热来缓解他的不安。”回想那些与父亲相处的时刻，我觉得自己什么都不是，只是一粒微尘，不值得一提。原来是因为我的存在，才导致他无视我？我简直无法理解。缇娜说，他的这种情况太严重了！所以，从夏威夷度假回来以后，她就决定：只要我在，她就不来他家，好让他学着独自与我相处。

母亲和蒙娜同样注意到父亲与缇娜当着大家的面亲热一事，有时候能持续好几分钟，还发出呻吟声。原来，不仅仅是我，他在大人面前同样如此。我还是个未成年的孩子，他的那些行为很不妥当。母亲和蒙娜担心，父亲那些不合时宜的玩笑以及公共场合的亲热会对我产生不好的影响，所以，我们从夏威夷回来后不久，蒙娜就坚信，对于长时间没有父亲陪伴、只跟着单身母亲生活的我来说，最好接受某位男性精神病专家的治疗，好获得与正常的成年男性稳定相处的体验。

母亲也说这是个好主意，父亲同意为此付费。母亲开车送我去看莱克医生，他是蒙娜在纽约的心理治疗师推荐的。于是，我每周接受一次心理治疗，从 9 岁开始，持续了数年时间。自从看心理医生之后，我的记忆开始清晰起来，或许是因为我日渐年长，又或许是因为在每周的治疗中我都要口述近期的生活，我的语言能力有了提高。

与缇娜接完吻，父亲正了正椅子，叹了口气，开始吃饭。

“你知道吗，”他说道，“缇娜上过电视，她拍过商业广告。那时她还是个小孩子，比你还小。”

我惊讶不已。后来父亲为我播放过那条广告片：画面中，在一个海边商店里，一个金发小女孩站在一个小男孩身边，后者把攥着的拳头放在柜台上，伸开手，只见手里攥着一把零花钱、一个玻璃珠，用来购买一盒玉米花生糖。

吃过甜点之后，他托起缇娜的手，看她的掌纹。

“我不知道这些纹路是什么意思。”他说道。

“我也不知道。”缇娜说道，“要是我们会看手相就好了。”

“我会。”我对父亲说道，“把你的右手递给我。”

“左手行不行？”他问道，因为他的左手离我近。

“不行，左手是命，我得看你的右手，那才是你的运。”

“好吧。”他说道，拧过身子来。

他的手掌很平，手指关节也不突出。我和母亲时常对外人谈起他的手，就像我们说他的牙齿像拉链一样。他的掌心是黄灰色，掌纹是深橙色。他吃太多胡萝卜沙拉，喝太多胡萝卜汁，他的身体已经被胡萝卜从内而外染了色，跟山腰上的湿黏土一个色。

“这是你的生命线，”我讲解道，“这是智慧线，这是婚姻线，这是感情线，明白了吗？”

“哦？具体讲一讲。”他说道。

他的生命线从食指下面开始，一直延伸到手腕处。“你的寿命很长，”我解释道，“但你的智慧线不算长。看见了吗？就是在这里，分叉了。”

我故意把他的命运解析为他最为反感的情况：二等的智慧，一等的寿命。这种解释会刺痛他的自大和傲慢，他自命清高，自以为自己是带着悲剧色彩的伟人，常常无暇顾及他人。我早就知道，但他不知道我已洞悉他的内心。因为每次他给我讲以前的经历或者以后的梦想时，都不记得自己跟我讲过。我知道他认为英年早逝既可惜又迷人，但他不知道我知道。

“行了，就这样吧。”他说道，把手抽了回去。

缇娜坐在泳池边的长椅上，我和劳伦给她编辫子。劳伦教我如何在编到颈背时处理头发。

编完辫子，父亲把我拉到他的腿上坐下。他也坐在一把躺椅上，就在缇娜旁边。他对劳伦说，想跟我和缇娜待一会儿，所以劳伦就到她父母那边去了。我想跟劳伦多玩一会儿，但被父亲拉住了。

“咱们俩都是眉心相连，”他说道，“鼻子长得也一样。”

说着，他的食指从我的鼻梁刮下。

“不，不一样。”我反驳道，“我的鼻子比你的小，鼻尖也不像你的有钩。”“等着瞧吧，”他说道，“等你长大就一样了。”说得好像他能预知未来似的（母亲喜欢的故事里，有一个是关于毕加索的。在谈到为格特鲁德·斯坦[①]作的一幅肖像画时，毕加索说：“每个人都觉得她跟画里的不像，但是不用担心，她早晚会变成那样的。”）。父亲又抓住我的脚踝，检查我的脚。

“你的二脚趾可能会比大脚趾长，”他说道，“这是聪明的标志。幸运的话，你的二脚趾会长过大脚趾的。”

“哈。”我应道，一副无所谓的样子。

“哎哟，坏了。”缇娜听闻看了看自己的脚趾，惋惜道。我能听出来，她是在开玩笑。

“你知道吗，我的脚很窄，”父亲说道，“看样子你的脚也是。再看你的手指，也跟我一样，咱们俩的指甲形状也是一样的。”

我们俩伸出手比了比。我看不出指甲的情况，我的指甲太小，跟他的没法比。我的心头如小鹿乱撞：眼下这一幕正是我一心盼望的，父亲把全部注意力都放在我一个人身上了。

“你是我的孩子，你知道吗？”他说道。尽管已经看完手脚各处，他仍把我抱在怀里。

“我知道。”我应道，却不知道他为什么说这番话。这时他不再说话，但仍抱着我。我倒希望这一刻能快点儿结束，因为我受不了被他抱着的压迫感。

“就这么坐着吧，”他说道，“都别说话，安安静静地坐一会儿。”

---

① Gertrude Stein（1874—1946年），美国作家、诗人。

他的手臂像汽车安全带一样环在我的腰上。“丽兹，你会记住这一刻的。”他满怀深情地说道。我静静地坐着，几乎喘不上气，只希望能快点结束，他能松开胳膊放我离开。午餐已经摆好了，大盆的沙拉和鱼肉，还有牛油果、葡萄柚，冰块上放着蟹爪。另外一张桌子上放了蛋糕。

终于，他开口说道：“咱们去吃饭吧。”随即把我放开了。我深吸一口气，大步向饭桌跑去。父亲和缇娜慢慢地跟了过来。

当天晚饭过后，我们沿白沙路走回茅草客房。路旁挂着提基像灯笼，灯影闪烁斑驳，煤油味刺鼻。蜥蜴促声而叫，像铁鸟似的，它们在暗影里四处爬行，我刚伸过手去，它们就立刻跑开了。树林茂密，树叶层层叠叠，叶脉清晰可辨，叶片如打蜡一般油亮。晚上，花朵的香气比白天更胜，凉爽而芬芳，仿佛花朵在呼吸一般。空气中混杂着花朵、腐木和海水的咸味。

“我担心史蒂夫”

“史蒂夫要带我们去雷特火车餐厅吃早饭。”母亲说道。说这话时，我的四年级已接近尾声。

“就我们三个人吗？”我问道。这是很反常的，因为父亲在跟缇娜交往，母亲在跟伊兰交往，而我们仨却要一起出去吃饭。

“对。”母亲答道。

饭店在门洛帕克站旁边，背后就是铁轨，每隔半个小时就会有火车经过。火车经过时，哪怕是同坐一桌的人也难以听清彼此的话，但震耳欲聋的哐当声正是这家饭店的体验之一。这是一家夫妻店，窗帘饰以蕾丝，他们把黄油全麦烤饼放在有图案的餐巾纸上，再将烤饼放进篮子里送到餐桌上，店里满是烤饼的香气。

食物端上来之前，服务员先为我们送来鲜榨的橙汁，装在高脚杯里。

父亲举起杯子，说道："祝贺你，你要去新学校上学了。你被录取了。"

母亲微笑不语，原来她早就知道。我的泪水一下子涌了出来，难道我又要跟朋友们分别了？

努艾瓦（Nueva）是一所私立学校，位于希尔斯伯勒（Hillsborough）的一栋老宅院里，占地三十三英亩。几个月前，我去那里看过。努艾瓦学校旨在培养年轻的音乐家，所以允许学生旷课去接受私人音乐辅导，这是一个专为神童而设的学校。我在一位名叫布莱娜（Bryna）的老师的课堂上听过课，她教弹吉他。每到一天结束，她都会组织学生们演奏一首曲子，说的是一位名叫查理的男士无法离开地铁、无法回家的故事。

学校用灰石建成，围栏和大树随处可见。在为期三天的参观中，我每天都听全校的晨唱。晨唱活动总共持续半个小时，地点是在一个舞厅里，大厅里装着拱形玻璃窗，窗外是树林和草地。我不知道他们唱的是什么，但我能沉浸在歌曲中。其中有一首名叫《俄国野餐》，有好几个部分组成。各个年级的学生都席地而坐，大家一起引吭高歌。

后来我才知道，伊兰反对让我上私立学校。他认为私立学校是精英制教学，建议母亲不要送我去，但母亲没听他的。几个月前，父亲怒冲冲地问母亲："她是怎么回事？"他发现我不会做时事作业，母亲却说："看到了吧？我早就跟你说过了。"她发现我的眼神越来越呆滞。在此之前，母亲曾让父亲出钱送我去私立学校，但他拒绝了，不想让我再转学。现在他则让她许诺，他要是负担我在努艾瓦的学杂费，她就不再让我转学了。

一两个月前，母亲让我退出了学校的语言障碍矫正课。

"为什么让她上语言障碍矫正课？"母亲问道。这门课是从四年级开始的。

“因为她吐字不清，矫正好了，别人就能听清她说的话了。”一位女老师答道。

母亲不喜欢这个回答，她喜欢我的说话方式，但她觉得我可能喜欢一对一授课。

有一天，她来接我放学。她看了看我的课本，当天学的是“s”和“th”的发音。她说，课本上讲得既不准确，又枯燥无味。

“丽莎申请到努艾瓦上学了。”母亲对辅导员说，我挺喜欢这个老师的，“你愿意为她写封推荐信吗？”

“她不够聪明，够呛吧？”老师答道。

在学校里，每到交作业时，助教总是一个个点名，问是否把作业交到作业篮里了。我发现，哪怕是没交，只要在点名时回答交了，就万事大吉了。从此之后，我屡试不爽。

那年年中，我申请到努艾瓦上学，却未被录取，因为他们已经没有名额了。后来我得知，不仅仅是名额的问题，还因为我的智商，与幼儿园时测的结果相比，我现在的智商反而更低了。母亲说，努艾瓦的校长问过他俩，问我在哪些学校上过学，又问他们为什么频繁为我转学。后来，蒙娜为我写了推荐信。破天荒地，父亲还问校长，如果他为努艾瓦捐一笔钱，学校是否就可以录取我，当时我并不知情，但校长拒绝了。可不管怎样，学校的政策规定，只要是申请入学的学生，都可以到校参观三天。

母亲告诉我，在参观了布莱娜——努艾瓦最为德高望重的老师——的课之后，后者为我写了一封长达五页的推荐信。正巧有个女生退学了，腾出来一个名额，于是我就被录取了。我不知道自己哪里打动了布莱娜老师，也从未见过她写的那封推荐信。学校让我四年级一结束就马上入学，所以我对五年级的生活少有准备。

努艾瓦离家很远，父亲给我们买了一辆新车，奥迪 Quattro。母亲和我去挑车，最终选了栗色的一款，内饰是浅灰色的。手刹后端包着松垮的皮套，像大象皮似的。副驾驶座前面的仪表板位置，是光滑的木头。

“以后，开车时还能敲木头[①]呢。”母亲说道。真的，后来开车时，只要看到乌鸦的数目不吉利，或者看到了黑猫，她就会敲仪表盘上的木头。要是她看到的鸟的数目不吉利，她就会紧张兮兮的，以为自己会触霉运，直到再看见一只鸟，鸟的数目改变了，她才能释怀。

每天早晨，母亲开车载着我，沿 280 高速路一路向北，经过水库。从我家到努艾瓦大约四十分钟车程。路旁的山丘上有很多禽类，大都是红头美洲鹫，有时候还能看到鹰和隼。

“你猜我们现在有多快？”有一次开车时她问道，伸手遮住了速度计。

“五十英里？”在以前那辆现代汽车里，我们说话得大声喊，可在这辆奥迪里，几乎感觉不到车的移动，车内非常安静。

她移开手掌。“八十英里！”她惊叹道，“天啊。”赶紧踩下刹车减速。

母亲听说有一种新的牙套，它由骨头色的聚合物做成，跟牙齿的颜色极其相近。她让父亲给她买，他同意了。但她每天都喝咖啡，把牙套的透明带环和骨色托槽都染了色，往往几口咖啡下去，带环就变成了黄色，显得牙齿更黄了。

“我要戒掉咖啡。”她说道。可第二天，她的口中带着浓浓的咖啡味，带环又染成了黄色。她一边做饭，一边对此沮丧不已。

“太难了，戒不掉。”我问她是怎么回事，她如此答道。

她说，每次一笑，嘴唇就会被牙套挂住。有一次她去商店买东西，

① 西方禁忌，敲木头可以避免坏运气，带来好运气。

一个女人对她说："真是难以置信，你这个年纪还戴牙套？"回到家里，母亲急匆匆、怒冲冲地在屋里转来转去，把桌子上的纸都碰掉了。

但很快她就学会了自己更换带环。她买了很多带环，每天自己动手更换：她蜷坐在马桶上，一只脚踩着座圈，用换过新刀片的美工刀割断带环。旧的带环被割断，发出清脆的响声，飞得满洗手间都是。然后，她再拿出新的带环，用两根食指撑开，套进托槽里去。

有一天蒙娜来我们家，她刚参加完一个名为"杰拉西"的驻地艺术家活动回来。她和母亲在厨房里的微波炉旁聊天，母亲担心房子太小，不能当工作室用。"只管画就行，"蒙娜提议道，"把卧室改一下，改成工作室，白天画画，晚上睡觉。"

母亲照做了，她在卧室的墙上用胶带贴满了二十世纪二三十年代毕加索、凯尔希纳[①]、塞尚[②]、夏加尔[③]、康定斯基[④]的石版画、蚀刻画的黑白影印版。在贴这些画时，她只粘上面，下面留着，就像屋瓦或鱼鳞似的，每当有风吹过，这些画就翩翩起舞如树叶一般。不久之后，她又把车库改成了工作室，墙上贴满了石膏灰胶纸夹板。

母亲在大学的最后一个学期，除了学习石版画，还开始制作蜡纸模板。开始时她是手工刻画，后来又打算使用激光蚀刻以实现量产，将其作为一套产品的组成部分。

"一定能行的，"她说道，"怎么可能不行呢？"她在别人家的客厅里见过一张花朵的版画，非常漂亮。"要是别人能卖画挣钱，那我也行，

---

① Ernst Ludwig Kirchner（1880—1938 年），德国表现主义画家。

② Paul Cézanne（1839—1906 年），法国著名画家，被誉为"现代绘画之父"。

③ Marc chagall（1887—1985 年），白俄罗斯裔法国画家、版画家和设计师。

④ Wassily Kandinsky（1866—1944 年），俄罗斯画家和美术理论家。

因为我的画更好看。”

她根据奥杜邦[①]的鸟类图鉴为儿童卧室制作版画，用层层重叠的办法呈现鸟体的复杂结构。

大约在那段时间，我们跟刚搬到街道对面的一家人成了朋友。妻子名叫丽莎，丈夫是个足病医生[②]。我跟他们的女儿一块儿玩，她比我小 3 岁，但老成得多，或许是在家里接受教育的缘故。

我 10 岁时，丽莎执意要为我庆生，要在我们家客厅里举行一个呼啦圈仪式。母亲也在场，还有丽莎家的女儿、她的弟弟。大家围坐在沙发旁边的地毯上，丽莎把呼啦圈放在中间，让我在呼啦圈外面脱掉衣服，然后走进圈里，再把新衣服穿上（那是母亲送给我的生日礼物）。

我心里很犹豫，因为我不想当着他们的面脱衣服。

“你要把它当成一种象征，”丽莎说道，“一个新的时代——你的年龄从此进入两位数了。你就要破茧成蝶，变成一个新的、完整的、美丽的人。”

“呼啦圈就是十后面的零。”她补充道。

这有点嬉皮士的做派。

我脱掉外衣，只留内衣，走进呼啦圈里。母亲把前窗的百叶窗放了下来。他们都看着我，其中包括那个小男孩。我们叫他“面条”，他如果光着屁股，就应该叫他“裸条”了。我站在呼啦圈里，穿上母亲送我的天鹅绒裙子，转身蹲下来让母亲帮我拉上后背的拉链。

在此期间，丽莎用旁白的口吻说道：“丽莎走出了童年，进入了一个成长的新阶段。她步入了人生之圈，即将成为一个完整的人。从 9 岁到 10 岁，丽莎的人生发生了美妙的变化。”我承认，能成为众人关注的

① John James Audubon（1785—1851 年），美国著名画家、博物学家。

② 美国特有的一个专门医学科系，主要从事对患有足、踝及下肢各种疾病的研究、诊断和治疗。

焦点，能有个专门为我而办的庆祝仪式，这种感觉很好。丽莎念念有词，我将其记在心里：我的人生与众不同，我即将发生新的变化。

我10岁生日的那天晚上，我们在旧金山一家名叫格林斯的饭店一起吃饭，有一大桌子人：蒙娜、缇娜、缇娜的哥哥、缇娜的外甥芬恩、我的父母，还有我。吃完饭已是深夜，大家一起走出饭店。我走在父母中间，牵着他俩的手，我很高兴。我的双臂仿佛后来名字中的连字符，把他们两个人联系起来。

“改天咱们翘一天玩。”过完生日之后，有一天父亲来我们家时对我如此说道。

“翘是什么意思？”他走后，我问母亲。

“他要旷工，你要旷课，你们俩一起出去玩一天。”母亲解释道。

星期二早上，父亲开车带我去市里。我们先去了正对联合广场的一家裁缝铺。一张工作台上，摆着一卷卷布料。“孩子，稍等我一会儿。”他说道。

“范思哲[①]真有好布料，”他对裁缝说道，拇指摸着一匹灰色格子花呢，“比阿玛尼还好。”虽然是赞美，却语带悲伤，似乎因美好事物而变得伤感，范思哲这个名字不大好发音。他把每种布样都摸一摸，然后再递给我，让我也摸一摸。

从裁缝铺出来，我们开车去了金门大桥[②]。我们把车停在桥头，下了车，步行过桥，一如他的事先计划。在市里检视布料时，他自信且健谈。现在没有外人了，他背着双肩背包，显得好像十分年幼无知。

① Versace，与下文的Armani（阿玛尼）一样，都是世界著名服装品牌。

② Golden Gate，位于美国加利福尼亚州旧金山金门海峡，世界著名桥梁之一，属钢桁梁悬索桥，桥身全长1900多米，1933年始建，1937年竣工，耗资3550万美元，由桥梁工程师约瑟夫·斯特劳斯设计。

“总有人从这里跳下去自杀，”他远眺桥对面的马林县，“所以现在在桥下拉了网。”

“真的啊？”我还以为是为了保护维修工或油漆工。桥下的海湾水平如镜，深水碧绿，从高处俯视，凝固如翡翠一般，其白色的边缘也静止不动。

“从这么高的地方跳下去，掉在水面上，就像撞到砖墙上一样。”说着，他双掌一拍，以作比喻。

跨桥的路程很长，桥上的风很大，一路上我们俩都不大说话。我们忘了随身带水，等走到索萨利托[①]，经过一条狭窄的上坡人行道，小汽车、公交车紧贴着我们驶过，我们又累又渴，于是就打出租车返回停车处。

我以为以后还会有旷工、旷课一起玩的机会，可事与愿违，从此以后就再没有过。

几周之后的一个晚上，母亲第二天就得上交艺术课的最后一次作业，但她还没有准备好可供展示的作品，所以慌乱不已。夜深了，我已经睡觉了，她去找一个艺术家邻居帮忙。他说有个好主意，随后搬来一个垃圾桶，把里面的垃圾一股脑儿倒在我们家的地板上：皱巴巴的纸、一团刷子上掉的毛、废盒子、塑料袋……她原以为他能想个好点子，却被泼了盆冷水。但她急中生智，把这堆破烂塞进一个半透明的长筒状的黑绿色塑料垃圾袋，里面糊上一个硬纸板当脊柱，纸板上挂着一串圣诞节装饰用的白色小灯泡。灯泡在里面闪烁，透过黑绿色的塑料袋，仿佛深夜的湖中鱼腹中的闪光。

① Sausalito，美国加利福尼亚州马林县下属城市，坐落在旧金山湾北部、金门大桥北端。

“这叫废品佛像！”第二天早上，她向我解释道。只见它皱巴巴地蜷在客厅墙边，闪闪发光。它有两英尺高，呈蹲坐状，丑不可言，还插着电源插座。通电时，其塑料外皮微微闪烁，仿佛呼吸一般。一想到她会将其带到学校向师生展示，我就尴尬不已，似乎它暴露了我们的生活状态。他们会怎么想？或许，这就是她对自己，或者对我们母女俩的写照：自以为圣洁，却过得如同垃圾一般。

她每挪动“废品佛像”一次，外形就变化一次，不变的是其“变废为宝”的本质。

第二天下午，父亲过来了。“进来吧！”母亲向他招呼道。“看，”她说道，将他带到摆放“废品佛像”的墙边，“你觉得怎么样？”她说，在学校展示时，她关掉了教室里的灯，佛像像活的一样。

父亲瞅了一眼，却没说话。从他站立和行走的样子来看，他应该是情绪不佳。刚才我看见他佝偻着走了进来，身影单薄，一脸沮丧。

“缇娜和我分手了，”他说道，“结束了。”接着便瘫坐在窗前的花布沙发上。有时候他坐在餐桌前的椅子上，一句话都不说，压着椅背，椅子向后倾倒，直到他的身子呈水平状态。我怕他摔倒，只好目不转睛地盯着他。接下来的半年时间里，他和缇娜分了又合，合了又分，来回折腾了十多次。分手时，他走路也难，说话也难，迈不动步子，脸色苍白，整日以胡萝卜为食。和好时，他跳步而行，欢声笑语，一扫先前的颓态。每次分手，我们都误以为是最后一次。

他似乎需要我们母女俩，我们却受宠若惊。悲伤的时候，他冷漠而寡言，即便如此，我们俩都是他生活不顺时——比如缇娜跟他分手时——的依靠。有时候他会来我们家，在沙发上小睡片刻。一两个星期之后，他和缇娜复合，而我却怀念那种被他需要的感觉。

他不想当我们俩的监护人，但他已进入我们的生活。他越是想稍微靠近后就撤，我就越是想让他在我们的生活下方布起一张巨大的安全网。

那段时间，我很少见到缇娜。他俩和好时，我也很难高兴起来，因为我知道他俩还得闹崩。我无意中听到母亲和伊兰说，NeXT 发展不顺。我知道，倘若 NeXT 倒了，父亲与缇娜破镜难圆，那他很可能会被悲伤击垮，我为此忧心忡忡。

一天晚上，母亲和伊兰出去约会了，我到伍德赛德的房子里跟父亲住。他对我说："我为缇娜写了首歌，你想听吗？"

我坐在沙发上听。屋里没有开灯，但窗外洒进来一些月光。我不知道他除了《心灵》之外还会弹什么曲子。

在半明半暗的空旷大厅里，他坐在钢琴前面。时至今日，我已记不清那首歌了，只记得他的歌声和钢琴声清澈嘹亮，在房间里回荡。在此之前我都不知道，原来他弹琴弹得这么好，唱歌也好听。过后，他想听听我的意见，我说很好听、很伤感，可他不信，一遍遍反复地问。之后他把歌录到磁带上，送给了缇娜，后来又把磁带要回来了。

一周之后，我坐在父亲的车里时，他跟我说："我不知道自己是怎么回事，怎么随便一个男人都能随时把她抢走？"

不仅仅是他，别的大人也是，有时候他们待我像大人一样，征求我的建议，跟我讲他们的感受和愿望，虽然知道我不懂，但也愿意跟我说他们的感情问题，他们称为"爱情生活"的东西。我周围的几个大人都没有结婚：父亲、母亲、蒙娜、缇娜，而我是唯一一个常伴他们左右的人。自然而然，他们都会找我谈心。我边听边思考，换作是我的话，我一定会过得更好，不犯他们的错误，也不搞这些闹剧。我侧耳聆听，提出建议。我想，当我长大了，就有前车之鉴了。

“如果你爱她的话，应该能想出办法。”我对他说道。

两三周过后，父亲跟缇娜又和好了。在一个星期六的下午，我们仨一起走在大学路上。父亲走在中间，我和缇娜走在两边，打算去大地餐厅吃午饭。刚一进门，一股茶的混合香气扑面而来：肉桂、丁香、橙子、姜……餐桌、椅子、凳子、服务员的制服，都是沉闷的褐色，体现了这家餐厅的食物特色。吧台前面，是一排布面椅（我跟母亲来过这家餐厅，她不在家做肉菜，只做鱼。“你要是想吃肉，咱们就出去吃正宗的。”她如此说道。那天我点了一个奶酪汉堡，她点了一杯咖啡。我们俩隔着桌子面对面坐着，我兴高采烈地大吃汉堡，她则微笑地看着我）。

“丽兹，你要记住这一切啊。”父亲庄严地大声说道，似乎我是钦定的历史档案员似的。他身上散发着一种盛大的庆典情绪。NeXT 运营顺利，缇娜没跟他分手，我也陪在他身边，阳光明媚，所照之处全无痕迹。每次跟缇娜复合，他总会念叨这句话，对我的态度也大为改变。但我不确定自己能不能帮他记住。

那段时间里，我有时很可怜他，有时又受他所制。他偶尔变得渺小而脆弱，偶尔又变得宏伟、令人费解、自我膨胀。这两种形象在我眼前反复变换，直到我感觉索然无味。

人行道上，一个流浪汉朝我们走来。他一头蓬乱的灰褐色头发沿着脸颊垂下，头顶却是秃的。他大腹便便，身上套一件红色大 T 恤。他一边走着，一边嘴像鱼似的一张一合，嘴里只有寥寥几颗牙齿。

“两年以后我也会变成他这样。”父亲悄声地对我们说道。

他经常说这种话，感触的对象是城里形形色色的老人，他们坐在路边，衣衫褴褛，头发蓬乱，面容饱经风霜，有些似乎还穿着尿不湿。但他只要稍加努力，就不可能在两年之后沦落到那种地步。他如此对比，或许是想说“看看我跟他们差距有多大”，或是说“不可能的”。

也许，他之所以说这番话，是为了提醒自己与别人并无不同，他并不比别人优越多少。

“哈，是啊。”我附和着他，想逗他笑。

NeXT 发布会

我随母亲到一个名叫“塔撒加拉”的地方待了几天，这是一个佛教禅宗休养地，有天然温泉。她到这里来当俗家学徒，白天干活，作为报偿，晚上我们可以免费住在一个小屋里，只是比付费的客人住得略差一些。通往我们小屋的是一条长台阶，是由凿进山腰的木头做成的。有一个雨天，土坡和木台阶都变得泥泞湿滑，又没有扶栏等任何可供抓扶的东西，所以，我和母亲几乎是手脚并用地爬上去的，我俩一边抱怨一边大笑。

白天，她在厨房里打扫卫生、清洗蔬菜，我则四处闲逛、结交朋友、游泳。到了下午，吧台那边会摆出大杯的饮料，我就去品尝免费的咖啡、冰水、牛奶。泳池边是水泥地面，游泳的人爬出来时，会留下湿漉漉的脚印，很多口渴的蜜蜂飞下来饮水，我则小心翼翼地不敢踩到它们。

“你对蜜蜂过敏？”一位女士问我。

“嗯，踩到就会肿起来，连路都不能走。”我答道。

“你妈妈呢？”她又问道。

“在工作。”我迫切地想让她知道，我不是住在偏远劣质小屋里的普通女孩儿，而是一个重要人物。

“你爸爸呢？”

“他没来，他在忙公司的事。”

“什么公司？”

“NeXT。”

听完，她目不转睛地盯着我，看着我的脸。我知道她已明白我绝非一个在泳池边上闲玩、害怕蜜蜂的普通小女孩，而是一个微服私访的公主。“我知道你爸爸是谁了，”她说道，“我听说他的公司倒闭了。”

“你什么时候听说的？”

“两三天之前，我在报纸上读到的。”她告诉我，“NeXT 已经失败了。”

我们离开了他，他的事业完蛋了。他完了。

父亲之前谈到，大约一个月后 NeXT 会有一场展示会，而他的展示样机尚有问题。“要是不能正常运行，展示会就失败了。”他如此说道。

“我得走了。”我对那位女士说道。我们得立刻赶回家，我得说服母亲带我回去，还得不让她发现我向别人透露了父亲的身份。她若是知道我四处宣扬父亲的事，就会担心我给自己惹来危险，这样她在工作时也得担心我的安危。

我沿着树荫下的土路跑到母亲告诉过我的地方，来到厨房所在地，遇到一个身穿褐色僧袍的短发女人，请她帮我找到母亲。

母亲来了，我对她说道：“咱们得走了。我想回家了，我担心史蒂夫。”

“为什么？”

“我听说 NeXT 完蛋了。”

“从哪里听说的？”

“一个女人说她在报纸上看到的。”

“什么女人？”

“一个这里的女人。”我想象着父亲沮丧颓废的样子，他需要我们，渴望与我们共度无忧无虑的日子，却联系不到我们。我们母女俩是他仅有的依靠，我是他仅有的依靠，而我在这时却离开了他。悔恨像虫子一样在我的胃里蚕食，我只希望母亲不要深究我和那位女士的谈话。

“先给他打个电话再说。”母亲说道。

附近一栋房子的墙上有一台投币式公用电话，母亲从兜里拿出一枚硬币，又从电话本上找到父亲的办公电话。我拨了过去，担心对面无人应答，心提到了嗓子眼。

他接起了电话。

“嗨，”我寒暄道，“你还好吗？”

“还好啊。”他答道。

“工作还好吗？”

“还好啊。”他应道，“怎么了？”

“没、没什么。”我说道。

他说自己有事要挂电话，我们说了再见，挂断电话之后，我的喉咙仍然隐隐作痛，难以抑制自己心中绝望的爱。

几个月后，我和母亲到戴维斯交响乐厅（Davies Symphony Hall）参加父亲的 NeXT 发布会。他为此准备了几个月的时间，我知道他很紧张，尤其担心样机的情况。他要向大家展示 NeXT 电脑是如何实时工作的。

那天，我穿了一件深蓝色灯芯绒裙子，扎了一条红色丝质腰带，我本想穿得酷一些，但母亲和蒙娜都说这样就很好。当天早上，旧金山粉红色的朝阳和冷风照耀着、吹拂着我的脸颊，也照耀着、吹拂着建筑物上的玻璃外墙。

我们按指示进入一条禁止别的车驶入的弯道。几位身穿黑色丝袜的女工作人员给我们每人一个有夹子的压膜卡片，随后领着我们走到大厅的前排座位上。舞台两边挂着巨型横幅，横幅中央是 NeXT 的标志。宽大的舞台中央放着一张桌子、一把椅子，桌子上有台电脑，还有一瓶水。一想到父亲可能在大庭广众面前演示失败，我就胃中泛酸。在我们身后，人们纷纷落座，满怀期待地交谈，但会场数千把天鹅绒椅子吸收掉了他们的声音，嘤嘤嗡嗡的，使人听不清楚。

父亲的秘书芭芭拉走了过来，手上拿着一个剪贴板。她问我："你想去后台看看你爸爸吗？"母亲点头应允了。我觉得自己就要看到一个大秘密，大厅里的人会发现我独自一人朝舞台走去，我能感觉到后背上落满了目光。于是，我稳稳地走着，上台阶也格外小心。

芭芭拉撩开天鹅绒厚幕布，幕布后面，被天鹅绒帘子隔出几个光线暗淡的隔间。父亲就在其中一间，被几个人围着。他穿着一身西服，比平时潇洒很多。他似乎不太紧张，看到我，朝我笑了笑。

"祝你好运，史蒂夫。"我对他说道。

"谢谢你，宝贝。"他应道，接着便走进隔间里了，我跟着芭芭拉穿过幕布往回走。我担心样机演示失败，我想让他知道，哪怕失败了，我也不会改变对他的看法。大厅里正在播放阿隆·科普兰[①]的《平凡人鼓号曲》（*Fanfare for the Common Man*）。歌曲起伏的号声令我心弦紧绷，坐在前排的客人有我母亲、缇娜、父亲的父亲保罗、蒙娜、父亲的妹妹帕蒂（Patty），他们都在等着我。这是我唯一一次看到缇娜化妆、穿礼裙。她似乎有些不安，她个子太高，举动间裙摆沙沙作响，引人注目。我在母亲身边乖乖地坐了下来。

顿时，观众席的灯灭了，舞台上的灯亮了起来。父亲从幕后走了出来，似乎比我见到他时更自然了一些，似乎他在舞台上比在生活中更轻

---

① Aaron Copland（1900—1990 年），美国作曲家。

松。他在桌前坐下，电脑的屏幕被放大显示在舞台的大屏幕上。我知道，他就要失败了：他的电脑会死机，他会丧丢颜面。

他宣称，他的每一台电脑上都装了一部大词典以及莎士比亚全集。接着，他从《皆大欢喜》[①]中搜了一段话出来。之前，我从未听他说过词典或莎士比亚。接着，他在屏幕上放了一个立体图像，那是一个圆筒或管子，里面有跳跃的颗粒。在图像下面，他添加了一个虚拟的按钮，按下后令颗粒运动的速度加快。他又添加了一个按钮，令颗粒升温。容器里的颗粒运动得越来越快。所有的图像都很平稳，没有延迟和停顿，不像我在我的电脑上那样，把物体从屏幕一端拖到另一端都卡得要命。图像的像素比我见过的所有电脑都更细致，并没有因为颗粒在运动而变得粗糙。接着，他又添加了一个按钮，按下按钮，竟然发出了声音——颗粒运动发出的声音在大厅里回荡，这简直不可思议。

"看到了没？这就是我们的电脑能做到的。"他一边说，一边将桌上的电脑屏幕转向观众：圆筒里的颗粒仍在跳动。他一副不为所动的样子，但他的讲话已被如雷的掌声淹没。我身后的观众纷纷起立鼓掌，我也跟着鼓掌，心里的石头落了地，父亲成功了！不一会儿，我们都站了起来。

他微笑着，像是希望掌声快点结束，又像是不愿掌声结束。他站在我们面前的舞台上，宛如全世界的中心。

叛逆期

我转到了新学校，开始读五年级。之前我就打算好了，要在新学校

① 莎士比亚的四大喜剧之一，讲述了被流放的公爵的女儿罗瑟琳到森林寻父和她的爱情故事。

里成为风云人物。在原先的学校里，我留意到几个这样的女生。在新学校里，我也想变得像她们一样。去年夏天，我在一家串珠店里发现了一对大塑料圆环，连上金属钩，就能做成便宜而性感的耳环。后来我和母亲为此大吵了几架，因为她觉得这副耳环太轻佻。

早晨上课前，我和朋友们聚在走廊外的女厕所里，俯身在橡皮泥颜色的洗手台上，贴近镜子，共用彼此的睫毛膏、发胶、唇彩。我用发胶和水把刘海固定成波浪状。

我穿上迷你裙，其实就是个脖套，是从一家名叫“悠内特”的商店里买的。在试衣间里，我惊喜地发现它竟然可以当成迷你裙穿。最后，我戴上母亲禁止我戴的那副耳环。它们摇摆着叮当作响，光滑的塑料表面亮光闪闪，我的圆脸顿时有了女人味。我把耳环藏到书包里偷偷带到学校，书包里还有很多母亲禁止穿戴的东西。

我之所以穿戴这些母亲禁止、大人厌恶的衣物，部分原因是唇彩和发胶的味道、耳环的垂感，都让我觉得很性感。但是，性感的不仅仅是穿戴和化妆本身，而是我从中获得的新鲜感觉，这似乎能赐予我某种力量，又仿佛按下的开关，突如其来，又难以抵挡。

大人都认为学业是最重要的，但我认为，那是因为他们不懂得受同学们关注追捧的好处，或许他们又老又丑，已无法获得这种感觉，因此心怀嫉妒。我对母亲也是这种看法，所以，在我看来，她的衣着打扮规矩不过是吃不到葡萄说葡萄酸，她自己得不到的，也不想让我享受。

我是故意穿这么轻佻的，但是，如果是某个我敬佩的大人反对我的穿戴，我就觉得他们看透了我的灵魂，我的性格里有放荡的一面，却无法弥补。这份邪恶感，我的朋友们永远都不会有，也不会理解。有一次，我在费利蒙市琳达姨妈的公寓里过夜。

“你有男朋友吗？”她问我。

“我想有。”我答道。她放她最喜欢的歌给我听，比利·欧生的《走出我的梦，走进我的车》(*Get Outta My Dreams, Get into My Car*)。

“你最喜欢哪首歌？”她问我。

“我不知道该不该告诉你。”我跟她说，“是乔治·迈克尔[①]唱的。”

“哪首歌？”

“《思君性爱》(*I Want Your Sex*)。”我答道。她一听，脸色一沉，扭头看向别处。

在努艾瓦，我们有时候在图书馆里上课。图书馆位于两条平行走廊的中间，是个开放式的大厅。两侧墙面各有一排矮书架，大厅中央有三个沙发，中间围着一把椅子。上课时，学生们坐在沙发上，黛比老师坐在椅子上给我们读书听。书里讲的是牙膏的成分，原来，牙膏的主要成分是白垩，而白垩是数千年前海洋生物的遗骸，它们死掉之后沉入海底，层层压实，加工时被碾成粉末。黛比老师个子很高，留着褐色的精灵头短发，戴着厚厚的金边眼镜，身穿灯芯绒长裙。她的皮肤白里透红，宛若凝脂，生气时，脸便会涨得通红。

她大声朗读之后，学生们就分头选书默读。

我对读书不感兴趣，我想跟凯蒂、凯特、埃琳娜聊天。她们仨很守纪律，阅读课上从不说话，只有跟我例外。我不是优等生，又喜欢怂恿朋友们跟我一起傻玩，所以，黛比老师经常罚我一个人待着。

我把一本书摊开放在腿上作为幌子，却跟凯蒂和凯特悄声说话。我们坐的地方离黛比老师很远，背倚书架，腿伸开，手肘相抵，以气息说话，几乎细不可闻。

① George Michael (1963—2016 年)，英国希腊裔创作歌手，威猛乐队成员。

距离这么远，黛比老师不可能听到我们说话。但她突然间站在我们面前，低头看着我们，脸气得通红。

“丽莎，”她说道，指着远处一块地毯，那里离凯蒂和凯特很远，“你去那边坐。”

我被迫与朋友们隔离了。我随手从书架上拿下一本书，翻开一看，只见里面全是裸体女人，连阴毛和乳头都清晰可见。

我把书夹在腋下，走到更远的角落里，在这里，哪怕黛比老师看见，也只能看到书的侧面。我坐在地上，翻开书，俯身细看。我的心如小鹿般乱撞：书的一半位置，有跨页的五张图，分别是那个女人身体发育的五个阶段。

五张图上，女人的乳房依次变大，乳头也依次变大。她身体的毛发渐渐成型，但其一头鬈发却由长变短。前面的图上，她不戴眼镜，到了第四张图，她戴上了眼镜，第五张也是。在所有五张图里，她的一只脚都向右侧伸出。她笑得很自然，似乎并未意识到自己裸体一事，仿佛一个商会上展示用的、尚未穿好衣服的纸娃娃。

这些女性身体发育图，与我以前看过的人类进化史图示很相似。从黑猩猩到直立人，慢慢变成文明人。他最初是满身毛发，最后全身几乎没有毛发。这女人的发育却与之恰恰相反，开始时，除了乳头和头发之外，她全身从上到下都是灰白色的，跟我一样。到最后她却长出了很多体毛。人类进化史的图示上，到最后，人似乎不愿拘于现状，希望继续进化发展。但在女性身体发育图上，到最后，这个女人稳稳地站着，丰乳肥臀，面带笑容，似乎打算一直这样，不再改变。

我知道成年女性会长阴毛，乳房和臀部也会变大，但我不知道中间几个阶段的情况。时至今日，除了开始和结束，我还看到了中间的演化，这让我觉得既厌恶又兴奋。我想对其嘲笑一番，又想继续看下去，看得仔细一点儿。

“埃琳娜，你看！”这时埃琳娜从我身边经过，我悄声对她说道。

“哇！”她惊叹道，随即在我身旁坐了下来。

“嘘……”我赶忙拦住她，不让她作声。我从书架上面趴头看了看，只见黛比老师正跟另一位老师在聊天。

“我的跟这个一样。”埃琳娜指着第二张图中女人的阴毛说道。那些毛又细又疏，能看到下面的皮肤。

我惊讶于她的直白，我还以为我们可以对这些图片开开玩笑，因为我们距离那些样子还差着十万八千里。她的话令我猝不及防，我原以为书是我找到的，所以我应该是局内人，孰料因为还没长阴毛和乳房，我一下子变成了局外人。

“我也是。”我撒谎道。看这本书的感觉，跟看《花花公子》杂志里的裸女一样，兴奋、害怕，小腹感到暖暖的。

“但我的胸更像这个。”埃琳娜指着第三张图说道，那张图里的女人乳房不大，但已略具形状。我原以为各部位的发育应该是一致的，难道可以各有先后？

“我的跟第一张的一样。”我说道。

埃琳娜翻到另一页，是各种阴毛的特写。“阴毛，”书中写道，“不同的女人有不同的形状。”只见有的呈弧面向上的半圆形，有的覆盖三角区呈三角形，有的则是菱形。“有的女人的阴毛呈心形。”书中写道。此前我绝对想不到竟然还有这种事，我希望我的阴毛能长成心形。

黛比老师已来到我们跟前，我却没有发现。她的裙子挡住了灯光，而我手里的书则证实了她对我的评价。

她弯下腰，面无笑容。我原以为她要对我的人品大加批判，或是再次把我与同学们隔离开来。然而，她却递给我一本关于性和身体发育的书，书里同样有裸体配图，似乎看这种书并无不可。等我们俩读完时，她微笑着走过来，又拿给我们一本。她的笑容很和蔼，但她的眼睛闪闪发亮，似乎是在跟我们开玩笑。她不断地给我们送来新书，图书馆里至少有六本同类书籍，但我之前从未看过。此后几天里，我和埃琳娜受其批准，认真地阅读这些书，似乎生理知识也像历史和数学一样，是平常的、正确的、必需的。

努艾瓦并不记录成绩，但会在家长见面会上以书面形式给出学生评价。我初来乍到，精力都放在了与同学的交往上面，所以我得到的评价并不好。

我害怕家长见面会，因为母亲和班主任会结成同盟，共同批判我的穿着打扮和不求上进。家长见面会上，母亲总是穿得很好，表现得热心且正常，仿佛我们母女俩在家也是如此。可事实上，她对我的不满已越来越多。

李·沙尔特老师对我母亲说，我应该有所爱好。“如果她能在课外有爱好，就能在学校里做得更好。”

“只要是你感兴趣的，什么都行，”李·沙尔特老师看着我说道，“你觉得有趣的，能全身心投入的，哪怕跟学校课程没有关系。”

这是对我的惩罚吗？怎么听着跟送大礼一样！一个月前，母亲带我去一家练舞房看了看，练舞房名叫“佐哈尔”，位于加州大街普林特斯书店后面。白色的帐篷里，滚筒灯下，身着紧身衣的女人伴着音乐起舞。她们手臂张开，手指展开，快速地前后抖动，仿佛水鸟振翅。

“我喜欢跳舞，”我说道，“爵士舞。”

“好啊，”李·沙尔特老师说道，“那就开始学吧。”

于是我便开始学跳舞，每周两次。但母亲和我仍因为我的穿着和学习不努力而争吵不休。我彰显风格的种种，恰恰都是她所禁止的，所以，我要么撒谎，要么背着她偷偷摸摸地穿，生怕她某天会不打招呼就跑到学校里来，或者因为被老师叫到学校从而发现我在校的穿戴打扮。

常在河边走，哪有不湿鞋。平时放学我都是乘公交车回家，到家前就擦掉妆，换好衣服。可是有一天，母亲突然来学校接我放学，发现我化着妆，戴着耳环，穿着短裙和抽丝的丝袜。我们俩一言不发上了车。

“只是耳环而已，”坐在车里，我如此辩解道，“为什么要大惊小怪呢？”耳环是吸引力的关键，叮当摇晃间散发着性感。

“不合适，”她说道，“摘下来。”

“可是别的女生都能戴。”我反驳道。我知道我说的是事实，戴耳环没什么大不了的，可不知怎的，我又觉得母亲说的也有道理，我戴耳环的确不妥。

“我不管别的女生戴什么。”说着，她伸出手来，似乎是要拽我的耳环，吓得我赶忙躲开。

“罚你一个月不准出门！”她说道。之前，因为我把超短裙和黑色丝袜放在书包里偷偷带到学校的事，我已经被罚两个月不准出门了。“还罚你不准打电话。”她咬牙说道，“你背着我做事！还撒谎！”

她说的是真事。我背着她穿奇装异服，我趁她出门时溜进她的卫生间，用她的剃刀把小腿剃得光滑如镜，却对她撒谎说没有用过。

“还有，这个月的零花钱也扣掉。”

我的零花钱是每周 5 美元，但因为我的衣着问题、在校表现不佳、食言不做作业，我至少已经三个月没拿到零花钱了。我的钱都是凯特·韦林伯格（Kate Willenborg）的爸爸给的。他总是给我们俩一人一张 12 美元的支票，然后送我们去商场购物。我认为钱就是用来花的，趁着尚未消失，应该尽快将钱换成物品。

回家之后，母亲对我大声训斥。我担心邻居会听到她的咆哮，一股奇怪的力量在她的血管和肢体穿行，压力之大，几乎要胀破穿行的通道。她的食指几乎要触到我的鼻子，她的脸气得通红。

“你这是在浪费生命！”她说道，“你现在不好好学习，就不会知道将来能做什么，长大后就不能跟优秀的人共事。”

“可我才上五年级啊！”我反驳她。

“你不懂！”她说道，哭了起来，“一分耕耘一分收获。它决定了你这辈子能跟什么人为伍，决定了你的同事是什么档次。”

“我不在乎。”我说道。我想象着一群人在一间密不透风的房间里，自以为活得快乐，其实却不然。我认为母亲是在骗我，是想把我也变成她那样，但这说不通，因为她没有同事。但她执意要我撇掉自己的人生观，接受她的人生观，我不禁怀疑，我的人生最终会变得跟她一样。我若是为了学习和长远目标而牺牲了眼前的快乐，下场肯定会跟学习本身一样，乏善可陈、枯燥无味。直到很多年之后我才明白，她其实是在为自己懊恼：本应完成学业步入职场，却年纪轻轻就怀孕生子；本可以与同事们一起工作，却整日独自打拼。她努力督促我通过学习获得优质的生活，这是她讲述自己人生遗憾之处的另一种表达。

“总有一天你会在乎的，你这小屁孩！”她愤怒地说道，狠狠地踢了我的卧室门一脚，在白漆的门上留下一个洞，在我看来，很像人震惊时张开的嘴巴。

几天之后，我发现她俯在卫生间的洗手池上，用尖嘴钳拽牙套的托槽。

“你在干什么？”我问道。

“整牙医生说还得再戴一年，”她答道，“我可不这么认为。”她嘴里传出咔嗒咔嗒的声音。

“妈妈，去找整牙医生，让他给你拆吧。”

“我等不了了，我受够了。”我发现，她最近对牙套的抱怨越来越多：疼、钩住食物，也厌烦了更换托槽，想一丢了之。因为她一直在自行调整托槽，所以矫正的进度很快。她的牙已经很整齐了，她如此说道。

“别这样。”我劝道。在狭小的卫生间里，我站在她的身边，牙套的钢丝从她嘴里探出来，仿佛银色的胡须一般。

当初我们住在麦尔维尔时，有一次，她在用燃气炉时犯了个大错。她忘了关煤气，再次点燃时，一股蓝色的火焰飞喷而出，烧了她的头发和一条眉毛。过后她却开玩笑说，炉火为她做了个极漂亮的发型，可惜只有半边。

“我不会停下来的，”她说道，“你出去，忙你的事去。”

初吻

有几个晚上，托比（Toby）会打电话过来。他上六年级，在学校里人气很高。他有一头浅金色的头发，脖子细长，耳朵像精致的贝壳一样。他声音低沉，因变声未完，偶尔有高音掺杂其中。在学校里，我跟他调情：时而偷看他一眼，又赶快别过头来，跟朋友们嬉笑。

“你想跟我确定恋爱关系吗？”有一天他问我。

“当然。”我答道。“当然”是我早就想好的应对之词，既是正面答复，又给自己留了些余地。

我们打算试试法式接吻，凯特和克雷格会在午饭期间送我们俩到

“木桩区”。木桩区位于校园一端，因为干河床上一条防火路弯道内堆积的木桩而得名。午饭时间只有四十分钟，算上路上的时间，其实我们能用来接吻的时间并不多。

我们沿校园中间的一条小路走过一个树荫下的小桥，此情此景令我想起了《通往特雷比西亚的桥》[①]，这本书让我明白了生命与爱的重要性。空气又暖又干，但掺着丝丝凉风，还有桉树的芳香。脚下落叶噼啪作响，小路上树荫掩映、凉爽怡人，阳光穿过树叶，似绿叶中的白色漆点。

“So kiss a little longer, longer with Big Red.”[②] 凯特唱道。

过桥之后，小路变得陡峭不平，我差点儿摔了个结实的屁股蹲儿，还好抓着身旁的树枝站住了。我一边走，还要一边小心自己别被树枝挂住耳环。

到达目的地之后，托比对他俩说道：“你们该走了吧。”

“是啊，”我附和道，“谢谢你们带我们过来。”

我对同学们撒谎说我接过吻，一是觉得比父亲的初吻晚而感到丢脸，二是消息传开后会显得我更有魅力。我有点晕，我站在一根矮树桩上面，跟托比的脸齐平。

“那么……”他说道。

他身上有肥皂和洗衣粉的味道，我的脊背仿佛有一股电流窜过，浑身发热。我不知道要吻多久，也不知道该如何操纵舌头。我只是觉得很温暖、很舒服、很刺激。他嘴里的温度比我低一两摄氏度，也不如我嘴里咸。我的舌头动得对吗？我是该多享受一点儿，还是多迎合他一点儿？

我的心头如小鹿乱撞，他的舌头似乎在我嘴里贪婪地翻找东西，挑

---

① *Bridge to Terabithia*，美国女作家凯塞琳·帕特森于 1977 年出版的畅销儿童图书，荣获纽伯瑞儿童文学奖。故事讲述了男女主人公杰西和莱斯利因赛跑比赛而结缘，一起运用想象创造出一个叫特雷比西亚的王国，快乐地生活在一起。

② 20 世纪 70 年代美国大红口香糖（Big Red）的广告词。

着舌尖侵扰我的口腔。一股口水漏了出来，弄湿了我的下巴。其间，我禁不住担心，等一会儿接吻结束时，我该如何处理下巴上的口水。他的舌头在我的上门牙后面搅动，在我的口腔里画着圆圈。

我的脖子酸了，我冒了个险，跟他的嘴分开，把头歪向另一边，顺势把头发也甩了过去。双唇再次接触时，我们俩的牙碰到了一起。我们都笑了，惴惴不安地又继续吻了下去。后来，我们自己摸索着学会了接吻时两边扭动舌头，多用背面柔软的部分。

我们俩都不知道该何时结束，但我们得回教室去了，何况，我们左右两边都亲过了。

“我们得回去了。”我对他说道。我从树桩上跳下，四肢软绵绵的。他的嘴唇周围都红了，他用手背擦了擦嘴。

趁着他看向别处，我也用手背擦了擦嘴。

暑假里，我跟他接吻的次数更多了：在电影院里、在贝尔兰德斯公园、在沙滩上、在他妈妈的旅行车的后座上……我俩书信来往频繁，然而，他却提出了分手。我用家里的无绳电话（电话是我们搬到林科纳达之后买的，跟家里的微波炉一样，是生活质量提升的标志。用到现在，话筒上被母亲弄上了很多颜料）跟他通话。

“我觉得我们该分手了。”他如此说道。

我的心猛地一揪，一股内疚感涌上心头。“要是我哪里做错了，做得不好，我向你道歉。”我说着，哽咽了起来。

“什么？没有的事。”他告诉我。

我挂断电话，背上母亲盛首饰的红色小皮包（有一次，我在里面找到了我掉的乳牙）。皮包是放在瓷砖架子上的，旁边还放着一条项链和一堆手镯。我对它们垂涎已久，但是母亲一直禁止我戴，我把它们都戴上了。当时是星期六上午，母亲出去办事了，几个小时之后才会回来。我架着胳膊，以防手镯掉下。我到她的衣橱里翻了一阵，又在脏衣服堆里找出一件桃红色丝绸衬衫。衬衫是前排纽扣，短袖、有领，她不准我穿这件衣服。我从头套进去，这样就不用系扣子了。穿戴完毕，我一下子觉得自己跟刚才不一样了，变得强大了。

我抓起电话，坐到母亲床上。我要给托比打电话，我要向他表现我的自信、我的独立精神，让他别有心理包袱。

“喂？”

“嗨，还是我。我只是想跟你说不用担心，我很好。”可话刚出口，这通电话的愚蠢之处就彰显无遗，他根本就不担心。“我只是想让你知道我没事，你知道的。刚才挂得太快了，没来得及说明白。”

“谢谢。”他答道。接着是长时间的静默，我们俩都无话可说。

我挂断电话，浑身发抖。还好，长痛不如短痛。我抓起母亲的梳子，穿过房子，回到自己屋里，戴着她的镯子，穿着她的衬衫和睡裤。

我边走边梳头，头发变得蓬松起来。我从房间的脏衣服堆里找出一条牛仔裤穿上，又从书架上拿下日记本，拉下百叶窗，挡住了街外的景象。

我打开衣橱门，亮出门后的镜子，但我不敢看镜中的自己。我在镜前席地而坐，开始写日记。我能感知到镜中自己的轮廓，我写的字是斜的，很像大人的字体，仿佛首次失恋已使我长大。我跪坐在地，俯着上身，头发垂到身体一侧，似乎是为拍照而摆造型，或者是待人欣赏——所有这一切都很重要，它是我此时此刻的写照。

我动了动胳膊，手镯哗啦作响。我低头看看衬衫，看衬衫的桃红色与手镯的奶黄色如何相配，手镯的奶黄色又如何与地板的颜色相配。大人们常说记不得童年的某些人某些事，但我不知道什么样的时刻应该铭记，什么样的时刻要忘记，种种时刻并未有清晰的分类。

我在日记里写道，我跟托比分手了——其实是他跟我分手了——我很伤心。但即便如此，我写道，我没什么大碍。在日记里，我详述了今天的穿着打扮，以防长大后记不起此刻的样子。我还暗示身上的衬衫和手镯都是我的，不是我母亲的。

我撩起下垂的头发，抬头看着镜子。镜中的我，头发并非像瀑布一样顺直下垂，而是蓬松着像蒲公英一般，傻不拉叽的。眼前的真实情况跟我在日记中设想的完全不同：衬衣是从脏衣服堆里拣出来的，全是褶皱；短袖长到手肘以下；我没有胸，所以衣服前面撑不起来，松松垮垮的；因为屋里光线不好，原本桃红色的衣服变得跟肤色类似；手镯并未增加我的魅力，却因为太大而显得傻乎乎的。

第五章 逃 离

父亲有了新女友

我从黑暗中惊醒，心脏怦怦直跳。恐惧重重地压在我的心口，嘴里充斥着一股罐头味儿。空中传来远处的轰鸣，床下的地面在震颤。世界末日了，一个核弹正朝 NASA 飞来。

我知道该怎么办，我早就为此做好了打算。在得知核弹要来与其落地爆炸之间的短暂时间里，我要冲过房子中间的黑暗地带，跑到母亲的屋里，把她叫醒，告诉她核弹即将到来，我们只剩几分钟时间可活。然后我们俩抱头痛哭，接着便在可怕的辐射和强光中化为灰烬。

等我站到床下，我才明白过来：刚才的声响只是一辆货运列车驶过的声音。它在夜间从此处经过，比客运列车长一些。此前，我从未被它的响声惊醒过。

在此之前，我在 11 岁时就得了偏头疼。每当我低头看手却发现看不全时，或者照镜子时发现自己的半边脸不见了，只剩一团边缘闪烁的灰雾时，我就知道偏头疼要来了。二十分钟内，我的前额就仿佛被一把银闪闪的电锯劈开，经过双眼，直达脑子中央。如果是在学校里犯了偏头疼，我就会离开教室，到教学楼前台旁边的一个小房间里，在一张小床上躺下。黑暗有助于减轻疼痛，我最终沉沉睡去，醒来后仍然是蒙的，仿佛带着一种宿醉感去呕吐，吐完重新变得精神焕发。然后我沿教学楼外面的小路走回教室，路边树叶的每一滴露珠仿佛都在为我闪烁。

偏头疼和对即将到来的核弹毁灭的恐惧，二者交织在一起。NPR[①]的一个女人解释说，一旦核弹发射升空，就再无挽回的余地了。我们的导弹瞄着苏联，苏联的导弹也瞄着我们。我认为苏联的导弹会袭击NASA，因为后者极具战略意义，而NASA距离我们家只有数英里远。

那年秋天，我深信我们会在圣诞节期间受到核弹攻击。我还觉得自己有责任阻止这一危机的发生，并且说服大人们——尽管我只有11岁。有一天，我的偏头疼又犯了，母亲就给仍在NASA工作的罗恩打了个电话。我已经好几年没见过他了。我躺在床上，屋里拉着窗帘，我因为即将到来的头疼而惴惴不安。我的神经末梢扩散开来，触碰到地球上的每一个烦恼——不论是真实的还是潜在的，每个人都在遭受苦难。

“孩子，你还好吗？”罗恩走进我的房间，问道。我正躺在床上，拉着窗帘。

“我担心受到核弹攻击。”我对他说道，“他们会攻击NASA，对吧？”

“可能吧，”他答道，“但是，如果这种事发生了——我不是说一定会有核弹攻击，因为这是根本不可能的——你什么都感觉不到，一点儿感觉都不会有。‘噗’，一下子就完了。”

“可是在广岛[②]……”

“现在的核弹，威力是那时的一千倍。”他说道。

“你是说，更快？”我问道，“破坏面积更大？”

“对。”他答道。

① 美国国家公共电台。

② 日本本州岛西部的滨海城市，在第二次世界大战时曾受美国原子弹的破坏，1958年重建。

“可是在爆炸之前呢？在知道核弹要来之后至爆炸之前的那段时间呢？”

“你还来不及想，就已经变成气体了，死掉了，”说着，他打了个响指，“就像这样。”

“谢谢你专程过来看我。”我虚弱地谢道。但他说的我一个字都不信。在得知核弹攻击之后至爆炸之前，一定会有一段时间。在那段时间里，世间万物仍然存在，我也是活生生的。我若是保持警惕，就一定能抓住那个时刻。

几天过后，父亲来到我们家，他嘴里咬着一块三角巧克力。他不常吃巧克力，他说这块巧克力是一个刚开始交往的女人送他的礼物。

我向他要一块吃，但他不给。他说：“这是我的。”又继续说道，“你知道吗，她真的很聪明，还很漂亮，就是腿粗了点。”说着，他伸出双手比画了一下。我纳闷他怎么知道她的腿有多粗。“她长得像那个模特，克劳迪娅·希弗[①]。”克劳迪娅·希弗是谁？

他那时跟缇娜刚分手一两个月而已。我觉得他的移情别恋很快就会烟消云散，所以我对他的新女友兴趣不大。他的情感生活变数太大，外人无法把控。但此前我从未听他夸奖别人聪明，我不知道二者竟然可以兼得：既漂亮又聪明。我觉得自己仿佛受骗了：我一心想要变得漂亮，却突然发现仅有漂亮还不够。

“你知道吗，到事情结束的时候，人们总是容易忘记开头是多么容易又伟大。”他说道。

① Claudia Schiffer，1970年出生，德国模特、演员。

圣诞节到了，核弹并没有来，我继而认为它推迟到了新年午夜。我的偏头疼还没好。父亲和蒙娜在伯克利[①]的潘内西餐厅（Chez Panisse）二楼订了个长桌一起过年，我和母亲都受邀前往。这样也好，如果核弹真的来了，至少我们母女俩能同时变为气体了。

父亲还邀请了他的新女友劳伦娜（Laurene），劳伦娜又邀请了一个朋友，她俩是分头来的。聚餐过后，父亲开车送蒙娜、母亲和我回家。聚餐期间，我并未留意劳伦娜及其朋友，也不记得父亲为我们做了介绍。在场的人里我有很多都不认识，不过无所谓啦，如果核弹来了，我们都将一并化为灰烬。

蒙娜也邀请了几个朋友，其中有位身材娇小的短发女士。

"宝贝，你好。"她对我说道，弯下腰看着我的眼睛，"你叫什么名字？"

"我叫丽莎，是蒙娜的侄女。"

"噢，"她应道，"这样啊，很高兴认识你。你多大了？"

"11岁。"

"上几年级了？"

"六年级。"

"哎哟，真不错。"她说道，"你在学校里过得快乐吗？"

她的每一句话都会把我吓到。我四下里寻找母亲，想让她带我回家。但母亲喜欢聚会，而我们罕有机会参加聚会。所以，当她终于答应我离开时，又会跟所有聊过天的人道别，继而引发新一轮聊天……所以，总是聚会都要结束了，我们还没走成。

我从三五成群的大人身边走过，却又被那个身材娇小的短发女士堵

① Berkeley，美国城市，位于加利福尼亚州旧金山湾区东岸丘陵地。

了个正着，又被她问了一遍刚才的问题。我从未跟醉酒的大人打过交道，不明白她怎么会瞬间就把我忘了。这说明世界的秩序已经崩溃，核攻击会随时到来。

午夜时，突然响起刺耳的声音，喇叭嘶鸣，纸哨子像蜥蜴的尖叫，吓得我心惊胆战。声音平息之后，周围黑暗的世界一如既往，原封未动。我浑身战栗，为我们的幸存而心怀感激，同时我又满心自豪，仿佛是我的担心保住了这个世界。

坐车回去的路上，父亲朝我们大发脾气，说我们无视他的新女友。外面大雨瓢泼，他把雨刷开到最快。他的汽车上只有一支厚雨刷，此刻像疾风中的芦苇一般来回摆动。

“我没看见她。”我恭顺地解释道。早就有人告诉他了，我害怕核弹攻击，担心世界末日。他知道我有偏头疼，但他对偏头疼了解不多，也不来安慰我。他跟我的忧虑和头疼毫无关联，现在，世界没有毁灭，我如释重负，又觉得有些愚蠢。

“我们都忙着跟人聊天呢，史蒂夫。”蒙娜解释道，“你知道的，我们也都邀请了朋友过来。”

“上帝啊，”父亲说道，“你们太自私了，想一想我有多么尴尬。我跟她说我的家人都很好，她看到你们这样对她，怎么会愿意跟我交往呢？”

我们不像是一家人。除去同时跟他们俩在一起时，我从未想过我们是一家人。我原以为他不会承认，现在，听到从他嘴里说出这番话，哪怕是说气话，也颇令我惊讶。他似乎认为自己是个不受欢迎的人，似乎没有注意到他自己的魅力，没有看到人们都愿意聚在他的身边。

似乎他的女朋友会因为我们在聚会上没有关注她而跟他分手！

当天晚上，按照先前的安排，我在父亲家的房子里过夜。那一晚上，他几次把我叫醒——蜷在我的床上，晃我的肩膀。那时他已重新粉刷了房间，铺了新地毯。我也换了房间，睡在蒙娜给我买的木床上，不在原先的卧室了。“她不接我的电话，”他对我说道，“或许她是生气了，或许我们俩完了。”他眼看就要哭出来了。起初他对我冷漠而有怨气，似乎是要归咎于我，现在却又想让我劝服他。一转眼他又坐在我的床边，双手抱头。

“她可能在朋友家里，”我劝他道，“没事的。你可以明天上午再找她谈谈。”

“我担心她会离开我，再也不回来了。”可两三个小时之前我们才见过她。这时天已经破晓，天边露出一丝曙光。

“明天她会给你打电话的，你该去睡觉了。”

“我试试能不能睡着吧。”说完，他就回自己的房间去了。

我要上大学吗?

12 岁生日时，蒙娜送给我一张佩茜・克莱恩[①]的 CD，里面有一首悲伤的歌，说的是垂柳在夜里独行。不久之后，蒙娜到我们家来。她进屋跟母亲寒暄了一番，随后把我叫到了屋外。我们俩站在草坪上，当时是傍晚，天空是昏黄的，除了割草机、吹落叶机器、螺旋桨飞机的声音，再无别的动静。草坪上方，小虫如碳酸饮料表面的气泡一样飞舞翻腾。

蒙娜个子不高，大概只有五点二英尺，但气场很足，仿佛站在哪里，哪里便是她的地盘。她的小腹微微隆起，像小姑娘的肚子似的。在我眼里，她是成年女人与小女孩的合体。我相信她能理解我，我相信她能

① Patsy Cline（1932—1963 年），20 世纪美国著名女歌手。

在将来帮助我。我知道她的父亲同样离她们母女而去，她曾经也经济拮据。跟我父母不同的是，她上过大学，还读了研究生，她走路的时候屁股来回摆动。她当时在一个名叫巴德大学的学校里任教，嘴里常会说出“分期偿还”（amortize）“气候有益健康”（salubrious）等我听不懂的词。她不会重复这些精妙的词汇，再说话时，会蹦出新词。这些词语被她融到句子里，快速而清脆，似乎她希望我能明白它们的意思。

我们俩站在房子前面，草的叶梢映着斜阳，变成半透明状，仿佛灯前的秸秆。

“要是史蒂夫不供你上大学，我供你。”蒙娜突然冒出这句话来。大学离我还很遥远，但我多少有些担心，我从未向他人明确表达过上大学的意愿，所以我纳闷她是怎么知道的。父亲每次谈到大学时，都语带鄙夷。他不用上大学，那我为什么要上？更何况，有时候他事到临头才决定不掏钱，比如不付账就走出饭店，拒绝买别人觉得理所当然的物品（如家具等）。他生命中的每个人都见识过他奇葩的金钱观，不论东西大小，都有先许诺要买却又食言的情况。

有一次，我和父亲、蒙娜在帕洛阿尔托一家二手服装店买东西。我和蒙娜淘到几顶帽子和几件上衣，父亲看着我们试戴试穿。“它们并不像你们想象的那么好看。在二手店买东西，很容易觉得东西好看，其实并不是。”他大声地说道，接着就走出店门，扬长而去。可几分钟前他还貌似要给我们俩付钱，说至少是每人买一顶帽子。

“谢谢你。”我对蒙娜说道。

她向木兰树下的汽车走去，向我挥手作别，然后就开车走了。我跑进屋里，把这件事告诉了母亲。母亲问道：“她真是这样说的？”似乎是在考虑其意义，或者是不相信蒙娜的话。

家长会

六年级期末，有一天，班主任琼叫我去她办公桌前。我走了过去，站正，准备挨批。在学校里，我经常会因为自己的穿着打扮挨训。

“这个，”琼老师说道，拿着我的一篇作文，里面有一段关于哈丽雅特·塔布曼[①]的评论。“写得很好。”琼老师的眼睛很大，水汪汪的，因为戴着眼镜，她的双眼被再度放大。说这番话时，她认真地抿着嘴唇。

我心里一阵狂喜，这是我第一次因为作业做得好而单独受到表扬。我记得前一晚写作业的情形，我的文思如泉涌一般，美妙的字句仿佛抹了润滑油，唰唰地溜出来，我只需将其誊写在纸上即可。

这么说，我也变聪明了，并且，写那段文字并不累人。从琼老师的夸奖中得到的满足感，要远胜我用超短裙换来的那条破洞牛仔裤（我在那条裤子上记下了所有吻过的男生的名字。说来也巧，他们的名字的首字母都是 T：托比、汤姆、特利普、泰勒）。

七年级开始前的那个暑假，伊兰教我读莎士比亚。有一次，母亲和伊兰带我去加州大学伯克利分校（UC Berkeley）看剧场版的《冬天的故事》[②]。演员都身穿现代服装。剧场中央是个圆形的水泥舞台，周围是广阔的阶梯坐席，旁边是个山丘，红杉环绕。光线透过树冠，照到舞

---

① Harriet Tubman（1822—1913 年），美国著名废奴主义者、女权主义者。美国南北战争时期黑奴逃跑组织“地下铁道”的领导人之一，为了黑奴的解放奋斗终生，被评为美国内战前最伟大的三位平民之一。

② *A Winter's Tale*，莎士比亚作品。故事讲述了西西里国王里昂提斯出于嫉妒，无端怀疑他的好友波希米亚国王波力克希尼斯与其妻赫米奥娜有奸情，于是疯狂地陷害善良无辜、身怀六甲的王后，并狠心地将早产的女儿潘狄塔抛弃到荒野。小王子玛弥利阿斯忧恐而亡，王后听到噩耗心碎而死。十六年后，当年的弃婴潘狄塔在波希米亚一牧人家长大成人，与波希米亚国王的独生子弗罗利泽相爱，波希米亚国王因地位悬殊而坚决反对。王子与潘狄塔逃往西西里。最后，潘狄塔的身份得以确认，“已死”的王后也由“雕塑”变为真人，一家人终于团聚，两位国王也重修旧好，有情人终成眷属。

台上。我喜欢赫米奥娜这个角色，她骗过了国王，让他以为自己是个雕像。国王在她四周徘徊，边走边对她倾诉衷肠，说后悔当初没能善待她，她则不为所动，直到最后才回心转意。

长久以来第一次，我想穿那些不会惹母亲反感的衣服。简简单单、中规中矩，早晨起床时拿起来就能穿，不必费心，比如校服那种。我会变聪明，我需要一个衣柜，它能显得我勤奋好学，不为穿衣打扮分心，牛仔裤搭配衬衫就可以。

中学部与小学部是分开的，位于山坡上方，远离主教学楼。在五年级教过我的史蒂夫·斯缪恩（Steve Smuin）和李·沙尔特（Lee Shult）两位老师是我们的主任教师，听说他们非常严厉。

七年级有地理课，要学习全世界的国家、海洋、地标。作业是做一张世界地图，涵盖所有地理因素。我们一个大洲一个大洲地进行，刚刚完成欧洲部分。其实这个作业不会计入学分，只是一个工具，用于熟悉可能考到的国家布局。尽管如此，我还是愿意花好几个小时去做。因为我知道，只要图做得好，就会被老师表扬，还会在教室里张贴展示。我不在乎这要花多少时间，受表扬的渴盼使我坚持下去。

那天晚上，我正为爱奥尼亚群岛[①]涂色，用的是名叫“帝国蓝”的一种蓝绿色颜料。母亲穿着网球鞋，脚尖位置皱巴巴的，一条松垮而沾有颜料的布裤，反穿着套头毛衣。她歪着头看我画地图。“光线有点暗。”她说道，随即从她用石膏灰胶纸夹板把车库改成的绘画工作室里拿来一盏灯，插上电源，将灯头扭向我坐的位置。

当天晚上，我的地图完成了。第二天，我把地图交了上去，李·沙

① Ionian Islands，希腊西岸沿海的长列岛群。

尔特老师把它钉在教室前面的墙上，面向课堂。这是唯一一幅张贴展示出来的地图。

晚上，做完作业以后，我都会把当天的笔记誊写到一个螺旋装订的笔记本里，若是不够整洁，我就会撕掉重写。我在写“i”头顶上的点时，不再画空心圆圈，字体也稍微倾斜，这样我写的字就呈一定角度向纸的边缘行进。

每天上午，老师都会对前一天所学的内容进行一次小测试，接着，每名学生都要当着全班的面向史蒂夫·斯缪恩老师报告成绩。史蒂夫·斯缪恩老师坐在电脑跟前，把成绩输入，连头都不抬一下，除非某个学生的分数太低，那时他就会抬起头，面带讥讽。这时班里就会鸦雀无声，仿佛低分不仅是学习不好，甚至连品行都有问题，仿佛低分学生在宣告自己不愿加入学校的宏伟事业，几乎每天都有学生哭。虽然学校里不正式为学生排名次，只是在家长见面会上给他们一张手写的评估以供商讨，但这些数字还是非常重要。

我害怕史蒂夫·斯缪恩老师，所以就努力学习。用词错误，或者各种以自我为中心的表现都会惹他生气。他的嘴唇很薄，嘴很小，因为留着短须，嘴巴半掩半现。从这短须下的嘴唇里冒出的随便一句讥蔑之语都会使我受挫，有时候一整天都缓不过来。史蒂夫·斯缪恩开着一辆蓝色现代汽车，在学校外面，只要看到同款汽车，我的心就会提到嗓子眼。我小心翼翼，走路时挺直腰杆，说话时吐字清晰，生怕他在旁边看到听到。这种情况持续了很多年，从中学毕业以后还心有余悸。

我努力学习并非仅仅为了分数、为了证明自己聪明、为了参加八年级为期一个月的赴日研学旅行，而是为了免受史蒂夫·斯缪恩老师的批评和讥讽，为了能换得他的和颜悦色，不用多么明显，哪怕只是一点点就好。有一天上午，我们考的是《文化的构成》，前一天晚上，我跟一个朋友一起复习过，还为此发明了一种记忆技巧。第一次，我把十道题全部答对了（此前我从未有如此好的表现），史蒂夫·斯缪恩老师并未发出怀疑的哼声，而是赞许地点了点头。

几周之后，第一次家长见面会上，我的父母是分头来的。看着父亲踮着脚尖朝气蓬勃地走进教室，我快活极了。家长见面会一年举行两次，当时我并未意识到，两个乔布斯对我竟然有类似的影响。

我们五个人坐了下来：史蒂夫·斯缪恩老师、李·沙尔特老师、我父亲、我母亲、我。李·沙尔特老师先开口，眨眼间，她的三角眼不断闪烁："她在校表现很好，一直在不断进步。"接着两位老师对我那幅地图作业点评一番。接着又谈到我喜欢《森林人》[①]这本书，谈到我认真准备每次测验，谈到我每天早上认真练习太极拳。我一言不发，听他们说我。两位老师说，与去年穿超短裙、化妆的我相比，我可谓改头换面。李·沙尔特老师的目光在我及我父母的身上来回移动，但绝大多数时间里，她是看着我父亲。父亲的到场令这次家长见面会活跃了很多，两位老师的兴致非常高。我担心他们过度关注父亲而忽略了母亲，似乎我和父亲是主角，母亲只是个陪衬。

"如果你们还以为她是六年级那样，整天想着男生和穿衣打扮，那就错了。"

"很好，"父亲应道，"大体而言，我认为中学教育很糟，还不如让孩子们去周游世界，把他们送到船上，就什么都不用管了。不过这里跟别的中学大不一样。"

---

① *The Forest People*，英裔美国人类学家科林·麦克米兰·特恩布尔（Colin Macmillan Turnbull，1924—1994 年）关于非洲俾格米人的田野调查成果，人类学经典著作。

“是的，”史蒂夫·斯缪恩老师附和道，“我们很高兴丽莎能在这里取得进步。”我忍住不笑。“只要她能坚持下去。”史蒂夫·斯缪恩老师继续说道，然后就出去了。

“在洗碗这件事上，她很不听话。”母亲说道，深深地坐在椅子上。“她在学校里表现好，但并不意味着可以不做家务。”

“我同意。”李·沙尔特老师说道，“在我们家，女孩们都帮忙洗碗，有时还帮着做饭，还有洗衣服、打扫卫生。”

李·沙尔特老师看着我，说：“丽莎，要是你妈妈制定家务安排，你愿意尽力服从安排吗？”

“好。”我应道。我能看出来，听到这句话，母亲如释重负。但是我想跟李·沙尔特老师说明白，我们母女俩的矛盾不在家务活，而是母亲觉得没有得到足够的精神和情感支持。即便当着父亲的面，母亲也将自己的担忧和盘托出。

母亲早就向父亲寻求过帮助，不是金钱，而是时间和精力，她甚至低三下四地求过他。之前她从未有过类似的要求，只是任他来去，看我或不看我，只要他合适，怎么都行。而现在，我已经进入青春期，上了中学，学校离家有一个小时的车程，七点钟开始上课，所以她得五点钟起床，这让她一直睡眠不足。除此之外，还有别的麻烦：有一天，父亲的会计打电话通知她，说父亲不再为她支付医疗费用（此前他已为她付了一年的钱）。她和伊兰正闹矛盾，她辛辛苦苦地照顾着我，我才能在学校有良好表现，可她觉得自己被学校当成了两位家长中逊色的那位。

父亲拒绝了。他说，她如果想要更多帮助，就得让我跟他一起生活。后来他对我说，是学校认为我们母女俩频繁吵架，母亲的脾气越来越暴躁，所以认为我跟他一起生活会更好一些。但母亲认为，父亲如果能多帮帮忙，情况就不会这样。

家长见面会结束后，我希望他俩能多交流一下。我在教室里多待了一会儿，把书籍资料收进书包。他俩走出教室，走到封顶的人行道上。母亲穿着一条长裙，脚上是一双靴子，上身是女装衬衫。父亲穿着白衬衫、羊毛西裤。那一天，海上升起的雾气布满天空。母亲的头发一卷一卷的，父亲刚刚理过发，像黑漆一般。我站在玻璃门后面，看见他俩面对面说着话。我不关心他们在谈什么，只要能一直交谈就好，因为这一幕让我感到平和甚至狂喜。我走出门去，站在他俩旁边。但是他俩都说要回去工作了，就在学校里分开，各自离去。

我和母亲先去买了些日常用品，然后回到家里。这时已是日暮，落日的余晖在公路上印下一条条宽阔的金线。我们下了车，这时，邻居玛格丽特——一位年长的女士，有时候在我放学后照看我——朝我们走了过来。

那段时间，父亲说要为我们母女俩买下当时居住的那栋房子，但房主不愿意卖。我担心等我上大学时母亲还不能有一栋属于自己的房子。我想，趁着父亲尚未改变主意，要么就做做房主的工作，要么就去买一栋价格差不多的房子。但母亲似乎不着急，想必她跟玛格丽特说过我们要买房子的事。

“有一栋房子要卖，”玛格丽特说道，“砖头房，像童话里的房子似的，就在瓦沃勒街（Waverley Street）和桑塔丽塔街（Santa Rita）的拐角处。”那里距我们有四个街区的距离。

“我知道那栋房子，”母亲说道，“就在南希法式乳蛋饼店对面吧？”母亲说的是一位名叫南希·米勒的女士，她卖一种酥皮冷冻乳蛋饼，我和母亲偶尔去吃。她发了大财，都能买一栋意式风格的房子了。

“就是那里，还没挂出去。我猜，你可能想过去看一看。”玛格丽特眨了眨眼睛，说道。

母亲想趁着天还没黑，现在就过去看看。沿着我们家门口的大街一路向北，下坡，在街区前右拐，再经过一个街区，来到第三个街区一角，只见一栋风格别致的砖房立在眼前：屋顶层层叠叠地铺着蓝灰色的瓷砖，铅条窗格玻璃窗，房子的螺旋小尖顶像猪尾巴似的。房子的一侧是一道高墙，跟房子一样，也是砖头砌成，日久已有风化的痕迹，高墙呈弧形围住庭院。在距离房子最远处，高墙上嵌着一扇木门，木门上有拱顶，半腰处是一个铁门闩，跟童话书里一样。

我们从大门向里面看着。“哇哦……”母亲赞叹道。她喜形于色，脸变得红扑扑的，眼睛亮晶晶的，似乎已将其视作我们俩的房子，就像刚喝了几口酒似的有了醉意。

“他不会给我们买的，”我说道，给她泼了点冷水，“这栋房子太好了。”

“他会的，”她反驳道，“他终于要为我们做点事了，真正大方一次。我希望他能办到，别的什么都不要，只要给我们买下这栋房子就好。”

我喜欢父亲当初给我们买那辆奥迪车时的感受，仿佛从天而降的神迹，一下子就改善了我们的生活。

“他不会的，”我再次说道，心里却盼着他能给我们买。这房子如果真成了我们的，会怎么样？母亲一定会过得很幸福。“再说了，咱们怎么买得起家具？”

“到时候再想办法。”她答道。

站在窗外看别人的家，总会令我联想起卖火柴的小女孩的故事。她站在外面的雪地里，一根根地划着火柴，在火焰中幻想一幕幕幸福的场景，直到划光最后一根火柴，第二天早上被人发现冻死。自从得知故事的主人公是个小女孩之后，我就有一种同病相怜的伤感。

几天之后，父亲来我们家，母亲在厨房里做南瓜汤。之前她在电话里跟他说过那栋房子的事，还说她想要那栋房子。他说有空就带房产经纪人过去看看。

“你知道我跟劳伦娜是怎么说的吗？”他问道。

“怎么说的？”母亲问道。

“我说我背着包袱。”他说的包袱，指的是我们母女俩。

“她真聪明。”父亲又对我说了一次，“我跟你说过吗？她长得像克劳迪娅・希弗。”他又开始重复以前说过的话了。他这样很令人沮丧，倒不是因为同一件事、同样的话听两遍令人厌烦，而是因为他第一遍讲述时，激动的样子令我误以为故事是特意讲给我听的。有时候，他告诉我一个秘密，并让我发誓守口如瓶，可后来我却发现，他对每个人都是这样说的。

他拿起一把铁勺子，从锅里舀了一勺尝了尝。“嗯……”他品评道，闭上了眼睛，嘴里的食物还未咽下去，就又问道，“里面加了黄油？”

“加了一点儿。”母亲心不在焉地答道。

他一听，就把嘴里的食物吐在手上，口中发出作呕的声音，又跑到洗手池边漱口。

父亲把瓦沃勒街上的那栋房子买下来了，却是买给自己的。入住之前，他把房子翻新了一下。我跟他去看房子，他一一说着打算换掉的东西：地板、三角形的黄玻璃、院子里的紫藤架……一想到我和母亲曾奢望他给我们买下这栋房子，我就羞愧难当。他跟房东讲了价，最终以 300 万美元买下。房主是个寡妇，她受够了父亲举棋不定的慢性子。买下房子之后，他向母亲转述了买房的经过，说房主最终愿意减价卖房。伍德赛德的那栋房子他仍留着，为了那里的树和地，他打算将房子推平。母亲则认为他不该跟房主讨价还价，还因为他买走了自己心仪的房子而心痛。同时,她又不觉得惊讶,她有一种阿Q精神,遇到伤心事也能笑起来。心仪的房子落空，她很伤心，但这并非意料之外的事，也可以算作一种赞赏：她很有品位，因为是她首先找到了美好的事物。

劳伦娜

劳伦娜搬进了瓦沃勒街上的那栋房子。几周之后的一个周末，我过去看他们。她在二楼，穿着运动服，戴着一个新戒指。“我们订婚了。”她对我说道，伸出手让我看。那是一枚祖母绿切割花样的粉钻。“在他之前，我一共被人求过两次婚。”劳伦娜说道。父亲去杂货店买东西了，回来时，我跑出去迎接他。他从正门走了进来。“我看见劳伦娜的订婚戒指了，”我对他说道，“恭喜你们！”

“那戒指都能换一栋房子了，”他说道，“但我没告诉她。”他似乎担心一旦劳伦娜知道了戒指的价值，就会吓跑。他与我擦肩而过，走进屋里，把刚买来的果汁放进冰箱。

从那之后，有时候，我会趁着父亲和劳伦娜都不在的时候，到瓦沃勒街上那栋房子里去。他们总是不锁门就出去。我穿过一个小门廊进到屋子里，再走到厨房里。阳光照射进来，在厨房的墙上形成一块块大洲样的形状。房子里悄然无声，外面有只鸽子时高时低地叫着，墙上的光影似乎也随之晃动。

厨房的工作台上有一盒椰枣，旁边是一个木盒，里面有一堆樱桃。这些果实都是从附近的一个农场里买来的，据说，世界各地的王室也都吃他们的产品。椰枣和樱桃都有序排列，果肉朝上，上面覆着一层薄薄的蜡纸，像甲壳虫一样油光发亮。

台子上还有一碗熟透的红色杧果。我和母亲每次买杧果时都只买一个，因为太贵，而这里的杧果却似乎吃不完。

我在房子里闲逛，前房主在餐具室里留下了很多罐颜料，还有好几袋子画笔、几个放钉子的空罐、几瓶油彩、一些说明书。说明书都是以斜体草书写在线格纸上。

对我而言，这栋房子似乎是有生命的。我走进通往后院的走廊，看着庭院，我告诉自己，这基本上可以算是我的房子了。因为这是我父亲的房子，而我是他的女儿。我确信自己有权到这里来，但我还是不想被他们发现。

我和母亲住林科纳达的那栋房子。每次有小型地震或者有火车经过，都会发出咔嗒咔嗒的声音，窗玻璃震颤有如唱歌一般。而在这里，却不会有这种情况发生，一切都安安静静的。这里距离火车站有好几个街区，看不到阿尔玛街，也看不到铁轨。房子的墙很厚，圆形的门廊很宽，像西班牙教堂似的。

我握着细铁扶栏，沿石头阶梯来到二楼。扶栏上方有盏长筒状的纸灯笼，在风中轻轻转动。我觉得胸口仿佛吊着一根绳子，拉着我进了劳伦娜的房间。在强烈的好奇心下，我翻看了她的衣橱和五斗柜。长久以来我一直想多了解她，看我能否更像她一些。

两三周之前，我问她："如果让你二选一的话，你会选外套还是内衣？"我是从谢尔·希尔弗斯坦[①]的诗里得来的灵感，这个问题旨在探寻对方的偏好，看其重视的是内在生活还是外在生活，是内心还是外表。

"我不确定，"她答道，"你的意思是，我是选择漂亮的外套还是漂

① Sheldon Alan Silverstein（1932—1999年），20世纪最伟大的绘本作家之一，美国诗人、插画家、剧作家、作曲家、乡村歌手。

亮的内衣？”

“对。”我说道，却已不再相信她的答案能透露其性格。

“那我选漂亮的外套。”她说道。

我没想到她在这个年纪竟然还能劈叉。她为我演示过，真的是一劈到地。我关注她的一举一动，包括说话时使用的词汇，那些词我从未在别人的嘴里听过：gratify, garner, providence, interim, pillage, marauding……一个个从她嘴里蹦出来，像珠宝一样为她的话语锦上添花。她说“marauding”这个词时，会把元音拉长，听起来成熟而自足。她的眼睛是冰蓝色的，很小，眼窝很浅。不知何故，有时候，看着她的眼睛时，我会感到伤心。她说，要是不戴眼镜或隐形眼镜，她就跟瞎了一样，整个世界只剩下轮廓。

劳伦娜的朋友凯特就住在附近。有时候我在这边，她也过来。她俩年龄相仿，都近 30 岁了。她俩有时会谈到某些一无是处的人，每当谈起，劳伦娜就伸出拇指和食指，比画出大写字母“L”[①]。当她说到“loser”这个词时，听她清晰地吐字，我就在想，我千万不要变成一个一无是处的人。劳伦娜的老家在新泽西州，由此我判断，她称人为“loser”时，其实指的是新泽西州的正常人。她俩没有博肯拖鞋，没有宗教导师，也不谈灵魂转世。大约在那段时间，劳伦娜说有个男人在全食食品超市[②]尾随着她，自称是由一只大黄蜂转世而来。

现在，我身在二楼，周围静悄悄的，我想找出她的秘密。我打开她的衣橱，里面有个立式穿衣镜、一个五斗橱、一根用来挂衣服的横杆，是请木匠用浅色木头做的。五斗橱上有两支口红，一支是淡紫色，一支

① loser，废物，一无是处的人。

② 美国最大的天然食品和有机食品零售商。

是亮粉色，都因为多次使用而被磨得又尖又细，顶端几乎要断掉的样子。我拿淡紫色的那支抹了抹嘴唇，润润的，闻着像蜡和香水的混合体。

我打开她放内衣的抽屉，不同颜色的内衣——黑色、白色、肉色——叠在一起，跟我在家里收放内衣的样子一样。抽屉右上角有根象牙色的圈，我将其抽了出来，一团弹性蕾丝在我眼前绽开，原来是一条吊袜带。我知道这是什么东西，我在《花花公子》杂志上见过，但从未见过实物。

第二层抽屉里，有一双炭黑色的羊毛袜，我记得在一张照片上见她穿过。照片是在斯坦福大学广场拍的，照片上，她浅金色的头发垂在脸的两侧，双脚呈丁字而立，一副自信的样子。父亲把这张照片放在办公桌上。母亲喜欢抓拍的照片，我喜欢正面照，像杂志上那样。我想像劳伦娜那样，哪怕现在不行，长大后也可以。

我脱掉裤子，穿上她的短裤。短裤兜住了我的腿，我得一只手抓住裤腰，以防其掉下。我又穿上她的一件无袖衬衫，奶黄色，脖子和袖口有黑色的缝线。我把衬衫下摆塞进短裤里面，接着在镜子里看了看侧面和背面，希望光线和角度的改变能改善视觉效果。我学她照片中的样子，双脚呈丁字而立，我的指甲被咬得不成样子，所以我背着手。

我噘起嘴唇，因为我发现自己跟照片中的劳伦娜全无相似之处。

我把衣服都脱掉，把口红放好，却把吊袜带塞进口袋，接着走下楼梯，来到玻璃走廊，经过餐具室，穿过厨房，走出门去。

纽约的新家

那年春天，父亲邀请我陪他和劳伦娜去纽约。

“她跳舞很棒。”父亲在飞机上对我说道。我们坐的是商务舱，他坐中间，我和劳伦娜分坐两边。他看着她，抚摩她的头发，就像对熟睡的孩子那样。

“哪里，我跳得一般啦。”劳伦娜说道。但我知道，她一定跳得比我好，因为父亲在音乐会上看我跳过一次舞，却从未对人说过我会跳舞一事。

在此之前，劳伦娜抽时间开着白色的大众高尔夫带我出去吃过一顿午饭。她在斯坦福大学商学院上学，那时是她最后一个学期。她似乎很匆忙，开车时不看我，也不跟我说话，只是直视前方，仿佛不知怎样跟小孩子打交道。她跟我妈妈握变速杆的方式不同，她抓得不紧，用手掌根推挡把。她很漂亮，但跟缇娜不同，缇娜不化妆，也对自己的美貌不那么在意。

我们穿过斯坦福购物中心，她走得很快，有点外八字。当天她穿着黑色的山羊皮鞋，上面有金属扣子。“咱们去欧佩拉餐馆（Opera Cafe）吃吧，”她对我说道，“他们做的恺撒鸡肉沙拉很好吃，脂肪很少。”在我听来，此番关于脂肪的话既新颖又迷人，这又是一个精致的世界，此间的女人对摄入的脂肪量很敏感，我也想跻身其中。我不觉得自己胖或瘦，我不常在外吃饭，很想尝尝这里的巨人蛋糕。这种蛋糕体形巨大，仿佛克拉斯·欧登伯格的雕像。我希望除了沙拉之外还能吃些别的东西。

但我们必须得快点吃，连吃甜点的时间都没有。劳伦娜金色的刘海从发际线下呈弧状盖住前额。她拿东西时总是准确而坚定，仿佛在拿之前就已经想好了。我喜欢她平时拿菜单、握方向盘、拿口红的样子。

初到纽约，我觉得这里总有股酵母味儿。空气中混杂着热乎乎的椒盐脆饼干味道，还有汽车尾气、蒸汽的味道。

劳伦娜带我们去了华尔街，在交易大厅里转了转。大学毕业后，她在这里工作过一阵。

“他们经常调换电话。”她说道。她指的是经纪人使用的白色座机，每个座机下面都耷拉着白色的电话线圈。“是恶作剧。把这部电话的听筒放在那部电话上面，这样一来，如果有人有交易要做，匆忙之间抓起话筒拨号，却发现拿错了话筒。”

劳伦娜的朋友谢尔到我们入住的卡莱尔酒店（Carlyle Hotel）里来看她。她肤色浅黑，涂着红色的口红，嗓门很大，带着纽约口音。她站在酒店的钢琴旁边，弹了几下。她们俩谈论的人我都不认识，她们称其为“十足的废物”。

当天下午，父亲说：“我带你们俩去个地方。”我们乘出租车来到一栋高楼，下了车，又乘坐用毯子充当轿厢壁的货运电梯直到顶层，我的耳朵嗡嗡作响。电梯门打开，眼前是一个遍地灰尘、呼呼通风、光线暗淡的空间。

这栋大楼名叫圣雷莫大厦（San Remo），这里是大楼的顶层公寓。公寓仍在装修，几分钟之后我才明白过来，原来这间公寓是父亲的。这里的屋顶比一般公寓的高一倍，地上铺着硬纸板。他揭起一张纸板，让我们看下面的大理石地面。地板是深黑色的，光滑如镜，墙的衬边贴的也是这种。他说，这栋公寓是贝聿铭[①]于1982年设计的，石板若是用光了，就得找一模一样的，否则就得全部换掉，不然就不一致了。大楼已经建了六年，还未完工。

“太棒了。”劳伦娜一边夸赞，一边四下里看着。

除了两侧的窗户之外，公寓里上上下下全是黑色大理石。我用手指擦掉一道灰尘，露出下面亮闪闪的大理石面。我们站在主厅里，只见比

① Ieoh Ming Pei，1917年出生于中国广州，美籍华人建筑师，被誉为“现代建筑的最后大师”，代表作有美国华盛顿特区国家艺廊东厢、法国巴黎罗浮宫扩建工程等。

一般公寓高三倍的屋顶、窗户，壁炉，黑色的墙和地面。楼梯似乎是湿的，从二楼逐级顺下，每一级都比上一级宽一些，仿佛罐中倒出的糖浆。父亲解释说，这是借鉴了米开朗琪罗的楼梯设计。

在这样的地方生活，很难说舒适与否。这里有棱有角，锋芒毕露，像电影中富人的寓所。这里富丽堂皇，与父亲口口声声的反主流文化背道而驰，纯粹为了取悦访客。他开保时捷，穿高档西装，可我相信他以简洁为美。所以，当我看到他公寓的样子时，我很吃惊。或许他的简朴生活观只是对我而言，只是他对我吝啬的借口而已。或许他是两面人，看他穿破洞牛仔裤、吃素、崇尚简朴、住得简陋，我还以为他不在乎物质享受，但他还是难敌炫耀的富人心态。

“这本应是终极版的单身公寓啊，”他伤感地说道，“真好。”

我们走到外面的阳台上，一排石栏像烛台一样将其包围。身在这么高的地方，纽约市内的种种已经全不可闻，风声如被单甩动着。俯瞰下去，中央公园仿佛是挖填的一块绿色。

“景色很好吧？”父亲问我们。

“是啊。”我回答道。

“太漂亮了，史蒂夫！”劳伦娜称赞道。她的声音里带着轻松和喜悦，我也想有这种声音。他搂住了她，而我转头看向一边，如鲠在喉，双脚沉重。

“你真缺心眼”

回家之后不久，我和母亲在商场里买了一个沙发、一把椅子、一个搁脚凳。

儿童用品商店的橱窗里，挂着一对白羽毛制成的翅膀。母亲说:“我小的时候，妈妈告诉我，每个孩子出生时都有翅膀，但被医生剪掉了。肩胛骨就是翅膀根，是不是很奇怪？”

我们经过伍尔沃思[①]，里面摆着一管管西瓜味的唇彩、一包包的美甲。我们经过布拉沃福诺餐馆，我们俩仍然偶尔跟父亲到这里来吃饭。最后，我们走进拉夫罗伦专卖店里，这家店是半敞式布局。水泥花盆跟我的腰一样高，里面种着凤仙花，凤仙花结着绿色圆嘟嘟的种荚，一挤就会爆开，喷出小粒的黄色种子，再恢复成扁平卷曲的样子。

“哎，这个沙发怎么样？你喜欢吗？”母亲问我，她说的是一个双人沙发。我坐上去，垫子没有弹起，而是慢慢地塌下去。

“我喜欢，”我说道，“很贵吧？”

她看了看沙发一侧的价格标签，倒吸一口冷气。

我知道她讨厌现在那个沙发，也就是多年前从父亲家里搬来的那个。要是让她选的话，她绝不会选那个。我想，那个沙发会让她觉得自己的生活里充斥着别人摒弃的东西。

最后，她买下了拉夫罗伦的沙发，以及配套的椅子和搁脚凳，刷的信用卡，这是那时为止我们花的最大一笔钱。为了少花点钱，她没有让店里换新的布面，而是保留了原先的沙发布面。付款过后，我们俩都有点飘飘然，似乎商场也已经与刚才大不相同，对我们不再设限。

我们一定是发财了，我如此想着。否则的话，她怎么会买大件物品呢？她想买一个新沙发的念头已经很久了。但她的钱是从哪里来的？我不知道。我问她时，她总是说没钱，可这一次，她说有。我不敢追问原因，生怕一问美梦就破灭了。她看上去开心而自信，我想，这才是我们

---

① Woolworth's，世界著名零售连锁商店。

在商场里应该有的样子，或许今后也会一直如此。

在香蕉共和国专卖店里，我们俩试了试同款不同尺码的牛仔夹克。这是一款箱型夹克，领子是石青色的灯芯绒。我尽量不喜形于色，我知道不能操之过急。但她把两件都买下来了，两件！与拉夫罗伦的沙发相比，两件夹克不值一提。我们提着沉甸甸的纸袋走出商店。

“你看，”我指着商店橱窗里的一件套头衫和长裙，对她说道。这是一家极简主义的小店，售卖瑞士服装。那件长裙是深灰色的羊绒料，套头衫是褐红色的安哥拉羊毛料，胸前绣着泰迪熊。“这身衣服你穿再合适不过了。”我对她说。若是没有泰迪熊的贴布，那就更好了，我如此想道。

“什么场合穿呢？”她问我。

“都行啊，”我答道，“去参加老师的见面会，去吃午饭、晚饭。”我为母亲设想着别样的生活。

“其实我不是很喜欢。”她犹豫道。

“试试吧，不穿上看不出来。”我在另一家服装店听到了这句话，就现学现用了。她从试衣间里走出来，仍然犹豫不决，但看起来太合适了。我坚持让她买下，售货员也一个劲儿地怂恿，于是她就买下了。

快到家时，我们在一个十字路口的红灯处停下，前面就要转弯去我们的街区。绿灯亮了，她开车转了个弯，却未转回方向盘，于是汽车就又转了 90°，错过了我们的路口，却像是无心之过。“哎呀。”她说着，方向盘还是打到了底。

汽车转了个大圈，又来到刚才停车的地方，可该转弯的时候，她又开过了。

“哎呀，又错了！”她笑道。

她开车转着圈，汽车似乎被卷入旋涡似的。人行道、草坪、树、房子，人行道、草坪、树、房子，反复从我们眼前闪过。

“转！”每到我们家所在的街区路口时，我就大声提醒她。

“我转不了啊。”她应道。周围院子里的灌木丛都长到房子半腰位置，那些房子就像长了络腮胡子的人脸一般，看着我们转圈。我们转啊转，头都晕了。终于，她转对了弯，把车开回了家。

当天晚上，我们在微波炉里加热鸡肉馅饼吃，在电视机前席地而坐，看《经典剧场》(*Masterpiece Theatre*)。我睡觉前，她要读安迪·沃霍[1]的日记给我听。我已经很大了，不想再听睡前故事，但还是听她读了。

几天后，我们在加油站加油，母亲说她喜欢汽油的气味。我开玩笑说：“你真缺心眼。”以前我从未这样说过她。或许我是从《爱丽丝梦游仙境》中的《素甲鱼的故事》里学到的，她经常读书里的片段给我听。话说出口，我希望她能否认，我希望她会生气地回应我：“你好大胆，敢说我缺心眼，我才不是。”可她只是哈哈而笑。

两三个月后，新的沙发、椅子、搁脚凳送来了，都装好了软垫，布面是暗褐色的亚麻，随之而来的还有羽绒衬垫和靠垫。她把旧沙发送人了。那套长裙和套头衫，她搭配着穿过几次，为的是让我看，但不久之后也送人了。她一犯错——比如迷路，再比如她坚称意大利冰激凌跟美国冰激凌一样，或者说不如美国冰激凌好吃……我就会说她缺心眼。每次听到，她总会笑起来。长时间跟父亲和劳伦娜相处，我已接受了他们的一些观点和高雅的生活方式。我去过纽约，我知道低脂食品的重要性，我见过劳伦娜小心而保守地往沙拉调味料里倒油，我知道意大利冰激凌跟美国冰激凌不一样，意大利冰激凌要比美国冰激凌好吃。

① Andy Warhol（1928—1987年），20世纪波普艺术的倡导者和领袖，对波普艺术影响巨大。

有一天，母亲开车带我出去。我发现她的牛仔裤上有块颜料没洗掉，就又对她说："你真缺心眼。"这一次她没有笑，而是哭了起来。她把车停在路边，趴在方向盘上哭。她的反应令我，甚至连她自己都感到诧异。从那以后，我再也没有那样说过她。

父亲结婚了

父亲的婚礼在优胜美地国家公园（Yosemite）的阿赫瓦尼酒店举行。

主持婚礼的人是寇本（Kobun），他是个佛教俗家弟子，我父母都认识他。仪式上，父亲和劳伦娜站在三个平板玻璃窗前，窗外是群山、森林和漫天飞雪。

劳伦娜穿着象牙白色丝绸婚纱，父亲穿着西装，脖子上扎着领结，下面穿牛仔裤。似乎他本人是个拼图，每一部分都是不同风格的衣物。

当天上午，劳伦娜在楼下的酒店大堂里，身穿黑色花朵图案的打底裤，戴着黑框眼镜。我以为，在婚礼之前，新娘是躲着不见人的，因为担心自己不够漂亮，劳伦娜却不这样，我喜欢她跟我们同乐的样子。

寇本安排了几个人在婚礼上致辞，我就是其中之一。

婚礼只邀请了四十位嘉宾。婚礼过后，大家一起在雪中森林里远足，穿的是父亲送给大家当礼物的抓绒上衣。晚宴在一间大厅里举行，一些长方桌呈"U"形摆放，其间会有古典吉他演奏，还放了一束束麦穗做装饰。

母亲未受邀请，但在婚礼前一天，父亲给她打过电话。很多年之后，母亲才把这件事告诉我。得知此事，我甚是惊讶，因为之前我不知道他们俩会保持联系。他俩的关系忽近忽远，我总是无法理解。

父亲在婚礼上致辞。他说，人们相聚相守的原因并非是爱，而是价值观，共同的价值观。这话是说给在场嘉宾和劳伦娜听的，很是生硬，仿佛是演讲，又或者是警示。几个人致辞过后，寇本叫到了我的名字，我朝父亲和劳伦娜走去。他俩站在窗户前面，背后的大雪缓缓而落，仿佛置身雪景球中一般。我手拿发言稿，上面写着：能目睹父母结婚是一种罕有的体验（一个朋友给我出的点子）。我一边向他们走着，一边读着，接着便哭了起来。父亲示意我走近，我抱住他俩，劳伦娜轻声安慰我道："好了，丽莎，乖，别哭了。"

我一直期盼这场婚礼，因为我能吃到美食和蛋糕（形状像拱顶，味道像香蕉），可能会有舞会（结果却没有）。我为婚礼的种种细节、庆祝仪式的各个环节都做好了准备，等到身处这久盼的热闹中时，我却手足无措了。我想成为婚礼的焦点，就像卖火柴的小女孩幻想的某个幸福场景成真。这场婚礼是为我准备的，我是新郎、新娘的女儿，即便劳伦娜不是我的亲生母亲。

婚礼结束后，我怅然若失。我不是这场盛事的焦点，绝大多数合影中都没有我。父亲的心思似乎都在劳伦娜和宾客身上。婚礼之后的晚宴上，劳伦娜坐在桌前，我则站在她的身后，给她的长发编辫子。

后来我溜达到大厅里，在礼品店中闲逛。我找到一个小相册，封面是布做的，看起来像是一块马赛克式树木图案的织锦的一部分。

"请问您是付现金，还是记在房费里面？"以前我偶然得知，酒店的消费可以并入房费里一起结算。售货员似乎很热情，对我的阴谋一无所知。

"记在房费里吧。"我答道。一想到这个相册即将属于我，我就兴奋不已，手掌都出汗了。但父亲在结账时可能会看出来，我希望他会因为忙碌而忽略掉，或者钱太多，不在乎这点儿花销。

在酒店里，我跟父亲的妹妹帕蒂共住一个房间。帕蒂跟他一样，也是领养的。父亲和帕蒂的关系一般，不算亲近。成年之后，他找到了亲生妹妹蒙娜，跟她更亲一些。当然，父亲和帕蒂也没有血缘关系。我因为自己跟帕蒂共住一个房间而感到难过，似乎我跟她才是一类人。

婚礼过后，大多数宾客在星期天就返回了，只有蒙娜和她男友里奇（Richie）多留了一周时间，与父亲及劳伦娜一起过蜜月。蒙娜和里奇下一年在巴德大学举行了婚礼，其间父亲和劳伦娜陪他们一起度了蜜月。可现在，在我看来，如果蒙娜能留下，我没有理由不可以。寇本和他女朋友斯蒂芬妮（Stephanie）也多留了一会儿，打算当天下午离开。

"要是你们不走，我也要留下。"我对父亲说道。

"看情况吧，"他应道，"我考虑一下。"他似乎有些犹豫，他拒绝我时一向干脆，这次却罕见地迟疑了。

几个小时之后，他对我说，我当天下午就得搭寇本和斯蒂芬妮的车回去。

退房之后，离开之前，他在前台为我和帕蒂住的房间结账。帕蒂在大厅的中央桌旁等着，我站在父亲身边。我哪儿都不想去，只想在他身边。

他看了一遍账单，皱起了眉头。

"是你花的？"他指着相册一项问我。

"是帕蒂。"我撒谎道。我怕他，也因为我要离去而伤心，还怕他发现我买了相册而不知说出什么话来。"我劝她别买，可她不听。"

一年多以来，我父母之间断断续续争吵过很多次。父亲的婚礼刚过，一场大战终于爆发。在此之前，我对于他俩的矛盾并不知情，只是感觉到两边家里的关系有些冷，我将之归咎于母亲生活的不易。其实他们争吵的原因是这样的：多年以前，父亲雇了个人负责伍德赛德那栋房子的园丁工作。最近，这个人在父亲瓦沃勒街的房子担任助理园丁，被我母亲发现了。我们认识他，因为几年前我们在波托拉谷租房子住，他就住在那里，负责照料那里的玫瑰。母亲从熟人那里听说这个人的孩子指控他猥亵。母亲怪父亲，说他把这样一个变态放在我的身边，并以此为引子，触发了他们的积怨。多年以前，父亲对我们母女俩置之不理，在我小时候未提供应有的保护，虽然他们未讨论、未解决这件旧事，但已变得彼此友好。而现在，他又一次未尽到保护我的责任，这件事一定是令母亲回想起了他以往的种种冷漠和忽视，于是勃然大怒。他俩一谈到这个话题，她就气得说不出话。她数次要求他辞掉那个园丁，但他不同意。

一天晚上，我独自去父亲在瓦沃勒的房子吃饭。他俩的“决战”爆发了。母亲在外面敲门，我开门一看，只见她气得脸色煞白，我大感意外。我看着他俩争吵，他俩站在门外，站在桑塔丽塔街的私人车道上，就在车旁边。我知道他们是为了那个园丁争吵，却不明白母亲为何如此伤心，在我看来不过是鸡毛蒜皮的小事，她为何如此气急败坏。我当时只希望她快点离开，别在这儿丢人现眼。

“你好大的胆子，你好大的胆子，”她一遍遍絮叨着，哭着，“你答应我要解雇他。”

“不。”父亲拒绝道。他昂首挺胸地站着，无动于衷。父亲看起来样子不错：上身是一件新的黑T恤，下身是一条尚未出现破洞的牛仔裤，母亲则身穿着短裤和网球鞋。

站在父亲身边，母亲显得衣冠不整、褴褛不堪。说话时，她抽泣着，几乎听不出在说什么。回想起来，我满心愧疚：我只想让她表现得文雅安静一些，保持他俩友好和正常的假象。我不想让父亲以为我跟母亲有一丁点儿相似之处。倘若如此，他就不愿要我这个女儿了。母亲看上去简直不可理喻，甚至有些疯癫。我希望她的感受能少一点儿，表达的情感也少一点儿。看到她频频跺脚、面容扭曲的样子，我觉得很丢人。

一会儿过后，母亲回到车里，摔上车门，开走了。父亲耸了耸肩，走回屋里。我跟在他的身后进了屋，继续吃晚饭，假装什么都没发生。

从那以后，父亲就再也没来我们在林科纳达的房子，母亲也再未受邀到瓦沃勒街的家里吃饭。那个园丁仍为父亲工作，父亲和母亲断了来往。

劳伦娜怀孕了

劳伦娜怀孕了，得知这一消息时，我仿佛被扇了一个耳光。我原以为他们暂时不会考虑要孩子，至少几年内不会怀孕生子。虽然我没有明确表达出来，但我以为我就是他们想要的孩子。一栋房子，一男一女一个女儿。现在，婚礼结束了，我们可以享受三口之家的甜蜜生活。

他们俩邀请我过去吃晚饭，晚饭的内容跟往常一样：素食。今晚我们吃的是蔬菜寿司和糙米饭。父亲下班回家时，激情四射地跟劳伦娜亲吻。她正在厨房的工作台前忙活，为了迎合他的吻，她不得不别扭地后仰身子，同时保持身体的平衡，我看着都替她感到脖子疼。过后我提及此事，父亲大笑不止。

他说自己是个接吻高手，很多女人都夸过他。

“你那是吮，不是吻。”我反驳道。

劳伦娜背着父亲朝我扬了扬眉毛，点头以示赞同。

饭后，我们仨来到一个小房间，他俩的神情凝重，我怀疑自己是不是有麻烦了。

我坐在椅子上，劳伦娜坐在搁脚凳上，父亲坐在地上。

“我们要生孩子了。”父亲说道。我看着劳伦娜，向她求证，她点了点头。

时已黄昏，房间里很暗，只有桌上一盏台灯，头顶一盏昏黄的吊灯，再就是窗外湛蓝的天空。

“太棒了。”我说道。我的面部肌肉开始抽搐，已不知道接下来该摆出什么表情，也不知该如何恢复原状。

“我们很高兴。”父亲继续说道，伸出一只胳膊搂住劳伦娜。

我是走路回的家，家里的灯亮着，像两只黄色的眼睛。从远处看去，我们的房子显得越发小了。这个家屁都不是，我的母亲毫不重要。她不是那个家的人，即将到来的小孩也与她无关，她也无法阻止这个小孩的到来。

“他们要生孩子了。”第二天，在车上，我把这个消息告诉了母亲。我们俩都看着车前面，所以她看不到我的正脸。前一天晚上，我憋着没跟她说，在跟她道了晚安之后，我在床上大哭了一阵。现在，跟她坐在车里，我觉得自己跟她太相似了，都是被那个家庭弃之不顾的人。

“好啊。”她应道。

“但我觉得他们还没想好，以前他们从没提过要孩子的事。”我说道。

“这就是结婚的目的，”她解释道，“要孩子。”

这个孩子从出生开始就能得到父亲的承认和接纳，还有一个名副其实的母亲，他很幸运。孩子没什么错，这反而更令我难过。我希望自己能变成那个孩子，劳伦娜是我的生母。很快，劳伦娜的肚子就变得像鼓一样，圆溜溜的，肚皮紧绷着，肚脐眼也凸了出来，像洋娃娃的耳朵。

我去他们家，到父亲的书房里，看见电脑屏幕上显示着孩子的名字——里德·保罗·乔布斯（Reed Paul Jobs），以各种不同的字体占满了屏幕。加拉蒙字体、卡斯龙字体、博多尼字体……他想把孩子的名字起得好一点儿。

弟弟出生了。他的小手抓着我的手指，像蕨类植物的叶子，他的指甲只有一丁点儿大小，指尖是白色的。我太喜欢他了！这是无意识的、情不自禁的。他身上的味道、娇小的身体、完美的脚后跟、皮肤松弛的膝盖……放学后、周末时，我都会去看他。我给他换尿布，我好奇他长大后的样子。他蜷着身子趴着，我发现他后背上有一层绒毛，他的腹部在肋骨下方撑起来，像烤鸡似的。他的脑壳上黑乎乎的，长着一圈黑色直发，仿佛馅饼中间那一块。他的嘴唇是粉色的，肤质也和身体别处不同，就像某种粉色的豆虫蜷缩了身体。穿上尿布，更显得他身材小巧，就像白色的盒子探出纺锤形的大腿，大腿上镶着小脚丫。他的眼睛是灰色的，眼神平淡而空幻，仿佛是从某个智慧的世界投胎而来。

“我不想再这样了”

晚上，信用卡的催债人有时候会打电话过来。“你叫什么名字？”母亲接起电话，皱着眉头说道，“我要你的名字。这个时间你们是不准往家里打电话的，我要投诉你。”

“是谁啊？”她挂断电话后，我问道。那时我还以为电话那边是推销员，后来我才知道，那天我们在拉夫罗伦买的沙发、椅子、搁脚凳，母亲付不了款，因而导致了电话催债。再后来，到我上高中时，母亲已经无法偿还信用卡的债务，继而申请了破产。

伊兰有时候会给她买康乃馨，她则有所抱怨，说他该买高档一点儿的花。后来她告诉我，一天晚上，伊兰说要加班，于是她就买了张票去斯坦福大学看歌剧，却撞见伊兰和一个女人也在那里。随后几年时间里，母亲和伊兰分分合合，有时候吵架，关系时好时坏，最终在我上高中之前他俩彻底分手了。他们俩关系不佳时，母亲跟我吵架的频率也会高起来。

“你注意到伊兰的小指了吗？它们内弯的样子。”有一天，母亲在车里如此问我。我知道，伊兰的两根小指内弯时呈 30°。“这种人都对感情不忠。”

我觉得母亲让我做的事都太无意义，所以不愿意干。不论是扔垃圾还是洗碗，我都觉得丢人且枯燥。所以，干这些家务活时，我总是没精打采、心不在焉，糊弄完事，就跑回自己屋里，我对不能在学习上受到表扬的事都懒得做。一天晚上，我把垃圾拖到房子外面的垃圾桶里扔掉，回到屋里时，母亲仍在厨房里等着我，一副耿耿于怀的样子。

“你看看台子上。”她对我说道。

我去找海绵，但她早将其抓在手里，拧干了水，然后狂暴地将台子上的食物碎屑抹到兜成碗状的另一只手里。

“我要你做的只有两件事，”她说道，“洗碗、擦干净台面。碗、台面，明白吗？”

“对不起，”我道歉道，“下次我一定好好做。”

“不行，从这次开始。”她说道。

“可是你已经打扫干净了。”我说道。

“你得改一改了。”

“我会的，”我答道，“我说到做到，对不起。”

“对不起。”她模仿道，声音如孩子般尖细，“跟个公主似的。”她啐道。

我们俩的争吵越来越多。起初，我还想跟她讲道理，想让她冷静下来，可是后来我发现，她不会改，我们的争吵也不会停止，我就改变了应对态度，只是静静地站在原地听她独自发泄。

之前有几次，我们俩刚开始争吵，家里的电话就响了。她去自己的房间接电话，我能听见她的低语。一般都是她的朋友米歇尔和特里打来的。打完电话之后，她出来跟我道晚安，人已不再生气。我想，我是无辜的，她的不高兴与我无关，只是孤独在作怪。我对此深信不疑，每次她开始发怒，我就这样想。我还将其当成借口，为我懒得洗碗、不愿帮忙做家务、对她傲慢无礼而开解。

“你把我当成使唤丫头吗？”她咬牙切齿地咆哮道。

“好了，妈妈，给你的朋友打个电话吧。”我请求道，“求你了。”

我们俩闹矛盾时，除去我之外，她还会朝另外两个人发火：一个是父亲的会计杰夫·豪森（Jeff Howson），他负责每个月给我们寄来子女抚养费（我将其视作救命稻草）；另一个是寇本，并且受她的攻击越来越重。与这两个人相比，母亲生气时很少会提及父亲，似乎是有赖于其忧伤而古怪的行为，所以只是迁怒父亲身边的人。

“寇本说他会照顾我们，可回头就对我不理不睬，让我自生自灭。”她的声音已经变了样。“那个骗子！”她说道，面露狰狞。

我不知道她是什么意思，但据我所知，寇本跟我们并无多少来往。他是个佛教禅宗的俗家弟子，我的父母都认识他，他主持了父亲的婚礼，是个寡言少语的人。

后来我才知道，母亲的母亲得了精神病，而我又对她不闻不问，所以，在意外怀孕之后，她就去找寇本求助，问他该怎么办。

“把孩子生下来，”寇本建议道，“如果你需要帮助，就来找我。”可在随后那些年里，他从未伸过援手。当时，他对我母亲承诺最多，也貌似最值得信赖。当时，我那年轻的父亲也向寇本求助，寇本对他说，如果生下来是个男孩儿，那他就是父亲的灵魂传人，他应该接纳他、养育他。后来母亲把我生了下来，她从周围人那里得知，因为我是女孩儿，所以寇本对父亲说，他没有义务照料我们母女。

第二天晚上，我和母亲又因为同样的事争吵起来。

“哦，我真可怜，我真可怜。”她又用孩子的口吻讽刺道，接着口气一变，怒吼道，“你根本不知道我为你付出了多少！”

“我一定会好好表现，”我说道，“我会去洗碗，不再有一点儿抱怨，我会去收拾台子。”她让我使劲擦拭台面，还抓着我的手，将我的手压在台子边缘，以接住抹下来的食物碎屑。

“我说的不是台子，你这个死孩子什么都不懂！我说的是这该死的生活。”说着，她抽泣起来，吸气时很猛，像风箱一样。

我静静地站在她身边，不为所动，心中毫无波澜。我站立的样子仿佛巴伦公园（Barron Park）的一栋房子，那栋房子被拆得只留正面。所以，除了正面之外，从哪个角度看过去都空无一物，没有房间、没有墙、没有物品。

“真对不起，”我道歉道，“真的。”

“道歉有个屁用！”她吼道，“你得做啊，现在就得做！”

说话时，她用力拍打着台子旁边的碗柜，发出啪啪的声音。她又深吸了一口气，却像得了哮喘似的，似乎难以呼吸。

“你知道我是什么吗？”她继续吼道，“我就是个冤大头！我为你付出了一切，可根本就没人在乎！”说最后一句话时，她拉长了音，“没——人——在乎”，而且声音粗哑。我敢肯定，整个安静的街道上所有邻居都能听见。

“我狗屁不如，”她嘶吼道，哭了起来，“先是跟我父母，现在是你和史蒂夫。这就是我，狗屁不是！”

她打开了厨房里的一盏灯。这是我们吵架过程中不常见的事，在我们相安无事的夜晚，我们会把其他房间里的灯也都打开，我们的房子也会像别家的房子一样灯火通明。

“不，你不是的。”我说道，面无表情。我站得脚疼。

“该死的老天爷！该死的这个世界！”她伸出两根中指，指着天花板咒骂道。

她走到纱门处，背倚纱门滑了下去，双手抱头蹲在门口。每次吵架结束时，她都会这样。

“我不想再这样了。”她边说着，边轻声地哭泣着。

听她的意思，仿佛她消极的心态并非顽疾，而是刚刚萌生的，就像走着走着突然崴了脚一样。

没有了她，也就没有了我，只剩下虚无。

我在她身边蹲下，一只手搭在她的胳膊上，问她：“你说不想这样了，什么意思？”

“这种生活，”她抽泣道，“我不想再这样过下去了。你不知道我是怎么熬过来的，你不知道我是怎么独自一人把你拉扯大的。我尽力了，可没有几个人给我支持，我活得太难了！”

每次和母亲吵完架，都如同走完一次漫长而累人的旅途，让人身心疲惫、头晕眼花。直到我又听到了周围的声音，又闻到了身边的气味，魂魄才得以重返躯壳。

她仍坐在纱门前的地上，这次争吵结束了，她不再愤怒，只留悲伤。看她在风暴过后脆弱挫败的样子，我都心中不忍，我无法想象，刚才自己怎么会对她有恶毒的念头。

看着母亲消沉的状态，我不禁幻想着父亲家里的情形。在干净、洁白、尚未有几件家具的房间里闲逛，随意品尝碗里的各种水果。劳伦娜开了一家自然食品公司，名叫“泰拉薇拉”（TerraVera），用亚美尼亚式全麦面包制作素食三明治。跟她合伙的是一个商学院的小个子男人，他似乎对她有意思。晚饭之前，她回到家里，我问她当天过得怎样，她总是心情愉悦。她一头金发，背着小皮包，包里装着各种文件资料。她的牛仔裤的两条裤管不一样长，脚踝上的裤脚磨边也不一样高，她的脚踝露了出来，仿佛铃铛的舌头。

大约就在那时，我开始学着走路略带外八字。其实不走路时，我的脚是直指向前的。这样走路感觉大不一样，让我更自信、更从容。

我和母亲的争吵又持续了几个月，频率越来越高，很快就变成了每晚必吵，一吵就是几个小时。跟母亲在一起而她未发作时，我总在观察她的脸色，以防她突然爆发。

倘若争吵太过激烈，过后我就会跟史蒂夫·斯缪恩和李·沙尔特两位老师说。此举令母亲甚为担心，怕别人说她坏话，继而在吵架时把李·沙尔特老师也牵扯进来，嘲讽我总是跑去向她抱怨。

吵架时，她用手捶墙，伤了手，疼得大喊大叫，脸上都凸起了血管，脖子上暴出青筋。她还摔门，她眼下挂着黑色的眼袋。有几次，她还抓着我的胳膊使劲晃。

“我不该把你生下来，”一个星期六下午，吵架行将结束，她如此说道，“生孩子是个错误。”她哭着说道，没有看我，接着站起身来，去了她自己的房间，关上了门。

我知道，别的家长不会如此对待孩子。我迷惑不解，若是我毁了她的人生，那她为何总是形影不离地一个个房间地跟着我，仿佛被链子拴住似的？

有一天，我蹑手蹑脚地快步走出前门，下了台阶，穿过草坪，走到林科纳达街上，朝爱默生路走去。

当时是傍晚，四下无人，很安静。一栋栋房子如同僵化的人脸，私人车道上的汽车来来往往。当时我穿着裙子和平底鞋，我快步走到街角，时而回头看看，生怕母亲追来。她或许还在自己的房间里，甚至根本没有发觉我已经偷跑出来。

我向东拐，向南拐，又向东拐，朝内河码头（Embarcadero）走去，朝 101 高速路走去。走过街角之后，我可以直行也可以转弯，她都不能轻易找到我了。我长舒一口气，我感到前所未有的兴奋和自在，双膝都因兴奋而颤抖，这种感觉不仅仅是逃离的快乐，而是如释重负。

我心情轻松，又恢复了自我，又能感觉到空气与身体外表的接触。

我看了看自己的手掌。掌纹算命很准：我的左手掌纹就像错综复杂的树枝，没有一根是清晰独立的。右手掌纹同样混乱，只有生命线清晰一些。我知道掌纹里的空格不是好兆头，但如何判定厄运何时发生、怎么能判断出我处在生命线的什么位置？即便我暂时远离了母亲，可我还是深受她的影响。

走了一会儿，我的尿意来袭。旁边有一栋西班牙风格的浅灰色房子，圆形窗户有一人高，房前的草坪上种着一丛玫瑰花。我两边看了看，没有人，于是迅速地在花丛下面解决了问题。

我四处闲逛，直到日暮。我感觉自己出来好几个小时了，无事可干，只好回家。

离家还有一个街区时，我就看到家门前的草坪上有人，还听到鸣虫似的声音：是对讲机，时而说话，时而发出沙沙的静电声。家里的前窗都亮着灯，还有手电筒照来照去，门前停着一辆警车。

离家还有半个街区时，一位身穿制服的女警看到了我，就向我快步走来。母亲双脚分开站在草坪上，双臂在胸前交叉。

“回来了。”她对我说道。

“啊。”我应道。

她小心翼翼地走到我近旁。

女警跟母亲说话，一位男警远远地站着，在对讲机里说着什么，眼睛看向别处。

“谢谢你们。”母亲说道，朝女警点头致意。女警也点了点头，然后就向警车走去。

“你不该这样，”警车走后，母亲对我说道，“你不可以离家出走。”

“你不该吼我。”我昂首挺胸，像她那样双脚分开站着，不知道从哪里来的勇气。

“对不起，我不该吼你。”她道歉道。

当天晚上，在我上床之后，母亲到我的房间里。她洗了脸，俯下身对我说道：“对不起。”她身上有肥皂的香味。“你饿吗？”

“有一点儿。”我答道。

她到厨房里切了点苹果和奶酪，用盘子端到我床上。我们俩倚着枕头，腿盖着被子，一起吃东西。“你会跟别人说吧，”她说道，“把我说成一个可怕的人。你会告诉李·沙尔特老师。”

“不，不会的。”我满怀同情地说道。

第二天上午，我找到李·沙尔特老师，她正在大教室的屏风后面。

“老师，你看。”我对她说道，让她看我前臂上污泥一样的一块瘀青。“她还跟我说，说不该把我生下来。”

“她不该说那种话，”李·沙尔特老师安慰我道，“她不是那个意思。”

“她跟我吵了好几个小时，”我又说道，“等吵完了，天已经很晚了，我没法静下心来写作业。我从家里跑了出去，但过了一会儿我又回去了。”

最近，母亲吃饭时总会喝点酒。

“她还喝酒。”我继续告状。

“真的？多少？”

“一杯，有几个晚上喝了。”我模棱两可地答道。

李·沙尔特老师脸色变了，我知道这一细节并不像其他几件事那样有说服力。

“不算多。”她说道，“但你得考虑一下期末考试期间你住在哪里，赴日的研学旅行很快就要到了。”接下来的一周，我住在凯特家里，在伯灵格姆（Burlingame）。星期一早晨，母亲送我去上学，我随身带了过夜物品。她说她也需要静静心。放学时，凯特的母亲把我接走了。她身材高大，眼镜用一长串细串珠项链挂住，走动时发出悦耳的窸窣声。

“嗯，真是小巧玲珑，好东西不在个儿大嘛。”到她家时，在铺着白瓷砖的厨房里，她俯身细细地打量着我，如此说道。

“谢谢你。”我应道，却突然意识到，跟他们相比，我是多么渺小。

日本之行

研学旅行开始了，我们坐飞机去了日本京都，住在带栅门的寺院里。女生住一个房间，男生住一个房间，老师住一个房间。我们睡的是日式榻榻米，早上起床后把东西叠好，放进障子后面的橱柜里，晚上再取出来，铺好睡觉。

早晨，我们跪坐在四面环树的庭院里的桌边吃早餐。第二天吃早餐时，我们发现米饭里夹杂着很小的银鱼。

我们每个人的花销明细要跟研学经历写在同一个日记本里。随着花销增多，我将其分散地记在不同页里，次序也打乱了，其中包括第一天在比睿山[①]山顶的寺庙里，我花了300日元许了个愿。如此一来，活动结束时，在我这里，原本易于算清的花销情况就因为分散地藏在不同页而变得难以计算。

在寺庙里，很多日本女孩儿笑嘻嘻地走到我们面前，跟我们合影留念。她们笑的时候，总是掩着嘴。快门按下之前，她们会在彼此脑后摆出耳朵手势。我买了几张许愿卡，把心愿写在上面，再将其塞进黄岗岩的一个入口里，僧人以后会将其烧掉。

我们去了池田[②]，在那里待了一周时间。一天晚上，我们去澡堂洗澡。进澡堂时，我们拿着毛巾遮羞，但我发现自己并不觉得难为情，泡在池子里，似乎也露不出什么。

澡堂很大，共有三个不同的浴池，后面有间桑拿室，散发出热乎乎的带着檀香味的蒸汽。一个热水池，一个冷水池，一间桑拿室，里面的一个电炉篦发出清脆的鸣声。澡堂里有很多年轻女人，还有身材很瘦的老妇，后者皮肤松弛，皮薄骨凸。热水池里，女人们都用毛巾遮住胸部，倚在池壁上闭目养神。

泡了几个小时之后，我们离开浴池，经过金属检票口，走进外面的

---

① 也叫比叡山，别称天台山，日本的七高山之一。位于日本京都府京都市东北隅的山岳，由大比睿岳和四明岳所组成，自传法大师最澄由唐朝回国后，就一直是日本天台宗山门派的总本山。

② 位于日本近畿地方并属大阪府的城市。

夜里。我的身体还带着池水的热度，感觉不到夜的凉。大家身上都热腾腾地冒着水蒸气。

旅行临近结束时，我们去了广岛。博物馆昏暗的走廊里，两侧是被灯光照亮的展柜，展柜里放着一些盒子，盒子里装着指甲、头发、烧焦的和服残片等物，还有一些黑白照片，照片上是痛哭的遗孤。核弹爆炸时，有些孩子眨眼间就变成气体了，活下来的，也因为受了辐射而在随后几周时间里掉头发、掉指甲，甚至掉手指头。核爆的冲击波犹如龙卷风，风吹着辐射四处乱飞，所到之处尽是死亡和病痛。

在学校时，我读到一本讲述当时情况的书。核弹爆炸时，一对母女正在桥上，女儿眨眼间就变成了地上一摊淡黑色的黏稠物，母亲则变得一丝不挂，皮肤被烙上和服上的花朵图案。那幅景象在我脑海中久久不能忘怀。

当天下午，有几个学生去了核爆的中心地带。那片地区被围栏围着，里面有栋残存的旧楼。几条水泥长凳正对围栏区域，长凳四周摆着花盆，再向外是沥青路，路旁种着悬铃木，树干斑驳，落叶如卷起的手掌。

我从旁边的便利店里买了一盘鳗鱼饭，坐在长凳上边吃边看。围栏里面是一大片草坪，残存的旧楼四周有一大片土地，是我在日本见过的除寺院之外最为广阔的。我继而想起了帕洛阿尔托郊外皇家大道旁边建筑物之间的大片荒地，那里都是杂草丛生。

遗址正中是一栋只剩框架的楼，上面是一个钢板做成的弧形穹顶，像脚手架，又像裁缝用的人体模型。核弹落下的那个上午，这栋楼还好好的，可一转眼就只剩下了油漆和灰泥包裹的骨架，如同一片树叶只剩褐色的叶脉。因为处于核弹引爆点正下方不远处，爆炸时并未承受过多横向冲击波，所以其垂直结构得以保全。

离开广岛之后，我们去了郊区一个小镇。我们住在一栋低矮的平房里，中间是个会客厅。我们此行去过很多山寺，山色葱茏，空气中是泥煤和雨的味道。我们也乘坐了子弹头列车，其行驶之平稳，令人感觉不到移动。

我想起母亲，又想起我们的争吵。与她相离，让我备感轻松。但我知道，一旦我回到家里，战火必将重燃。

到郊区的第二天，我们的研学旅行已近尾声。这天，一个人走进门来，进了会客厅。片刻过后我才认出来人是谁：是我父亲，他光着脚，甩了甩头发。

“史蒂夫？”我打招呼道。

“嗨，丽莎。”他笑着应道。同学们都看着我们俩。“我过来出差，就在附近，所以过来看看你。”

“你怎么知道我在这儿？”他到日本出差只去东京和京都，而我们这里离两处地方都很远。

“我自有办法。”他答道。

我看了看李・沙尔特老师，她朝我眨了眨眼睛。

他真年轻，真帅。我心情雀跃，如同当初在杂志封面看到他的照片时一样。

当天下午，老师给我放了假，不必参加班里的活动。老师和同学们都出去了，我和父亲待在一个房间里。米纸纱窗、一扇窗、榻榻米上几个靠枕。我抚着靠枕上的图案：丛丛芦苇呈鱼脊排列，闪闪发光。跟他在一起时总是以尴尬开局，就像跟心仪的男生相处一样，两人彼此喜欢，却不知该说什么。

“你能过来看我，我很高兴。”我说道。

“我也是，丽莎。我想陪你玩几天。”

不一会儿，我坐到了父亲的腿上。我其实岁数不小了（那时我刚过14岁生日），不该再坐到大人腿上，但我发育得晚，身材尚小，有时候我也坐在母亲腿上。坐在母亲腿上时，我会在无意间把坐骨嵌到她的腿里，但我不想对父亲这样，我跟他还不是很熟，所以，我小心翼翼地弯腰坐着。

我微微颤抖，是因为害怕，还是激动？我说不清。我怕他，但同时又感到一种触电般的爱，我希望他没有发现我又红又烫的脸颊。我一直盼着能跟父亲如此亲密，现在终于如愿以偿了。就我的理解，“有父亲”并非是件稀松平常之事，而是上天眷顾。我们俩单独相处的时间并非一贯流畅，而是像手翻书[①]一样断断续续的。

孩子跟父亲的关系应该是多么亲密？我想扑进他的怀里，再也不跟他分开。跟他在一起时，我总是手足无措，别的女生应该早就知道这种感觉了。

身在清冷而安静的寺庙环抱中，我感觉自己已经超越了本体，变成了某个宏大而至善的系统或计划的一部分。我不知道旅行结束后该如何与母亲一起生活，父亲会说我可以跟他住在一起吗？

“你信神吗？”我问他，我想知道父亲是否跟我一样受到了周围寺庙的感染。我害怕他会拒绝，所以不敢问能否跟他一起生活。我要用普通小女孩不具备的巨大好奇心打动他，使他分心。

“信，但不是那种普通的信仰。”他答道，“我相信冥冥之中存在一些东西，某种意识，就像车轮一样。”说着，他站起身来，我也从他腿上下来。他蹲在地上，用手指在榻榻米上画了个圆，又在其中画了个小圆。我也蹲了下来，心跳得厉害。就是这种感觉！我还要更多！于他而

① 多张连续动作图片装订而成的小册子，快速翻动时，因视觉暂留而感觉图像动了起来。

言，跟我讲解这些事，是因为他感兴趣，能阐述心中所想，同时知道我能理解，因为我是他的女儿。“车轮在不同位置会有节点，外面一圈有超凡的东西，外圈和内圈能相连相通，”说着，他在内外两个圈之间画了两根辐条，“我不知道我能不能讲得通。”

似乎他自己也迷惑不解。“总之，道理是很简单的。”他总结道。

当天晚上，我在日记中写道：“有些事情，我跟他说了，它们就活了。不说，它们就永远不存在。”

“我心里如小鹿乱撞。”我如此描述道。

随后，父亲跟我们一起骑自行车去了一座宁静的小镇。民宅、商店都是乌木建造，四周稻田环绕，小山上也开垦了梯田。我们去了一家荞麦面馆[①]，在里面的包厢椅子上坐了下来。我点了碗油豆腐皮乌冬面：一碗肉汤清澈见底，能看见碗底的宽面条，上面漂着几粒白丸子，还有一块炸豆腐，就像褐色池塘水底的白石。他点了荞麦凉面和蘸酱。

“丽莎，我能跟你借点日元吗？”他问道。他这次从东京过来，身上只带了美元。

“行啊。”我应道。我从母亲给我的钱里分了一些给他。这笔钱的数目是老师建议家长给的，老师们算好了此行数天的自由花销，包括午饭、零食、许愿符、交通费等。

“我走之前还给你。”他说道。

午饭过后，我们去了一家银行。他将从那里乘火车返回东京。日本的房屋都很小，但都很通气。商店的漆柜中，分而置之的食物因光线而明亮，街旁的弹球游戏店里传来叮叮当当的声音……一切都与美国大不相同，令人耳目一新。但这家银行与加利福尼亚州的大银行并无二

① 一种日本面条，由荞麦面粉制成。

致：地上铺着地毯，铜扣红绳拉起一米线，隔开排队的人。一队人正等着在自动取款机上取钱。父亲跟防弹玻璃后的工作人员交涉了一番，后者数给他一沓钱。“给你。”他递给我一张纸币，其面额是我平生仅见：10000日元！此行，我一共带了两万多日元，他一下子就给了我这么多。别的钱都皱巴巴的，他的却很平整。“孩子，对不起，我没有小面额的钱。”

“哇！谢谢。”随后我们互相道别，我把父亲给我的钱放进口袋，心情好得不得了。

我用这些钱给父亲和劳伦娜买了礼物，其中包括一套四个的瓷碗：四种不同的釉彩，小而薄，分别放在盒子的四个小隔间里。另外一件礼物是放在长方形纸盒里的松香味的香，售货员说这叫“雪松”。售货员收过那张大钞，鞠躬，找给我很多小面额的纸币。我给母亲买了一件浴衣[①]，S码，靛蓝色，上面有展开的白色折扇图案，配有同样布料的束腰。浴衣用塑料玻璃纸袋子包装，比我给父亲和劳伦娜买的礼物稍稍便宜一点儿。

“你给他们买的礼物是不是比我的好？”母亲问我。我们俩在她的卧室里，我从行李箱里把浴衣拿出来给她，仍然用玻璃纸包着。

“不是，我给你们买的东西不一样，没有好坏之分。”

“但是你为他们花的钱更多。”她说。她是怎么知道的？我本该给母亲买三个人当中最好的礼物，因为她的钱很少，又没有机会给自己买。

“我喜欢这件浴衣，你穿在身上一定很好看。”我说道。她未脱衣服就直接把浴衣套上，我坐在床上看着她。

“我不喜欢这种束带的衣服，”她说，“太大了。不管怎样，我是你妈妈，你应该对我更好一些。”

---

① 一种轻便的和服，常为浴后或泡温泉后穿着，或在夏季的祭礼、节日、烟花大会时外穿。

“这是S号，”我解释道，“我对你好……”

“你给他们买了什么？”她打断了我的话。

我给父亲和劳伦娜买的礼物更贵，是因为我担心他们不关心我，我想让他们喜欢我，甚至爱我。跟他俩在一起时，我缺少被爱感和归属感。我在他们家的地位既不稳固又不重要，他们从不过问我的事，也不像母亲那样对我感兴趣，所以我渴望取悦他们，我尽力表现得跟母亲不同，以防他们认为有其母必有其女……可这些理由我怎么能向母亲说呢？

我知道，即便母亲时常朝我发火，但她是爱我的，但我从来不知道父亲和劳伦娜是否也爱我。

弟弟里德

里德六个月大了。从日本回来之后，未出一周，我就过去探望他们。父亲让我给里德换尿布。“丽莎，这是家庭成员应该做的，”他说道，“你很久没给他换尿布了。”

我背起弟弟，穿过走廊里的落地双扇玻璃门，经过石板楼梯的拐角处，边走边小心翼翼地抓着栏杆扶手。二楼房间的地板都被父亲换成了花旗松木地板，与原先的地板相比更明亮，也更软一些。父亲请木匠为弟弟的房间打了一套橱柜，用的也是花旗松，橱柜的一边连着高高的婴儿换衣台。

我把弟弟放在台面上，解开尿布，为他擦干净身子，然后像往常一样转身去拿新尿布。

我在日本的三周时间里，里德学会了翻身，可没有人告诉过我。我听见他的脑袋咚的一声磕在地板上。我转身低头一看，只见他仰卧在地上。片刻时间，一切仿佛都静止了，我以为他可能不会哭出来，这样父亲和劳伦娜就不会发觉，一切如故。可片刻过后，里德开始号啕大哭起来。我把他抱在怀里，同时听到父亲和劳伦娜光着脚从楼下的厨房跑上来。

在去医院的路上，劳伦娜给里德喂奶。我跟她坐在后座上，希望能多少帮上点忙，我希望时间能跳回里德摔下之前。

父亲开着车，一言不发。一会儿过后，他终于开口了，语带怨恨却很平静："丽莎，你应该学着明白自己的行为会给别人造成什么样的影响。"可覆水难收，我一直都想保护好里德，可这个错一出，我就万劫不复，先前和今后都被一笔抹杀了。

可婴儿换衣台上既没有边，也没有护栏，褥子也是平铺的，当时还没有那种中间凹四周高的泡沫垫，而新尿布叠着放在一边，我就算伸手也拿不到……

"对不起，"我说道，"真对不起。"

搬去跟父亲一起生活

"你考虑一下，愿不愿意过来跟我们住。"两三个月后，父亲对我如此说道。当时我们坐在他的奔驰车里，正在去他家的路上，我们刚从商店里买了些奥德瓦拉（Odwalla）苹果汁。我和母亲早就谈过，彼此都需要一点儿空间，在吵架的间歇期，我们意识到，不能总这样吵吵闹闹地过日子了，她说自己需要静一静。

父亲的话说得很严肃，仿佛是我做错了事一样。我曾担心，弟弟出生以后，他们不愿让我跟他们一起生活，可他们多次让我给弟弟换尿布，甚至多次在晚上外出时让我照看弟弟（那时初中已近结束，暑假开始了）。

这正是我期盼的事，真是天遂人愿，父亲让我跟他一起生活。可从他的语气里，我听不出激动或高兴。

“好，”我应道，“我愿意跟你们住，暂时的。如果你们愿意的话。”我想，如果我搬去跟他一起生活，我们父女俩会一起看老照片，追忆往昔，就像临考前抢时间复习一样，恶补以往的种种故事。还有，住在一栋大房子里，有一个正常的家，也是一件新奇的事。我是他的女儿，就像《冬天的故事》中的潘狄塔一样，多年之后重返父亲身边。我自以为品格高贵，从某个角度来看，或许还漂亮且优秀，他会看到并认可我所有的优点。这简直太棒了！我会有穿不完的衣服，吃不完的水果。

后来我才知道，初中行将结束，而我跟母亲的矛盾已近白热化时，学校给父亲打过电话，说如果他不收留我的话，那么学校就会联系社会服务，对我进行托管。我不知道这件事是真是假，但无论如何，在这种说法下，他终于在多年之后成了我的救星。

“不是暂时的，”他说道，“如果你想跟我们住，就得做出选择：是要你妈妈还是要我们，我需要你真正给这个家一个机会。如果你选择跟我们住，那就要承诺半年内不跟你妈妈见面。你得真的离开她。”他如此说道。我不能两头来回跑，这样他是不会接受的。他认为彻底了断才是正确的做法。母亲不同意，但父亲是强势的一方，这是他的条件，如果不接受，我就不能跟他一起生活。当时已临近暑假，也就是说，如果我同意父亲的条件，我将在 12 月之前不能见到母亲，“否则的话就免谈。”他如此说道。

“我想跟你一起住。”我信誓旦旦地说。

“你刚刚做出了一个重大的抉择，”他一本正经地说道，“这是你人生的重要转折点，是成熟的表现。”

“我要离开母亲了”，我将这句话大声说了出来。我觉得头重脚轻，心有愧疚，已近麻木。或许，这就是我搬去跟父亲一起生活之后久久不能释怀的愧疚，有时甚至会令我迈不开腿走路的根源所在：我耗尽了母亲的青春和活力，把她逼得无休止地焦虑，孑然一身、孤立无援。现在我在学校里蒸蒸日上，深得老师喜爱，却在这时一脚把她踹开，选择了那个当初抛弃我们的人。她给我读故事听，告诫我不要被事物的表象所迷惑，而我却抛弃了她，为自己选择了更好的生活环境。

我们从瓦沃勒街拐到桑塔丽塔街，来到父亲家的私人车道上。豪车、年轻英俊的父亲、帕洛阿尔托最漂亮的房子……以上种种因素构成了一张图。当我身在其中时，我知道自己是其中的一部分，却又像是站在画外看它。从表面上看，看不出对我忘恩负义的指责，而能在富足的条件中轻松生活，将会是一件惬意无比的事。只要图画漂亮就行了，不必在乎别人怎么想，不必和颜相对或者给她点补偿，我如此想道。这时父亲抓起苹果汁桶的把手，穿过大门，向房子走去。

“我为你骄傲。”他对我说道。

第六章　小王国

和母亲分离

几周过后，在六月的一个工作日的早晨，我和母亲把我的东西打包好，她开车把我送到父亲家。从我们家到父亲的家有三个街区，路上只需拐一个弯：直走两个街区右拐，再经过一个街区就到了。

她把车停在桑塔丽塔街的悬铃木树荫下。我们俩走过正面的铁门，上面的金属铃铛叮当作响。我知道我们母女俩不能同时属于这里，虽然没人明说。侧门没锁，“有人吗？”我高声问道，没人回话。父亲去NeXT上班了，劳伦娜去泰拉薇拉上班了，弟弟里德一定是跟保姆卡门出去玩了——她通常会在工作日的上午九点钟到下午五点钟照看他。

我和母亲走进屋里，房子里又潮又凉，跟在大树的树荫下似的。

“跟我来。”我对母亲说道。我们俩在拱顶走廊里左转，又在第一个门处左转，进了我的新卧室。

房间是四方形，砖墙刷了白漆，一扇窗户正对着外面的玫瑰花园和私人车道。粗大的屋梁上挂着盒形的米纸灯笼，向上伸手就能够到。木架上铺着日式床垫，屋里还有一张书桌、一个五斗橱，旁边是个卫生间，里面铺着绿色的瓷砖。这看起来不像是我的房间。我不想碰房间里的东西，不愿在这张床上睡觉，不愿在这个卫生间里洗澡。我之所以选择它，是因为这个房间离厨房近。因为要喂我弟弟吃饭，父亲一家在厨房里一起待的时间最多，我想尽量离父亲、离劳伦娜、离弟弟近一点儿。

我第一次看到父亲装修的房子时（那时他还没结婚），我就跟他说，我想要他们卧室隔壁的房间。我躺在那个房间的地板上，幻想着它是我的，两侧开窗，还有个拱形排风罩壁炉。壁炉是砖头砌成的，上面刷了漆。我喜欢外面的光线进入房间的样子，也喜欢跟他们的房间紧挨着。可父亲说："你不能要这间。"接着又解释道，"我们打算把两间打通。"那时我还没想到劳伦娜怀孕与此有关，也不知道他说的"打通"是什么意思。待我追问时，他只是说道："抱歉了，孩子。"后来，就在我入住之前，弟弟已经出生，就住在我原先选的这间卧室里。父亲说我也可以在这栋房子里留一间卧室，就在剩下的两间里面选。两间卧室都离他们很远，一间位于又长又暗而且散发着霉味的走廊尽头，下面就是车库。另一间则在楼下，靠近厨房。

"挺小的，"母亲说，"但是景色不错，我喜欢这种瓷砖。"多年以来，她总是喜欢陶瓷砖和墨西哥瓷砖。

她又去了走廊尽头的另一个房间看了看。我开始担心，怕我们俩被人撞见——突然，正门被打开，父亲和劳伦娜走了进来，发现我和母亲在一起。我希望她能快一点儿，可又不愿她走，我希望母亲能留在我身边保护我。

"家具还是不多啊。"母亲感叹道，声音在走廊里回荡。

"我知道。"我应道，"希望他们能买个沙发什么的。"大多数房间都是空着的，声音在房子里畅通无阻，在窗玻璃和砖墙之间回荡，既不会削弱，也不会消失。在我在此生活的几年时间里，我一直盼着这里的家具能多一点儿，期盼最后演变为狂热的渴望，渴望这里能像别人家那样一应俱全。

“好吧。”母亲说道。她站在我的房门外，泪眼婆娑。“我会想你的，希望这样的安排是为你好。”我们拥抱在一起。“不用担心，我会好好的。”

“你要去希腊了。”我说道。

“是啊，我很期待。”她应道。她伤心时，皮肤会变得很有光泽，似乎有背光在照射一样。

“真好。”我说道。

当年 10 月，母亲去欧洲旅行了三个星期，去了意大利和希腊。这是父亲承诺她的，作为让我搬出来的补偿，父亲还给了她 1 万美元。

她要独自去旅行了，去威尼斯，还要去希腊享受瑜伽静修。从我搬出去开始，母亲才第一次接触瑜伽，但她在不到一年的时间里就成了进修生。

后来她告诉我，她在欧洲旅行期间很孤独。到威尼斯的当天晚上她就哭了——那里几乎没有街道，全都是水，简直荒谬！可当第二天早晨，她拉开窗帘，打开百叶窗，又打开窗户，眼前是朝阳里波光粼粼的大运河，那景色真的美极了。在希腊，每天晚饭时她都拒绝吃希腊式沙拉，因为前一天真的吃够了，可到了第二天午饭时，她又馋得不得了，很想再吃一份。

在随后几个月里，我平生第一次跟母亲没有联系。我不知道她的近况，我心里满是愧疚，像一块巨石压在胸口。我犯下了一些大错，但又记不太清了。抛弃了自己的母亲？摔伤了自己的弟弟？有时候我连话都不敢说，生怕说错，生怕一丁点儿细微的错误就会伤害到别人。

我跟着母亲走出屋外，站在门口送她走。她走到大门口，回头朝我挥了挥手，仿佛刺眼的白光下有一只鸟在拍打着翅膀。

我和母亲答应了父亲的条件。我觉得，对十三年来少有几天分离的母女俩来说，他的禁令实在过于严苛，而且，一个新家庭的建立并不等于旧家庭的消亡。同时，我也偷偷地感到如释重负，这为我提供了一个完美的借口：我半年之内不能与母亲见面，母亲对我有怨气。后来我对此感到愧疚，仿佛是我和父亲串通一气对付她，尽管如此，这也不是我的错，毕竟这是父亲的要求。我们俩都不愿意这样做，可如果不这样的话，他就不会收留我。

此外，我考虑到，倘若我对父亲同样忠诚，就能打动他的心，使他更爱我。我很确信，他应该明白我为履行他的要求而做出了多么大的牺牲，所以，后来，当他似乎并不明白，还指责我，说我为融入新家庭做得还不够时，我茫然了。我原以为这很明显：我已经为他付出了一切。

从母亲家中搬出来的第一个暑假，我继续每周拿出两三天时间到立顿花园（Lytton Gardens）——一个辅助生活机构——当志愿者（是从上一年开始的）。我带老婆婆们出去散步，用轮椅推着她们在大学路附近的树荫里转。我服务的老婆婆有两位，每次我带她们当中的一位出去。一位叫露西尔，另一位自称“佳佳”。在外散步时，“佳佳”总爱唱《小气泡》（*Tiny Bubbles*）。跟我在一起时，两位老人都很愉快，但在平时，她们似乎都不认得我。

我在帕洛阿尔托附近见到过母亲几次。一次是在哈密尔顿（Hmilton），我刚参加完志愿者活动往回走，她则是刚上完瑜伽课上车离开。她大声叫我，我们随后聊了几分钟，说的都是家常话。我小心翼翼，很快就跟她道别离开了。每次见到她，我都感到既激动又害怕，我总是想尽早抽身离开，生怕被人撞见。我怕被别人看到我们俩在一起，继而传到父亲的耳朵里，我怕自己违反父亲的规定，也怕惹母亲生气。

我不想承认这是个多么大的错误，我早已孤独无比，我再次需要母亲，可我也找不出解决的办法。

但父亲并未禁止我和母亲通电话，所以，秋天开学后，在一些夜里，等父亲一家都入睡之后，我就会跟母亲打电话聊天。

我拉着电话线，把电话机拿到厨房里，把螺旋状的话筒连接线绕过碗碟架，把话筒夹在肩膀和脸之间，一边洗碗一边跟她通话。我担心她会说我背叛了她，但她没说。那些打电话的夜晚，她的好奇心和温柔鼓舞了我，使我保持振奋。我们不说不应见面的事，也不争吵。母亲当时并未透露，但后来告诉我，她当时很担心我，于是她到了晚上都不敢出门，只在家里守着电话，生怕我打电话过去时没有人接听。

改名

父亲托人制作了一排蛇形低围栏，像个括号一样围住了前面一角院子和房子。草坪上的草都被拔光了，只留下光秃秃的土地。他打算在瓦沃勒街这一侧的院子里种一棵树。

“我喜欢东海岸的橡树。”有一天他们在车上讨论种什么树，劳伦娜如此说道。

“丽莎，你了解东海岸的橡树种类吗？”父亲问道，回头瞥了一眼后座上的我。他常用“东海岸”代指低微、下等之物。

“什么样的？”我问道。

“你看那棵，”他指着人行道和公路之间生长的橡树，说道，“它一点儿都不像加利福尼亚州的橡树。它的树叶要大一些，叶子边缘就像被打孔机打了孔一样。”

最后，他们决定移植一棵长成的山毛榉过来。大树被吊车吊着放入挖好的深坑里，树干很粗，树根被包裹成球状，像钢丝球一般。这棵山毛榉有两层楼高，高过房顶，树冠上方向四周展开，像扫帚似的。光秃秃的树枝上零星地挂着一些枯叶。

早晨离家去上学或晚上放学回家时，我总想在这棵树上寻找生命的迹象——新叶、花蕾——寻找一些能显示它生长繁荣的迹象。可一个月过去了，都没有丝毫改观。它没有长出新叶，也不像别的树那样伸展枝干，它依然歪着身子，树枝光秃秃的。有一天，来了一伙人，他们把树放倒，锯成一段段的，运走了。

一天，父亲一位名叫乔安娜（Joanna）的朋友来家里吃午饭。她是苹果公司的元老，有个九个月大的儿子，跟里德相仿。父亲带着她四下里参观房子。“看，”他指着小壁龛上方屋顶上的银色木梁，“那是当初建金门大桥时用过的。”我原以为那是金门大桥的建材，后来才知道，那只是建金门大桥时所用的脚手架的一部分。

“史蒂夫，你不担心蛋白质摄入不足吗？”吃饭时，乔安娜问他，她的声音很悦耳。她谈到孩子的发育，说素食不能为孩子提供足够的蛋白质和脂肪，一副忧心忡忡的样子。

“不担心，”父亲平静而自信地答道，“孩子在发育最快的时期吃什么最多？母乳。你知道母乳是什么情况吗？”

“什么情况？”乔安娜问道。

“你猜怎么着，母乳里的蛋白质只占6%，”他说道，“所以说，蛋白质对我们来说没有那么重要。”

他言之凿凿，我已多年未起疑心。他认为乳制品都是黏液，会像鼻涕引起鼻塞一样，影响思路的清晰通畅。更离奇的是，他用饮食习惯来使自己与众不同。我小的时候，他在饮食方面还不太苛刻，去“斯坦福谷仓”[①]时，他偶尔还会在哈根达斯[②]吃个冰激凌球。现在，他的饮食习惯变得死板多了，他不许家人——尤其是里德——入口任何动物制品。

我发现劳伦娜总是自信满满的样子，她五官匀称，表情平静安详。而我的脸却不对称，一边的眉毛、耳朵、眼睛比另一边要高。如果不去刻意保持，我脸上的表情就会像天气变化一样，时刻反应我的情绪和想法。我开始模仿劳伦娜轻甩长发的动作，她不是嬉皮士或波西米亚风格。与我之前认识的女人不同，她身上带着一种未婚女子的优雅。她长脸，高颧骨。她拒绝过两位男士的求婚，却最终被我父亲捕获了芳心。因此我认为，她一定有什么别的壮举。有一次，父亲搂住她亲吻，同时用旁白一般的语气对我说：“你知道吗，她总能鼓舞人心。”

纯净而节制的食谱，展露骨干之美的、家具稀少的房间，肋骨一样的屋梁，任人随便出入的不上锁的大门，赤脚可行的陶瓷砖地面，天花板上晃动的纸灯笼，铅条玻璃窗，种类丰富的水果，还有花园里铺路石之间种着甘菊，走过时能带起一阵香风。

午餐时，父亲做了意大利面，我则在大盘子里做一份泰拉薇拉玉米煎饼——把黑豆、洋葱、番茄辣酱和牛油果裹进亚美尼亚式面包里，再切成寿司卷的样子。茉莉的香气从开着的窗户飘进来，在侧门处盘旋。我们围坐在厨房里的圆形饭桌前吃着养生食物，弟弟坐在饭桌旁边的高椅上。眼前的一幕——家里来了客人，弟弟乱拍眼前盛食物的塑料盘，父亲哼唱着把切好的牛油果放在意大利面里，再淋上橄榄油——让我感到自己是这个家的一分子。

---

① Stanford Barn，一家位于斯坦福购物中心的餐厅。

② Häagen-Dazs，美国冰激凌品牌。

一切看上去都很好，唯一的问题是我的手。自从搬到父亲家里来，我的手就跟不听使唤似的，要么举动怪异，要么就是在我的手腕处呈古怪的呆滞状态。我相信大家都看得出来，我能意识到它们的情况，每次在饭桌前坐下，我都暗自请求它们不要作怪，可几乎每次吃饭我都会摔碎一个杯子。

我害怕父亲和劳伦娜会在某一刻说我是多么无足轻重，多么令人失望，又粗心又讨厌，像小孩子一样拿不住杯子。他们已经有个小孩子了，在这个新家，我只融入了一点儿点而已，我能看出来，也能感觉到。他们收留我，其实是个错误的决定，我无法在这个家里摆正位置。这种焦虑，再加上足以将我压垮的感激之心，导致我说得太多，恭维太多，对他们毕恭毕敬，希望我卑微的姿态能唤起他们的怜悯或爱。他们把我从一个单调的生活中拉了出来，把我带入这栋完美的房子里，她坚强而聪慧，他才华横溢又品位高雅。

我一直努力奉承讨好劳伦娜。有一次，我从花园里摘下一捧马缨丹花，在她下班回家时，洒她一身花瓣雨。我屡败屡试，想表现得像他们期盼已久的女儿一样，向他们表达我的感激之情，证明我的“身价”。但我的双手仍然我行我素，不听我使唤，依然常常把杯子摔碎。

一天下午，放学后，我快步跑到父亲和劳伦娜身前。他俩正站在院子里的一步式阳台下面，葱茏的紫藤盘绕在粗大的木梁上，他们正谈论着眼前的景色。

“拧入灯泡需要几个加州人？”我问道。我很少讲笑话，这个笑话是当天我在学校里听来的，我想应该能逗乐他们。我不觉得它有多可笑，但别的同学听了都大笑不止。

他俩都眼巴巴地看着我。

“几个？”父亲问道。

“加州人不拧灯泡，”我说道，“他们拧热水缸！”刚把答案说出来，我一下子恍然大悟，原来这个笑话讲的是“screw”[①]的歧义！我的脸色禁不住一下子变了。

他俩都没笑。

“她可能不知道。”父亲对劳伦娜说道。

“她知道，”劳伦娜应道，仔细地端详着我，“我想她肯定知道。”

当天晚饭时，我又摔碎了个杯子，失望地跑回自己的房间里。

我关着灯，藏进衣橱里，蹲在地板上。父亲跟着我进了房间，在衣橱里找到我——一如我盼望的那样。

“嗨，丽莎。”他说道。他陪着我蹲了一会儿，接着把我拉了起来。“对不起，你小时候我没能在你身边陪着你。”

“没关系的。”我脱口而出，却觉得自己回应得太快了。

“我会一直爱你，直到天荒地老。”他说道。

有一天，我在走廊里遇到父亲，他问我：“丽莎，你愿意改名字吗？”

他赤着脚，只穿了一件黑衬衫、一条白色棉质内裤，这是他在家时的一贯穿搭。他对自己的细腿很是自负，哪怕家里来了客人，也是如此打扮，我常为此打趣他。

“改成什么？”我问道。走廊向阳的一面是铅条玻璃窗，阳光洒进来，在地面上形成长方形的光块，地上的瓷砖都晒得暖暖的。

“改成我的名字。”他解释道。

我起初以为是他的名字“史蒂夫”，可我马上明白过来。

① screw 做动词有“拧”的意思，作为非正式用法时，有“性交”的意思。

“你是说……乔布斯？”我不敢相信地问道。

“对。”

我愣住了。我不愿冒犯他，每当受到冒犯，他就会变得冷漠，不理睬我，而且能持续好几天。长这么大，我一直用丽莎·布伦南这个名字，随母亲的姓。这一下，我不仅是人要离开她，连姓都要遗弃了，这么做太过分了，简直是强盗行径。

“或许吧，”我说道，“我是说，妈妈那边……我要考虑一下。”

“好，那你想好了告诉我。”说完他就离开了。

当天晚上，我考虑好了。第二天晚上，我去书房里找他，对他说，我愿意跟他姓，但我也想要保留母亲的姓，在两者之间加一个连字符。

几周之后，律师来了。大家（包括我弟弟）围坐在客厅的咖啡桌旁，弟弟站着，用他的小拳头敲打着玻璃桌面。客厅里有两把埃姆斯躺椅，一盏蜻蜓翅膀造型的蒂凡尼灯，地上铺着一张大地毯，但没有沙发，大家都席地而坐。

我和父亲签了文件，他先签，我后签，父母双姓的新名字就正式诞生了。律师把文件放进公文包里，之后他将替换我最初的出生证明（就是母亲画了星星的那个），换为正式的，黑蓝色，有水印，没有星星。这个律师正是当初确认生父的诉讼中父亲的代理律师，不过当时我还不认识他。

在改名前，我已经上高中了，现在交作业时，我要开始用新名字了。

“要不要裱起来？”父亲说着，站起身来，“可以摆在这儿。”说着，他指着走廊与客厅交界处的墙上的一块空白处。看他兴高采烈的样子，我觉得自己受到了重视，不免有些眩晕。所有这一切都源于新增的四个字母和一条连字符，甚至还动用了律师！

“亲爱的，你觉得怎么样？”他问劳伦娜。

“似乎有点怪，”她巧妙地答道，“在这里挂一张出生证明？”

对于“正常”和“古怪”之分，劳伦娜似乎与我们父女俩有着不同的理解。被她一说，我们俩显得似乎低她一等。父亲是被领养的，大学还辍了学，他似乎从来不懂得什么是正常的举止，而我也一样。但他跟我不同，他说不在乎这个。对于世间文明和礼仪的规矩，他常报以轻视，甚至态度傲慢（但他实在让人难以捉摸，有一次，我穿了一件开衫，被他看见，严厉地对我说：“最下面的那个扣子不能扣上。”这让我惊讶不已，这一次他不仅懂得穿衣的规矩，还表现得很在乎）。母亲同样对很多习俗不屑一顾，所以，小时候她任由我自己穿衣打扮。我学写字时常常拼错单词，她却将这当成乐子，从不给我纠错。面对世间的混乱和困惑，她从来不是试图澄清和理解，而是随遇而安。为此，直到现在我都怨恨她，因为我希望自己能掌握世事的脉络。有时候，我觉得每个人都能发现我的古怪之处。这种感觉并未因父亲或母亲而得到缓解，因为他俩很可能是怪异的、反社会的。

直到生活中有了劳伦娜，我才如释重负。因为她了解正常的礼仪和习俗，她知道正常人不会把一份出生证明裱起来挂在家里的墙上。

当天晚上，我为晚饭布置着桌子，劳伦娜在一旁喂里德吃饭。餐巾是蓝绿条纹的，杯子是法式玻璃的（就是我摔碎的那种），杯口呈花瓣状，在灯光下粼粼发光。

“刀和叉怎么摆？”我单手抓着一束刀叉问道，我想从劳伦娜那里学习如何布置餐具。她母亲是英语老师，言传身教之下，她熟知该如何如何，轻轻松松即可给我指点：“要这样，那样不对。”而当我问父母类似的问题时，他们根本就不在乎。掌握这些知识，似乎就意味着我今后能过上美好的生活。

“叉放在左手边，”劳伦娜指点我，“刀和勺子放在右手边。”

“哪个在里面，哪个在外面？”我想了解得更确切一些。

“勺子在外面。”她答道。

弟弟坐在饭桌旁的高椅上，嘴里含着食物，两只手上也沾了很多，溅得到处都是。喂弟弟吃饭，就是把一勺浓粥送进他张开的“O”形嘴里，再用勺子刮一刮漏在他嘴唇和腮边的粥，再将勺子送进嘴里去，就像用灰泥填抹墙上的孔洞。直到他吃饱了，不再发出吐饭时的呼呼声为止。

“餐巾应该放在哪里？”

“放在叉子下面。”

几年之后，我在意大利生活过一段时间，那里极其讲究各种规矩，我也尽力多学习。可我发现，对我来说，这些规矩并不重要。父亲可能一直在说，也一直希望我能想通这个道理，因为他常常说一句我非常反感的话：“丽兹，你长大后也会是一个嬉皮士。”

第二天，我和父亲一起去水果店买牛油果。“我很会挑牛油果。”他告诉我。他每拿起一个牛油果就会在手里掂量一下，而且还闭着眼睛。

收银台前，一个扎着褐色长马尾辫的男人看了看他，问道：“有没有人说你长得很像史蒂夫·乔布斯？”我在一旁听了不露声色。

父亲低头从钱包里拿出零钱。“是啊，有几次。”他应道，把零钱递过去。结完账我们就离开了，我跟着他回到车里。他刚刚不承认自己身份的样子实在太酷了！哪怕是从这种普通的小事中，我都能感受到他的魅力。

开车回家的路上，我终于鼓起勇气问他 Lisa 电脑是否以我命名。我等了很多年，就是想等这样一个与他单独相处的机会，问他这个问题。倘若他的回答是否定的，我也不至于当着外人的面丢脸。

“那个，你做的那个电脑，Lisa……”

“怎么了？”他问道。

“是不是以我命名的？”我问道。我们俩都直视前方，我没有看他，语气听起来只是好奇而已，没有别的想法。

其实我真希望他能给我这份荣耀。

“不是。”他回答我，语气简单明了而且仿佛不屑一顾，似乎我是在诈取他的称赞。“抱歉了，孩子。”

“那就是我想错了。”我应道。我很庆幸，因为那时他没有转头看我的脸。

父亲的推荐信

我对上大学一事一直念念不忘，我也知道，要想被大学录取，其中一个诀窍就是大量参加课外活动。我要去旧金山一个名叫“里克威尔默丁”（Lick-Wilmerding）的私立高中上学了，跟我同去的还有四个努艾瓦的朋友。里克威尔默丁的教学楼是现代式的建筑，通体的水泥和玻璃。早上，它笼罩在一片白雾中。中午，浓雾散去，阳光会穿过玻璃，洒在白板和机器编织的地毯上。父亲和另外几个努艾瓦的学生家长一起，为我们雇了一辆车方便上下学。早上，司机把我们逐个接上送到学校，下午再沿路逐个送到家。这样一来，要想参加课外活动时，就不能坐这辆车了。

随后那个周末，劳伦娜带我去买衣服。

“时间太紧，”她说道，“咱们只能去一家店。”我们只有一个小时的时间。跟母亲出来时，通常是时间宽裕，但手头紧张。跟劳伦娜出来时则恰恰相反，手头宽裕，但时间紧张。并且，跟劳伦娜一起购物，选中的都归我，这感觉就像母亲跟我讲过的一个电视节目一样：选手们要赶在结束铃声之前，疯狂地把货架上的物品扔进购物车里。

我们俩从家里出来，走到私人车道上，来到父亲给劳伦娜买的那辆白色宝马敞篷车前。她戴上了一副太阳镜，镜片很小，呈方形，镜片是绿色的，镜架是褐色的树脂。

“这太阳镜真漂亮。”我赞叹道。

“哪里，傻乎乎的。”她说。轻描淡写的样子太酷了。

我们到达商场时，盖璞[1]童装门口正好有辆车离开，腾出了一个停车位。“这是天意啊。”她说。停好车，我们走进店里，我从架子上选好衣服，将其挂在试衣间里的挂钩上。我拿起一件黄色棱纹衬衫、一条黑色棉料休闲裤，在身上比画了一下。

“太漂亮了，”劳伦娜赞道，“买了。”

我挑了黄袜子以搭配那件黄衬衫，又挑了一条灰裙子、一件蓝 T 恤、一条牛仔裤。她赞成我的每一个选择。我挑的这些衣服有的过紧，有的可能带点性感，起初我还不太好意思，但她并不以为意。

等我选好衣服，试衣间里已是一片狼藉：挂钩上挂满了衬衫，地上丢满了裤子。但我并没有收拾，我要显示跟劳伦娜在一起的气势：我们俩就是这家店的女王。会有人来收拾这些衣服并将其归位的，再说了，我们的时间真的很紧张。

我拉开了试衣间的帘子，她看到此情此景，不禁皱起了眉头。

“怎么这么乱？”她说道，“不能随便乱扔啊！”

说完，她就走进试衣间里，从挂钩上取下衬衫，把裤子用金属夹子夹好。她的动作迅捷而有力，我赶紧跟着她一起收拾起来。

---

① Gap，1969 年创立于美国的美式休闲风服饰品牌。

在学校的秋季舞台剧《红男绿女》（*Guys and Dolls*）里，我没能争取到角色，只是担任助理舞台监督。我的朋友苔丝（Tess）是舞台监督，我们俩拿着活页夹，上面写着每一幕要用的道具、舞台方向、灯光提示。

“你能接我回家吗？”我问父亲。每周五，他都会去皮克斯动画工作室，而非 NeXT 上班。我以为他从皮克斯动画工作室下班时可以顺道接上我。以前我都没有注意到，跟母亲一起生活时出行是那么方便，能轻轻松松地从一个地方到另一个地方，仿佛魔法一般。虽然我们俩经常吵架，但她从未拒绝开车接送我去朋友家、去看病、去学舞蹈、去学校。

“不行，”他说道，“你自己想办法吧。”

还有两三周的时间，舞台剧就要开演了，我每周都得拿出一个晚上去学校参加排练。放学后我很想在学校里多待一会儿，但我没有，因为一旦坐不上家里安排的那辆车，我就没有车坐了。有排练的那些晚上，我都睡在朋友家里。有时候，在家里吃晚饭期间，父亲既不跟我说话也不看我一眼，甚至连劳伦娜都显得冷淡而面露不悦。他们并未向我解释其中原因，所以我以为他们是因为别的什么事而不高兴。后来父亲就开始跟我抱怨，说我总是不在家。

开演那天晚上，我打算住在苔丝家里。劳伦娜把她的黑皮鞋借给我穿，那是一双琼·戴维牌的系带牛津鞋。我跟她的脚一样大，都穿 6.5 码。

饰演阿德莱德女士的女生脖子修长，鼻音很重，剪着露易丝·布鲁克斯[①]那种黑色短发，在灯光下闪闪发光。我对剧组里的明星大卫心生暗恋。他说话是英国口音，在剧中饰演斯凯·马斯特森。那段时间，我

① Louise Brooks（1906—1985 年），美国女影星，凭借在 20 世纪 20 年代的默片中轻松自如地扮演放荡堕落的角色而闻名，其著名的童花头成为当时少女争相模仿的时尚发型。

总是拿着道具和纸在他面前跑来跑去，可他却似乎没有注意到我。

演出结束后，我和一伙演员，还有舞台工作人员一起跑到剧场外面。草坪黑漆漆的，因为洒过水或者下过雾而潮乎乎的。我们用两件套头衫当旗子，玩了一会儿夺旗游戏。这是我进入新学校以来第一次无忧无虑地享受快乐，却没有考虑到湿草地对皮鞋的影响。第二天早上，我发现鞋跟处有好几条竖状划痕，仿佛被刀子划了一样，鞋面也因为沾了水而膨胀变形。草叶哪能如此锋利，竟然能割坏牛皮？回家后，我把鞋放回劳伦娜的鞋柜里，希望她不会发现异样。哪怕发现了，我猜她完全可以再买一双新的。几天之后，她发现了鞋子上的划痕，问我是怎么回事，我如实相告，她有些不高兴，但此后再未提起此事。

在这个家里，我总是把东西胡乱堆在一起，就像往日跟母亲一起生活时那样：鞋、卫衣、菜板上的杧果皮、纸、牛粪状的袜子……我以为这样做会显得我很可爱，能从弟弟那里夺得一点儿关注。皮鞋事件过去不久，一天晚上，劳伦娜走进客厅，看到我留在地毯上成堆的袜子和卫衣，便对我说：“丽莎，从今天开始，你的东西要整整齐齐地归置好。”她的语气很冷。

“好的。”我答应她。其实她的要求很合理。

她继续说道：“我要照顾小孩，还新开了一个公司，不能总跟在你后面收拾东西。”

她这一番话就像针一般扎进了我的心里。或许我是无意间乱丢了衣物，好跟她有“一呼一应”的互动，就像母亲管教孩子那样，而她却让我吃了个闭门羹。我感到既丢脸又失策，这显得我粗心大意，而她却不是。

父亲把我的新学校称作“舔蛋威尔默丁”，我大笑一番，冲他翻了个白眼。

“你知道吗，我为你给‘舔蛋威尔默丁’写了一封洋洋洒洒的推荐信。”一天早上，他对我如此说道。

“真的？我能看看吗？”

“我还以为你会收着，等她长大以后再给她看呢。”劳伦娜说道。我能看出来，她不想让我太过骄傲或者出风头。可是“留到以后”很可能就会遗失或者忘记。

“不，我现在就要给她看。”父亲说道。接着，他去书房拿来一张纸，赤脚站在厨房里，大声地读了起来。

信的内容我大部分都忘记了，只记得最后一句话：“如果换作是我，我会立刻把她招进学校里。”

竞选年级主席

我决定竞选高一的年级主席，于是就在学校的布告栏里贴了很多宣传单。我交了几个新朋友，成立了一个戏剧社团，分批次组织学生到旧金山歌剧院参观。但这其实是闹着玩的，因为我对戏剧一无所知，在此之前，我从未看过戏剧。之所以与戏剧搭上边，或许是因为母亲说将来要为戏剧设计布景。

首演那天晚上，父亲让我给他留一张票，他从学校接上我，然后一起去看演出。幕布拉起，他在我耳边悄声说道：“你做得很好，我为你骄傲。”我希望当年级主席也能让他高兴。

选举在几周之后举行，四位候选人各自做简短发言。我当时正犯咽喉炎，声音小到简直听不见。我穿着灯芯绒裤子以求好运，上身是一件扭绳花纹厚毛衣。我的同学们都紧紧地挤在我身边，我感觉到生病时周围的人们激增的那种善意，于是不再拘谨，享受着同学们给予我的支持。

当天晚上，我未能搭上回家的车，只好在波特雷罗山街区（Potrero Hill）的一个朋友家过夜。我打电话跟父亲报备，但是我很害怕打这种电话。最近，每次我在旧金山的某个朋友家过夜，第二天回家后，他和劳伦娜就瞅都不瞅我一眼。劳伦娜新开了家公司，工作很辛苦，父亲的工作也很繁重。保姆卡门照看里德的时间截止到每天下午五点钟，父亲下班后家里就不留任何雇工了。还有，里德晚上不好好睡觉。我怀疑自己不在家激起了他们俩的矛盾。

父亲接起电话，"我没搭上回家的车，"我对他说道，"因为竞选的事。"

"丽莎，你对这个家投入的时间太少了。"他冷冰冰地说道，"你不像这个家的一分子。"

"我明天就回去，"我说道，"竞选就在……"

"我不感兴趣，挂了。"说完他就挂断了电话。

当天晚上，我接到一个电话，是苔丝打来的。

"有一个好消息要告诉你，你先猜猜看是什么。"她说道。

"怎么了？"跟父亲通完电话后，我的脑子里一直空白着。

"猜一猜啊！"

"我猜不到。"

"傻瓜，你赢了！"她说道，"你当选年级主席了！"

也就是说，从今往后，我得在放学后参加学生会的会议，每周一次，既要借宿在朋友家，又得央求他们的父母开车接送我。

"丽莎，这可不行！"第二天，我把这件事告诉父亲，他这样告诉我。"作为这个家的成员，你做得太差了！你没有尽力！你总是不在家！你如果想真正成为这个家的一分子，就得投入时间才行。"

这些话听起来十分怪异，因为他在我的人生中缺席了那么久，现在却要求我多陪在他们身边。现在，在家里吃晚饭时，他和劳伦娜都对我很冷淡。我以为这是我的缘故，当然，也可能是因为他们结婚不久，又刚添了孩子，每天晚上又因为照料孩子而缺觉。晚上，父亲做意大利面（有时加点牛油果），吃胡萝卜沙拉，我切黑豆面煎饼，蒸西兰花，劳伦娜在一旁喂里德吃饭。吃过晚饭，他俩就上楼去哄里德睡觉了。我感到他们对我的失望之情像浓雾般笼罩，仿佛我犯了大错，我不由得产生一种感觉——我被渴望的家永远排除在外了。

融入这个家会是什么样子？它应该是正常而交融的，一旦成为其中一员，就很难被驱逐。那时我将是这个家不可分割的一分子，可前提是，我得先融入进去。

父亲想让我多待在他们身边，可他总在别的房间里忙自己的事，不跟我亲近。好像我手里得端着指南针，跟着他团团转。

就这样，我与他们越来越疏远，父亲对我也越来越不满。就在那段时间，我跟他提到学校的情况，说新学校的管理不如努艾瓦严格，有时候上课时会觉得无趣，就在纸上信手乱画。

"乱画？"他说道，"这可不好，很不好。"

"是历史课，讲的是文艺复兴，我早就学过了。"我告诉他，似乎文艺复兴是眨眼间就能学会的东西似的。

随后发生的事，简直怪异，而且一团慌乱。他开车带我去了学校，跟校长、招生办主任以及几位老师会面。他让我复述了上课无聊涂鸦的事，说我在课堂上觉得枯燥无味。在我的想象中，我成了天才学生，某些私立学校的教学水平无法匹配我的能力。父亲满足于我的说辞，为我愤愤不平，或许他是相信我，或许是从我的虚荣中找到了一个解决放学后坐车难题的办法。有父亲在身边，我的胆子也大了起来，对自己的说辞更加深信不疑：对我而言，这所一流高中在教学方面不够严格。

其实，哪怕是对自己，我都不敢承认：问题并非出在学校身上，而是我无法融入这个学校，无法与朋友交往。每天早晨离家上学时，我都心怀愧疚，觉得自己背叛了某种初衷。

后来，父亲又带着我到学校交涉过一次。回家的路上，他建议说去帕洛阿尔托高中看看，看看那里是什么情况。当时已是傍晚，学校已经放学了，我们在空荡荡的校园里转了几分钟，这里的一些建筑物好像地堡似的。我心中忐忑，似乎我们俩是非法闯入者。这时，传来一阵音乐声，我们循声找去，只见一个高个子男生站在一扇门边，音乐就是从门里传出来的。我害羞，不敢开口问他。父亲上前问道："这里在干什么呢？"那个男生回答："在出校报呢。"我们俩向屋里看去，里面有很多人，有的在电脑前忙碌着，有的懒洋洋地躺卧在懒人沙发上。我想，要是我到这里来上学的话，也要加入校报。离开时，父亲问我："你知道上学离家近有什么好处吗？你能步行上下学，就跟我当初上学时一样。时间长了，就能观察到四季的变化。"他跟谈论美女时一样，语速很慢。我不觉得步行上下学有多么浪漫，但我还是决定转学，因为，这似乎是融入这个家的唯一办法。

转 学

当我决定转学到帕洛阿尔托高中时，已经是一年过半。父亲开车带我去学校里注册，学校的行政区在一个光洁的长廊里，闻着跟公共图书馆里一样，有清洁剂的气味，也同样有嗡嗡的闷响和尖锐的回声。此刻，我觉得与父亲很亲近，因为他的注意力全都在我身上。跟他一起向走廊里走去，让我有种安全感。他在这所学校里有种气定神闲的自信。

我们到了教务主任的办公室里，她帮我安排课程表，这时有的课已经满员了。

“学校里有学生会吗？”我问她。

“有啊，”她答道，“你可以竞选学生会代表，每个班有两个名额，竞选就快到了。”我心想，这是瞧不起我？我看我还是应该竞选学生会主席吧。

“史密斯与霍肯公司”（Smith & Hawken）送来一些圣诞节花环，其中三个只有鸟窝那么大。父亲拿着一个花环，穿过厨房，将其挂在走廊落地双扇玻璃门的门框中间。他不让别人碰这些花环，不让碰所有他订购的圣诞节装饰物，甚至圣诞树上的灯泡都不行。他执意要独自将其挂好，用了一整天才把灯泡的电线绕在圣诞树上，别人谁都不许碰。他跟一个小小的花环纠缠不休，把它挂在钉子上，后退几步看一看，再上前调整一下，然后再后退几步看一看……

我看着他，笑着说：“好了，爸爸，已经很正了。”

“要是不正，”他用高音假声说道，“我就会死掉的。”他高兴时会变得疯疯癫癫的，甚至会自嘲，嘲笑自己过分讲究的行为。

有时候，他会即兴把我的事编成曲子，将这些曲子唱给我听。他说，鲍勃·迪伦在录音棚里就是这样。“My bike and hike I liked to school, my books, my looks, my life as a wife of a fife.”他如此瞎唱道。

他最后调整了一次花环的角度，接着冲到我跟前，用食指挠我的肋骨。我反击回去，抢先用手挠他的胳肢窝。他成功地挠到我了，我不由得大笑起来，笑声又尖又细，一点儿也不像我的声音。他幸灾乐祸地一下子跳开，躲过我的反击，脚步轻快地离开了。父亲光着的小腿上粗下细呈锥形，此时此刻他傻乎乎的像只青蛙。

他最近买了一张 CD，放给我听。演唱者据说是世界上最后一个阉伶，声音非男非女，介于两者之间，但音很高，仿佛吸过氦气一般。“枯萎，就是枯萎。”父亲一边模仿演唱者的唱法，一边走到书房里去打几个工作电话。他的办公桌上有盏台灯，弯着脑袋，像只螳螂。

在圣诞节，父亲给劳伦娜买了一件阿玛尼的礼裙和一双鞋，但那双鞋相对于劳伦娜的脚来说太窄了，她穿不上。他给我的礼物只有一双鞋，跟劳伦娜同款，是黑色的船鞋，也是阿玛尼的，我穿上正好。他发现给劳伦娜头的鞋不合脚之后，便对她很冷淡，仿佛是她的宽脚冒犯了他一样。我很嫉妒劳伦娜的那件礼裙，把它从包装盒里拿出来摊开，修长而轻盈。但我还是为自己的双脚体会到了一会儿优越感，仿佛狭长的外形代表着某种高贵和纯洁。

我和母亲已经有五个月没见过面了，我生她的气，可我又想她。我恨她，又可怜她。我想消灭她留在我身上的所有痕迹，又渴望得到她的抚慰。她不知道我每天都在干些什么，她不知道我要照看弟弟，有时候他哭起来，我不知道该怎么办，也不知道怎么哄他。

在这几个月的时间里，母亲反复梦到核弹攻击。在梦中，核弹爆炸时，她总是抓起床单，蒙在头上，跑去救我。

终于，因为过圣诞节，父亲允许我们母女见面了。

得到父亲的许可后，我当即步行去了林科纳达的家。打开正门，我闻到一股气味，暖暖的，是木头、油、颜料的混合味。以前住在这里的时候，我从未注意到这些气味。我跳到母亲的腿上——我的身形尚小，她能经受得住。母亲抱着我，抚摩着我的双肩和脑袋、手臂、腿、手指，闻我的头发。后来，她对我讲述当时的心情——她抱着我，感到震惊又如释重负。她说，因为很长时间见不到我，她脑中甚至已经生出一种念头，仿佛我已经死了。我记得，她把我紧紧地抱在怀里，久久不愿松手。

假期过后，我就去帕洛阿尔托高中上学了，用的是新名字。

校园里的草坪已经枯败，有的地方尚有残存的草茎，有的地方已经露出光秃秃的土壤。我按教务主任写的课程表上课，用的是旧课本，封皮上有破洞，能看到里面褐色的硬纸板，空白处还有以前的主人记的笔记。

以前，我毫不费力就能交到朋友。可现在，我却害羞起来，在课堂上连举手回答问题都要犹豫再三，我在学校里一个朋友都没有。

帕洛阿尔托高中的代数课跟里克威尔默丁的很不一样，帕洛阿尔托高中的更难一些，用的公式我都不认识。有那么两三个月，几乎每晚我都要请劳伦娜辅导我做代数作业。她总是长叹一口气，站起身来。我们俩走到楼下，她三下五除二把题做出来，再一步步教我解题步骤。

晚上，他们上楼睡觉之后，我就感到格外孤独，经常哭着入睡。而且我还感到很冷，后来我才发现，是我的卧室所在的这片区域的暖气坏了。

当初我真该选楼上那间卧室，就是车库顶上那间，人字形坡顶，坡顶上有窗。其实，父亲最初也是想让我住那间，他觉得那间更宽敞，有壁炉，有一步式阳台，阳台上有楼梯，可以顺着楼梯直到院子里。他提议让我住那间时，还眨着眼跟我开玩笑，说我可以半夜里从阳台的楼梯偷偷溜出去。既然我没选它，父亲就将其改造成了客房，里面放着蒙娜给我买的放在伍德赛德那个家里的柳条床。可是当我向父亲提出想搬到那间卧室时，他拒绝了。

“我好冷啊！”第二天早上，在厨房里，我对父亲说道，“你赶紧找人把暖气修一修吧。”

父亲从冰箱里拿出苹果汁，倒了一杯。“不行，得等到翻新厨房时一起弄，”他说道，“我们短时间内还没打算翻新厨房。”

格格不入的我

随后的那个周末，我去了一家名叫罗克西（Roxy）的服装店，把自行车停放在店门口。正午时分，店里高音量地放着劲爆的英国朋克音乐，架子上的衣服挂得很高，走过时，衣服摩擦着我的脸颊。有护肩的宽松短夹克、褶裥长裤、粉彩T恤……以前我跟母亲来过这里，今天回到这儿，身处在褶裥丝质长裤、带图案的T恤和爆炸的音乐声中，我重温起熟悉的感觉。可离开商店时，我发现自行车被人偷了！

我猜父亲会给我买辆新的自行车，因为他现在不必雇车接送我上下学了，也不必为我支付私立学校高昂的学费了。而且，尽管我没有明确说出来，但我觉得这都是他欠我的。我以为他和劳伦娜能明白这一点，并对我做出补偿。我以为他会可怜我，最终他会想明白这一切的。

这种被人亏欠的感觉，就像乌云一般笼罩在我的头顶上。每当父亲善待我时，阴云就会消散片刻，旋即再度聚拢下压，我总是不能将它彻底摆脱。

总之，我免不了会出门，出门就得骑自行车，所以父亲会给我买辆新的自行车，我是这样想的。

回到家，我跟父亲提到自行车被偷的事，他却告诉我说：“丽兹，你用东西时总是粗心大意！”当时是早饭时间，饭桌上有父亲、劳伦娜、里德和我。

“我尽力了。”我希望劳伦娜能帮我解围。

“你还总摔坏东西。”他继续说道。

“可那不是故意的。”

“我有个办法，我可以给你买辆新自行车，但以后每天晚饭的碗都得你洗，还有，只要我们俩有事，你必须随时随地帮忙照看里德。”

“好。”我张口便答应了。这不合算，我知道，我本该跟他讨价还价一番。我知道，他肯定也知道对我来说这笔买卖不合算，但我想，他们看到我连这种亏都肯吃了，今后一定会对我更加慷慨。这样做能弥补以前我缺席他们生活的遗憾，也能给我个机会证明我为这个家所做的贡献。

厨房里原来装在工作台上的洗碗机坏了，父亲不肯换新的，于是我只好用橙红色的海绵手洗碗碟餐具。晚上，水池上的窗玻璃像镜子一样照出我的样子。我站在冰冷的陶瓷砖地面上刷碗洗盘子，再将它们摆在木质搁物架的板条上晾干。铺床、收拾桌子、清理工作台、写感谢卡……跟母亲一起生活时，这些要求似乎没完没了，压得我喘不过气来，现在我在父亲的家里干着同样的家务活，却没人絮叨我。

洗完碗之后，我从厨房的抽屉里拿出一本家庭影集翻看，里面有很多弟弟的照片，我的却很少。我一边看一边挑，把我不喜欢的自己的照片都抽了出来。或许他们会发现我的照片很少，继而后悔没能多照一些。

把弟弟哄睡之后，父亲会下楼来，到书房里忙几个小时的工作。我坐在书桌旁，能听到他离开书房回楼上睡觉的动静。我听着他在地板砖上行走，在楼梯处左拐、上楼。他本可以多走几步，到我的卧室探下头，跟我道声晚安，这其实是件轻而易举的事，但我已经 14 岁了，不像小孩子那样需要大人道晚安。跟母亲在一起生活时，她每晚都会跟我道晚安，那是我们的习惯。她把我当小孩子对待，虽然没必要，可是搬到这边来之后，我却渴望这种对待了。

我想要什么？我在等什么？父亲对我，远不如我对他那样亲密。我被黑暗而可怕的孤独感笼罩，肋骨下面一阵刺痛。我哭着入睡，泪水从脸旁滑落，变冷，流进耳郭。

然而，哪怕是在我伤心欲绝的时候，我心中也明白得很，其实我的卧室并没有那么冷——毕竟我们是在加利福尼亚州。尽管清洁工不给我洗衣服，但她每隔一两周时间就会为我换洗一遍枕套床单。而且，有些家庭合影里也有我。

下午放学回家之后，弟弟在睡觉，卡门就给我编辫子。她对我很好，她会编很多种辫子，其中有一种是把辫子盘在头顶上，像王冠一样。她编的辫子能好几天不变形，当然，也是因为我的发质光滑柔顺的缘故。我不舍得解开，直到辫子松了，变了形，脱出来的头发一根根蓬着，在亮处仿佛头上顶了个光圈。我坐在厨房的椅子上，她用手指拢起我的发辫。我闭着眼睛，我喜欢被人碰触的感觉。每每在这种时候，我都替我和卡门感到庆幸，因为我们俩都有幸身在这栋房子里，砖墙、明亮的窗户，还有门前开放的茉莉花，散发着沁人心脾的清香。

一个周末的下午，弟弟在睡觉，父亲和我坐在院子里的桌前。劳伦娜切了个西瓜，用盘子端了出来。她在吃西瓜之前，总是先用瓜瓤抹一抹嘴唇，就像用润唇膏似的。

父亲坐在劳伦娜旁边，他看着她用西瓜润唇，接着就扳过她的肩膀，凑过上身。我想回避，但我的双腿就像灌了铅一样，似乎有一种无形的力量把我按在原地。他们俩就在我眼前上演着好戏：他搂着她亲吻，一只手抚着她的乳房和腿根，嘴里还发出阵阵呻吟声，似乎是演给旁观者看。以前他跟缇娜交往时也是这样。她们为什么不推开他呢？我很纳闷。我在院子里越发显得孤独，这时要是有人站出来制止他们该多好。

他们的热情不像是真的，而像演戏一般，就像《西北偏北》中里加里·格兰特在火车上吻爱娃·玛丽·森特那一幕。

劳伦娜穿着牛仔裙，我能看见她双腿间一抹白色的内裤。母亲教过我，在穿裙子时要紧并双腿。看劳伦娜的样子，我不由得纳闷：她母亲没有教过她这个吗？我很生气，因为她既像个大人，又像个小孩。她让他当着我的面亲吻她，却不知道或者不在乎自己该并上双腿。

终于，我站起身子，向房门走去。这时，他俩分开了。“嗨，丽莎，”父亲对我说道，“别走。好不容易有个一家相聚的机会，你得学着融入这个家里才行啊。”他轻描淡写地说道。

我又坐下，扭头看向别处，听由他在我身边呻吟亲热。我不知道他们会亲热多久，我看着院子里的草坪，弧形的砖路旁边，有棵盛开的山楂树，树冠上满是白色、粉色的山楂花。

当时我并不知道，其实在潜意识里，我希望劳伦娜能把父亲“修好”，能撬开他的内心，让他对我全心全意，让他明白自己错过了多少亲情。

我生气，是因为劳伦娜也是人，也有缺点：她不知道穿裙子时并上双腿，不知道把他推开、不要当着我的面亲热。我生气，是因为她辜负了我对她的信任。别人对于我来说都失败了，她是我最后的法宝。可是看她像少女一般屡屡犯错，我意识到，她可能没有担起，或者也不能担起我交付的重任，她不是来为我“修好”我父亲的。

不欢而散

我和母亲打算在周六一起吃早饭。从圣诞节算起，我们一共见过两次面，但次次都以吵架收场。我把吃饭地点选在了 Il Fornaio[①]，因为那里距离父亲家只有二十分钟的步行距离，我可以走着去，走着回来。她要是发火了，我可以随时离开。而且，父亲还没给我买新自行车。我到饭店时，母亲早在里面坐着等我了，我们俩拥抱了一下，她穿了一件新裙子。灰胡子的领班对我们说："请跟我来。"我们俩跟着他来到院子里，经过喷泉，来到一个圆形铁桌前面。桌子旁边有棵盆栽，里面种着紫色的花。我和父亲好几次到这里来买搭配洋葱、橄榄、牛至的海鲜比萨，但领班似乎没有认出我。

母亲朝外坐，我朝里坐，院子里桌子不多。我们把餐巾展开，铺在大腿上。我们俩不太亲近，感觉疏远了很多。我不知道该怎样向她表达"我还是她女儿"的意思。她要是敢吵闹，我起身就走，这样做真是够大胆的。仅仅是设想一下，我都觉得既刺激又愧疚。

"最近怎么样？"

"还好，你呢？"

"挺好的。我很想你。高中的生活怎么样？"

"还好。"其实很糟。"我是说，会好的。"我故作乐观地说道。

这种正常的状态不会维持太久，我知道，她一定会发作。

"这么说来你是事事顺心了。"她说道，听起来语气有些刺耳。

这时服务员过来了，问我们点些什么。他很愉快，好像在一个普通

---

① 一家连锁意式料理茶餐厅。

的上午跟一对普通的母女对话。我点了烩蜜桃和生奶油做的烤饼。

“你好像变得跟我很陌生，很疏远了。”服务员离开后，她这样说道。“跟以前截然不同。自从你搬走以后，你就好像不是我女儿了。”她语带好奇，而这份好奇刺痛了我，仿佛她明明注意到了，却不在乎一样。我不知道她说的是对是错，或许情况比我想象的更糟，我已经彻底改变，再也回不去了。跟她在一起时，我就裹上了外壳，连我自己都撬不开。

“我搬出去住，只是因为咱俩总是吵架。”我解释道，“我不想跟你吵架。”

“算了吧，”她反驳道，“你只是关心你自己罢了。你想过好的生活，我这边的生活太艰苦了，你就搬到富人家去住了。呸！”她啐道。

我过的不是富人的生活，或许在外人眼里似乎如此。的确，我现在有好衣服穿，数量不多，但质量更好一些、更新一些。跟父亲去商场吃印度菜时，他有时候会顺便带我们去阿玛尼专卖店逛一逛，给我买件T恤或裤子。跟母亲一起生活时，每得到一件新衣服，我就总是穿它，直到穿得跟衣橱里的其他衣服一样旧为止。而跟父亲一家购物，与跟母亲购物大不相同：小而频繁地更新，料子更好，而且，因为大多数衣服是同季在同一家店里买的，所以更好搭配。衣服的颜色也以蓝色、白色、炭黑色为主。现在再看衣橱时，我第一次发现里面有稍新一些的衣服，而且都能跟新衣服搭配得很好。我知道，母亲一定也喜欢这种感觉，而我却抢先一步体验到了，所以我心中有愧。“你有大问题了，丽莎。”她继续说道，紧咬着牙关咆哮着，“你知道你哪里不对吗？你太想变得跟他们一样了，你根本不知道人生重要的是什么！”

的确，我想变得跟父亲和劳伦娜一样，可这是不可能的，怎么努力都不行。我跟他们格格不入，我融不进他们那个家。我想要的超过他们所给予的，我却还掩藏着自己的需求。

母亲的嗓音变得又尖又细，意在嘲讽我。

“我娇滴滴的，我只是个公主啊。”她讽刺我。

“你跟他们一样，”她开始叫嚷起来，“冷血、无情、虚伪！你好好跟他们在一起吧，一丘之貉！”

我四下里看了看，近处并没有别的客人，但远处的饭桌上有几个客人朝我们看过来。“这样不好，”我说道，站起身来，“你不能再吼我了，我要走了。”

她看着我，不知所措。我穿过院子，穿过餐厅，经过一排忙碌的厨师，从早餐那喧嚣和热气中脱身而出。我的注意力全都在我的后背和腿上。她注视我离开时眼里看到的一切——我的身姿、我穿的衣服、我走路的样子……可能恰恰证明了她对我的判断。我尽力想跟以前那样走路，跟与她一起生活时那样走路，为的是让她看到，让她明白我还是从前的我。走出门口，我加快脚步，以防她会追出来继续吼我。我盼着她能追出来，又怕她会追出来。

我一路步行回家，我的手在颤抖，因为我抛弃了母亲，我把她一个人扔在了身后。街上空荡荡的，很平静。我感到一种奇怪的镇定，太过镇定。我正在走路，别处的一个女孩儿正在看一个女孩儿走路。我正如母亲所说的那样，我是那种抛弃亲人的人。

我一边走一边回头看。我小心翼翼地，唯恐踩到地上掉落的香枫果实。树是红橙色的，叶子是星状的，前天刚下过雨，地上落叶缤纷，与灰色的人行道相衬，更显得反常地艳丽。香枫的果实跟樱桃一般大，褐色的皮、褐色的毛刺，果实裂开，在人行道上留下锈色的痕迹。林科纳达那个家里，院子里也落了一地这样的果实，密密麻麻的，让人走路都不稳当，母亲总会把它们清扫干净。

缺失的父爱

开学后一两个月，学生会选举开始了。我四处分发宣传册，宣告自己竞选年级主席。发传单的时候，我发现一个问题：我不认识这里的学生，他们都彼此熟知，却都不认识我。我穿了一件黑裙子，裙摆在小腿一半处，他们则都是穿牛仔裤，三三两两地结伴而行，路过的时候对我客套地浅浅一笑。有些同学收下了我的宣传册，有些则假惺惺地笑着拒绝："不必了，谢谢。"

"不好意思，你是谁？"一位女生问道。

"我是刚转来的新生。"

"你要竞选年级主席？"

"对。"我答道，却意识到此刻的自己是多么可笑。

她拿了一份宣传册，走了。

在里克威尔默丁，学生来自不同的初中，而这里的学生大多数都是从幼儿园就认识了。在里克威尔默丁时，学校里有传言说我是史蒂夫·乔布斯的女儿，更令我的竞选受人瞩目。但在当时，我并不知道这个情况。我只是觉得有点尴尬，有点不好意思，只知道顽强地为当选而努力，似乎只要有足够的意志力，我就能重现在里克威尔默丁的辉煌。

计票过后，一个名叫凯尔的男生赢得选举。他穿着格子衬衫、卡其裤，说话铿锵有力，脖子很长，喉结很大。

当天晚上，父亲和劳伦娜去参加晚宴了，我在家照看弟弟。他们总让我照看弟弟，却不提前和我打招呼，只在临出门时才嘱咐我。我喜欢弟弟，不介意照看他，但他们问都不问一声，直接把他塞到我怀里，实在是目中无人。我小的时候，父亲对我置之不理，现在，他又要对第二个孩子置之不理，让我替他照看。

我喂弟弟吃东西，他却兴冲冲地扭着身子。我读书给他听，他却要撕书。我唱歌哄他睡觉，他却不肯闭眼。他大哭起来，连牛奶都不能让他消停下来。我把牛奶加热，还滴在手腕上试了试温度。他大哭了仿佛有几个小时之久，脸都憋成了深红色。他脸上满是泪水，张嘴号啕着。

父亲和劳伦娜出门时留了个电话。我打过去，可是没人接。我抱着弟弟来回溜达。晚上，窗玻璃都变成了镜子，我看着镜中的自己，不由得心想，当初母亲养育我时是否也是这样。

那顿早餐时，跟母亲不欢而散之后，又过了一周左右，我们俩通了电话。她向我道歉，说她不该吼我，还说她不是生我的气，也理解我为何要离开。最近，她接了一个赚钱的活，为洛杉矶一家大型妇幼医院制作版画和标志板，也就是说，她得去洛杉矶，一个月左右的时间。其间，我们俩无法见面，但可以电话联系。

从洛杉矶回来后，她开始制作儿童房里张贴的帆布动物造型。附近一家医院雇她为几间病房里制作刻版壁画，另一家医院则请她在墙上画上树，果实上用版画的方式呈现出捐赠人的名字。工作量挺大，她雇了个帮手。他俩在改装后的车库里，一边听着小红莓乐队（Cranberries）、传声头乐队（Talking Heads）、保罗·西蒙（Paul Simon）、雷村黑斧合唱团（Ladysmith Black Mambazo）的音乐，一边工作。

父亲和母亲偶尔会在外面碰到，在蔬菜水果店或是食品超市。我从母亲那里听说这些偶遇，她不喜欢碰见他，却说相遇时两人都很友好，有时相互问好，有时还交流一下我的近况，有时父亲请她代为问候缇娜。

缇娜和母亲仍是朋友，她们俩有时候会去加州大街的“乔安妮餐厅”（Joanie's Cafe）一起吃早饭。我问母亲缇娜的近况，她说，父亲每天都要给缇娜打一二十个电话，还给她电话留言，说想跟她复合。

一天早上，父亲读了一会儿报纸，接着给弟弟唱起了《这个老头儿》[1]。他唱的是“paddy-whack”的那部分内容，一边晃着弟弟的双手做歌中向狗扔骨头的动作。弟弟扭动着身子，想要挣扎出去。

劳伦娜去卧室里换衣服，准备去参加健美操班。父亲不再跟弟弟玩闹，突然停下来看着我。

他问我：“嘿，缇娜最近怎么样？”只要是我们俩单独在一起时，或者只有里德在时，他总会向我打听缇娜的情况，每次都像是第一次问，仿佛是无意间刚刚想到的。很快，这就成了我们俩单独相处时唯一直面相谈的话题。我觉得自己很有分量，所以，不管这事多少有点鬼鬼祟祟的感觉，我还是很喜欢跟他聊。

“我觉得，她过得挺不错。”我告诉他。我假装不知道他给缇娜打电话的事，也假装不知道他的问题其实跟缇娜没有太多关系，更多的是谈他自己。我知道得太多了，我不想向他透露太多信息，那样他就不会再问我了。我感到一种奇怪而奇妙的力量，我知道缇娜的情况，所以我对他有用，所以我不在乎此举出卖了缇娜，尽管这稍显卑鄙。

劳伦娜回来了，我们在厨房里跟里德玩，又一起做午饭。父亲出去了，一会儿拿了个相机回来。这个相机镜头很大，很贵，他不让别人碰。我想让他拍拍我，真的太想了。

我还想变成弟弟，不再做我自己。我不在乎放弃迄今为止的生活经

---

① *This Old Man*，英国著名童谣。

历，因为它们都不值一提。在我的想象中，变成里德并非是我的死亡，而是幸运地生逢其时，我能想象到那种快乐。这一愿望比我以前所有的愿望都强烈，而且有一种陌生的紧迫感。而且，因为这个愿望与日常生活不同，我隐约觉得可能成真。我看看掌纹，希望能看到这个愿望实现的时间和方式。

“丽莎，闪开。”他把相机端到眼前，粗暴地命令我。相机镜头像块大理石，或是一个凝固的水坑。

我跳到厨房的水池边上，离开了取景框。我站在他身后，继续逗弟弟笑，以防他看出我的伤心。

“史蒂夫，让丽兹一起照吧。”劳伦娜说道，向我招了招手，“过来，丽兹。”我走过去，站在她身边。我对她感激万分，身体禁不住颤抖。

一天早上，劳伦娜带我参加奥杜邦协会[①]的活动。我们挤在一辆坐满了人的厢货车里，到一个自然保护区。沙土路两边是又细又高的树，树枝上有鸟在跳跃。

几天之后，父亲到我的房间里，他心烦意乱地踱着步子。

“怎么了？”我问他，“你怎么了？”

“只有你亲手做的事，才是生命中最重要的事。”

“我不明白。”我说道。

“那次观鸟旅行，”他解释道，“那种事。”他什么意思？那次观鸟活动没什么错啊。大家轻手轻脚，仰着头，拿着双筒望远镜，循声寻找林中的鸟类。

“那种事毫无意义，太假了。”

---

① Audubon Society，以鸟类学家奥杜邦的名字命名的全美鸟类保护民间组织，于 1905 年成立。

“我知道。”我假装与他有同感。后来我才明白，奥杜邦协会之所以邀请劳伦娜和我参加观鸟活动，是希望父亲或劳伦娜为他们捐款，此举令父亲极为反感。

我不想充当他的良知，也不愿在出问题时受他信赖，不愿跟他有同样严苛的价值观。正如母亲跟我说的那样，他这样做，是把我当成了他“迷失的自我”之前的一张老照片，照片日久积灰，他偶尔回来，擦掉灰尘看一看，却再次久久离开，将其忘个一干二净。

“不是本地出生的人”——他指的是加利福尼亚州——“是不会明白的。”

有时候，我出门时，劳伦娜会背着父亲塞给我一张 20 美元的钞票。她夸我，说我很漂亮。

有一次我问父亲，是否会有打算做慈善，他一听就厉声叱责我，说“不关我的事”。劳伦娜用他的信用卡给自己娘家的小孩们买了些衣服，他就刁难她，在厨房里大声读账单。我以为，是因为他生活节俭，所以家里才没有几件家具。其实是他吝啬，所以不舍得雇人照看弟弟、请人清扫房间，但这很可能不是真的。在杂货店、饭店、服装店，他总是大声计算价格，大讲普通家庭的正常花销应该是多少。每当看到东西太贵，他就愤愤不平，拒绝购买。可是我希望他能认清自我：他不正常，他很吝啬。可是我也听说过他的慷慨壮举，比如他给缇娜买了辆阿尔法罗密欧，给劳伦娜买了辆宝马，还给劳伦娜付了大学学费。我想，他的节俭大多是针对我的，不给我多买几条牛仔裤、不买家具、不修暖气，却对别人大方得很。我无法理解，如此有钱的一个人竟会如此吝啬。我无法理解，他为何不愿为自己的家人花钱。

除了保时捷，父亲还有一辆很大的银色奔驰。我为其起了个绰号，叫“小王国”。

“为什么叫‘小王国’？”他问我。

“因为它太大了，跟一个小国家的国土面积一样大。它太重了，能压碎一个小国家。它太贵了，能够让一个小国家的百姓吃一年。”我回答他。这是个笑话，但我想借此刺激他，让他想想在自己身上花钱是如何大手大脚，让他反思一下，开开窍。

“小王国。”他听完轻轻笑道，“真有意思，丽兹。”

一天，在家里，我和父亲在走廊里遇见，他对我说：“你知道吗？我的女朋友们跟父亲的关系都不好，一个比一个差。”我不知道该如何回应他，也不知道他为什么说这番话。

我认识的大多数女性，都跟我一样，在成长的过程中没有父亲的陪伴。他们或是去世了，或是离婚了，或是抛下妻儿离家出走了。没有父亲不是什么特别的事，也不重要。父亲的精力在别处，不在我身上。他忙着创造能改变世界的机器、他举世闻名、他四处交际、他积累财富、他跟一个名叫皮格齐（Pigozzi）的亿万富翁在法国南部地区醉驾，他跟琼·贝兹[①]约会……没有人会想，哎，这个家伙该去好好抚养他的女儿啊。这是一种怎样的傲慢！因为多年以来缺少他的陪伴，我悲伤到了何等地步。每当心中涌起这种悲伤，我是怎样地压制它或无视它。这样是不对的，是自私的，我什么都不是，根本不值一提。我对他的重要性，他对我的重要性，甚至更为广义的父女关系的重要性，都被我置之脑后。那时，我对他的轻视已经习以为常，甚至已经全然忘记拥有这种亲情的必要。

最近，一个稍微年长的朋友给我打电话，其间谈及他的女儿订婚的事。直到这时，我才对这种父女亲情有了新的认识。那天，他的女儿和男朋友

① Joan Baez，1941 年出生，美国民谣歌手、作曲家。

到他家里，说他们俩订婚了。他哭了，连他自己都对此反应惊讶不已。

“是这样的，从她出生开始，我就把对她的保护和关怀当成我的、我们夫妻俩的职责。”他解释道，“听到她订婚的消息，我突然意识到，从今往后，这份职责就是别人的了，我不再是首要的，不再是主角。”

挂断电话之后，我开始怀疑之前是否一直低估了自己错过的东西，以及父亲错过的东西。跟他一起生活时，我把这份念头转化成了洗碗机、沙发、自行车，用这些物品填补他的空缺。我觉得他亏欠我的只是这些琐碎之物，我为此心痛而深信不疑。其实事实远非如此。电话里那位朋友的话，为我打开了一个复杂的宇宙，令我幡然醒悟：我和父亲缺失的，是父女之间的关爱。

读书时，我既不寂寞又不分心，我的心绪全被书的内容占据。我能同时读好几本书，时而读读这本，时而读读那本，到最后，好几本书的多个结局在我眼前同时展现，如同交响乐结束时锣镲齐鸣。读完之后，我再度陷入孤独，仿佛一扇窗户被突然打开。

为弟弟打造换衣台的那个木匠，还给父亲打造了一个书橱。书橱放在父亲家中的办公室里，贴墙而立。制作时，他小心翼翼地将书橱的背面靠在刷白漆的涟漪花纹的墙面上。有些晚上，父亲去睡觉了，我就去他的办公室里，翻看书橱里的书。其中有一本是关于野口勇[①]的，还有《第三帝国的兴亡》（*The Rise and Fall of the Third Reich*）和《一个瑜伽行者的自传》（*Autobiography of a Yogi*）。他的办公桌上，在一台NeXT电脑旁边有一个笔筒，里面放着十二支新的黑色三菱圆珠笔，他喜欢用这种笔，口袋里经常装着，我从笔筒里拿了三支。家里的其他人

---

① Isamu Noguchi（1904—1988年），日裔美国人，20世纪最著名的雕塑家之一。

都睡着了，我在他的办公室里，坐在小地毯上读书，手里还拿着一支笔。在这里，我感到充实而自由，想读哪本就读哪本，手里还有笔，没有人会打扰我，也没有人跟在我屁股后面。

在那段时间，我读了塞林格写的《弗兰尼与祖伊》[①]。书的封面是亚光白色，上面印着书名和两条彩色条纹。我读了很多遍，书磨损得很厉害，封面被手上和书包里的灰尘弄得很脏。火车，寒冷的火车站，大衣，宿舍，餐厅，饮料。东海岸，常春藤联盟，哈佛。这是另一个星球，另一个不同的阶层。真是这样的吗？我心有怀疑。书中的人物都说着我不懂的词汇，清晰而娴熟。我想成为弗兰尼，她太真实了！她在表达赞同或赞美时，总是用“absolutely”“lovely”“love”三个词。火车也都是编号：1052 号列车。他们下车的站台很冷，呵气成雾。为了御寒，人们都穿着大衣外套、浣熊大氅，里面是系扣的羊毛衬里。

我在书里找到了未来的方向。我要去哈佛，因为书里人谈的都是哈佛。我要离开这里，离开这个小镇，离开父母的世界。我不会让他们知道我的计划，我怕他们会阻拦我。

这件事与父母以前的经历大不相同，可能会令他们吃惊。这似乎就是我的人生答案：一个逃离计划，它给了我动力，又无可厚非。我不知道要学什么专业，也不知道大学应该是怎样的，我真的不知道。但是我想，只要去了哈佛，一切都会水落石出。

我开始收集大衣，却不知道为了什么。在生日或圣诞节时，我总是要大衣当礼物，而我收到的各种大衣都太暖和，在加利福尼亚州的户外

---

① 杰罗姆·大卫·塞林格（Jerome David Salinger，1919—2010 年），美国作家，他的小说《麦田里的守望者》被认为是 20 世纪美国文学的经典作品之一。*Franny and Zooey*，塞林格于 1961 年出版的中短篇小说，由《弗兰尼》和《祖伊》两个相互有关联的中短篇小说组成。

根本用不到。高中生活一天天走向结束，我明白了，我这是在为大学做准备，我积攒大衣的热情不减（后来我才发现，这些大衣在加利福尼亚州穿太热，却不足以抵御东海岸的寒冷）。

我没有把上大学的计划告诉父亲，因为它尚不成熟，还过于脆弱，根本不堪他的一击。我感觉到，尽管他总开玩笑说我会嫁给“比夫”“泰德”等人，但他并不能忍受我的独立，也不理解这一天来得如此之快，我必须暗中行事。即使他不是那种把孩子抚养长大就不愿其离开身边的人，他也会身不由己地把孩子培养成那样。

“那台电脑是以丽莎命名的吧？”

父亲有时候会开这样的玩笑：他背转过身，呻吟着，双手交叉搂住自己并上下抚摩，似乎是跟另一个人在亲热。

在跟我谈到爱情和性的话题时，他很好奇，兴趣盎然，仿佛我们俩是平等的，是一伙儿的。

跟母亲谈性这个话题时，我总会觉得反感，但跟父亲就不这样，或许是因为我不是他看着长大的。

“咱们再说说上垒的事。”他以和蔼但多事的口吻说道。我们用的是垒球的术语，可我们俩都对垒球一无所知并且不感兴趣。

“你是说——亲热？”我问他。

“对。接吻是一垒……”他提示道。

我知道这很荒唐，但我却很喜欢。他每个星期都问我一次，仿佛说过就忘似的，反反复复，乐此不疲。那时，我还没交男朋友，所以不可能有什么进展。我把知道的都说一遍，他则不断地给我提示。我唯一迷惑不解的是“三垒”，又叫“下三路”，其中可能包括口交。所以我不跟他说，也不希望他追问细节。

“你现在到几垒了？”他问道。

“二垒，”我答道，“是在努艾瓦发生的。”

“啊，”他说道，“很好。”

一天下午，劳伦娜下班回家。我到外面迎接她，她在大门旁的玫瑰丛边上。

“你知道那台电脑吗？型号是 Lisa 的？”她问我。她把大门关上，门上的铃铛叮当作响，她的头发在夕阳下闪闪发光，她背着一个牛皮小背包。“那是以你的名字命名的，对吧？”之前我从未跟她谈这个话题，我不知道她为什么这么问。或许是某个同事向她提及此事了。

“我不知道，我想是的。”我撒谎道，我希望她别再追问了。

“一定是的。”她说道，“等他回来了，咱们俩问问他。”

“不是什么大事儿。”我说。我不想再听他回答一次了。可是，或许劳伦娜问的话，他的回答会不一样？

几分钟之后，父亲回来了。他从门外进来，劳伦娜上前迎着他，我也跟了过去。

“亲爱的，”劳伦娜说道，“那台电脑是以丽莎命名的吧？”

“不是。”他答道。

“真的？”

“真的。”他答道。

“少来了。”她看着他的眼睛。我很震撼，也对她心怀感激，因为她决定打破砂锅问到底，换作是我，早就放弃了。在大门到屋门之间的路上，他们俩面对面站着。

“真的不是。”父亲再次说道。

接着我又后悔了，我真希望劳伦娜没问。我替她感到尴尬，她原以为我对他很重要，却发现并非如此。

“那么，你是以谁命名的呢？”劳伦娜继续问道。

“一个前女友。”父亲答道。说到这，他眺望远处，做出沉思状，似乎是在回忆。看着他恍惚的样子，我相信他说的是实话，否则他的演技也太好了。我有种奇怪的感觉，每当感觉有假时就会这样。但最近这种感觉太过频繁，我开始怀疑自己的第六感出了错，是一个误会。再说了，他何必要撒谎呢？他的真实情感是对另一个丽莎的。从他年轻时至今，我从未听说他有过一个名叫丽莎的女友，我向母亲求证，她说：“废话，当然没有。”可是，或许她也不知道呢？或许跟那个丽莎的事，他自始至终都瞒着我们母女。

“孩子，对不起。”他说道，拍了拍我的后背，走进屋里。

照看弟弟

父亲打开一个大信封，里面是一张赴纳帕县参加婚礼的请柬。

“丽兹，你想去吗？”

父亲和劳伦娜出去参加聚会时，我常常是留在家里照看弟弟，这次他们要带上我了，他们要带我去公共场合，作为这个家的一个成员！女儿，长女。我想象着该穿什么衣服，该买什么袜子，各种各样的选择令我应接不暇。几周之后，婚礼日到了。

路上，我们在一家精美的杂货店吃三明治。后来，在汽车行驶中，我说我想要小便，父亲朝我晃了晃空矿泉水瓶。弟弟坐在婴儿椅里，坐在后座我的旁边。

到达目的地之前，父亲在车上发表了一番有关风险和回报的言论，好像是在做演讲一样。“丽兹，你知道吗？”他问道，“这是一种权衡方式，用于判断一件事是否可行。比如说，如果回报很低，而风险很高，那就不能干。”

“对。”我附和他。

“法律也是。”他继续说，“法律不是规定你能干什么、不能干什么，而是看你是否被抓。比如说，大多数汽车都能开到每小时一百二十英里，比美国的限速标准高很多，但是，只要不被警察逮到，你开多快都行。”

我记得母亲跟我说过，父亲在苹果公司工作时（那时我还不认识他），他回家时总是把车开得飞快，在伍德赛德的曲折公路上狂飙，因为没挂车牌，近一年的时间里，警察都抓不到他。我不愿他耍酷、飙车，还教我如何违规。身为人父，他应该遵纪守法、品行端正。我能看出来，他是因为聪明，才不愿受到拘束，他有些飘了。

当时我还不知道，他们带我来，并非想让我参加婚礼，而是想让我帮他们照看弟弟。邀我参加婚礼只是个含混的说法，并未明确地表达出来。等我发现自己误会了他们的意思时，我为自己的一厢情愿感到羞愧不已。可是，出发前，当我把礼服挂在车里时，他们本可以告诉我用不到。婚礼在纳帕谷梅都伍德酒店（Meadowood Napa Valley）举行，入口是个大拱门，旁边挨着个高尔夫球场，路边有几个泳池，还有几间木屋。

到了酒店，进了房间，我开始换衣打扮。劳伦娜给弟弟穿上浅蓝色的精致上衣，又套上背带裤，她穿上一件仿古一体式和服。父亲穿的是黑西装、白衬衫、牛仔裤。

“好了，出发。”他说着，走到了门口。

“等一下，我还没好。”我说道。我正在穿长袜，我的腿湿乎乎的，袜子拉不上去。

“不要紧，”劳伦娜说道，“你不用着急。来，接着他。”说着，她把弟弟递给了我。看她的意思，是他们俩要先走一步，而我得留下来。

听她的语气，看她的动作，我明白过来了。他们动作很快，仿佛是要逃离这里，连晚饭吃什么都没空说了。

“你们俩出去玩吧，泳池那边就挺好的。”劳伦娜说道。他俩走出门，走进外面的阳光中。

我换回牛仔裤。每个房间的门口都有一辆红色的小推车，我把弟弟放在车里，那身漂亮的衣服也没给他换下来。他喜欢一会儿在车里，一会儿被抱起来。天气又潮又凉，下水游泳是不行的。弟弟“啊”地叫了一声，指着天空。虫子，树，泳池。光线柔和，淡淡的白云像吹散的餐巾纸，漫天都是。

我们来到小路尽头，再往前就是田野了。我把弟弟从车里抱出来，他向泳池跑去，路上好几次差点被草地上的土块绊倒，又好不容易摇摇晃晃地站住，就像腋窝里拴着绳子的牵线木偶。我追上去，抱住他，把他俯身放在泳池边的混凝土台子上，让他玩水。我在他身边蹲下，抓住他的腿。他用手掌拍着水面。

“拍、拍。”我说道。

“拍、拍。”他学着。

身后传来引擎声和笑声。我抬头一看，只见一辆敞篷汽车经过。那是一辆老式跑车，车身是铬黄色和奶油色，车上有几个十几岁的孩子，手和腿搭在车窗上。随着引擎的轰鸣声，汽车沿着通往酒店的蜿蜒长路开去，又拐上另一条路。那条路两旁各有一排大树，树叶茂密，仿佛一个极大的房间入口，阳光从鲜绿色的叶间穿过。

我不想在这里看孩子，我这样想。那才是我想要的，在那辆车里，跟那几个同龄人玩。

我偷了父亲的钱

一天晚上，父亲和劳伦娜出去了。我把弟弟哄睡着，又在楼上多待了一会儿。我翻了翻劳伦娜的更衣室，想找点小饰品、衣服、老照片什么的。我想找到一些她有但我没有的秘密。我找到了一瓶护肤霜，表面因手指蘸取而有了塌窝；一个长的三角形香水瓶，上面是玻璃瓶塞；还有几张弟弟的照片。更衣室里有一面一人高的试衣镜，因为略后仰摆放，照得我的屁股很大。她的衣橱未能透露更多信息，我挺失望的。

我又穿过卫生间，去了父亲的衣橱。衣架上放着很多袜子、领带、毛衣，都用衬纸包着，沙沙作响。抽屉左边有一个马尼拉纸的信封。

我打开信封看了看，里面全是100美元的钞票，足足有两英寸厚！我从没见过这么多现金，这让我目瞪口呆，就像以前只见过两三只瓢虫，却突然看到成百上千只瓢虫爬在一根树枝上一样。

我翻着这沓钱，心怦怦直跳。每张钱都又新又脆，发出酒精和粗麻布的混合气味，有点潮乎乎的感觉。

我抽出一张钱，叠了两下，塞进裤兜里，又关上抽屉，下了楼。我的掌心出汗了，就在牛仔裤上擦了擦手。

他屋里有没有摄像头？我是不是留下指纹了？我神经兮兮的，生怕门后突然冒出个人来。我的双腿有种奇怪的感觉，似乎弹力十足，胳膊也似触电一般，蹿动着一股愉悦。

我是个小偷，但我发誓不会再偷第二次了，决不会。我不会再冒险了，就此收手。如果父亲发现了，他就能彻底证实我的不可救药，认为他对我的疏远是理所当然的。在“我犯了罪”的念头的驱使下，我更想去取悦他们。我跑到院子里摘了些花，将它们插在几个花瓶里，把花瓶摆在家里各个地方。

那晚过后，每当父亲对我说 :“丽兹，我们得谈一谈。”甚至仅仅是叫我的名字，我都会心头一紧，准备接受他的责难。

在商场的橱窗里，我看见人体模型上有件贝纳通（Benetton）的风雨衣。衣服是银灰色的，就像树叶的反面。那件衣服售价 79 美元。它没有衬里，用的是防风雨布料，收腰款式，很好看，也很有女人味。我想，坎迪斯 · 伯根[①]在下雨天去参加某个重要会议时就会穿这样的衣服。

父亲和劳伦娜又出门了，我蹑手蹑脚地去了父亲的衣橱，因为害怕和激动而浑身发抖。我不知道自从我上次拿过钱之后，钱的数量有没有变化。

这次我拿了两张，以防今后再没有机会了。

花百元大钞也有麻烦，到处都不收。我偷的第一张就在学校对面的餐馆里花不出去。我担心店主会怀疑我为何有这么多钱，继而传到父亲的耳朵里。所以，我花这些钱时总是偷偷摸摸的，从不在同一家店消费两次，花钱时也表现得自信又若无其事。

在贝纳通专卖店里，我已做好大钞被拒收的准备，可店员看都没看就收下钱，叠起衣服，放进没有衬纸的手提纸袋里，又给我找了零钱。我走出店门，衣服仿佛跟纸袋一样轻。我觉得飘乎乎的，因为用钱换物而忘乎所以。

到家之后，我把衣服藏在抽屉深处。我不能穿，否则他们会发现。这是我为自己将来上大学而攒的。

① Candice Bergen，1946 年出生，美国女电影演员。

我没有把偷来的钱攒起来，因为我不知道存钱有什么用。我看中心仪的东西时，转眼就将其买下。除去给我自己买东西，我还给父母、劳伦娜、弟弟买了生日礼物和圣诞礼物。我听别人说过，要把钱存起来，等以后买想要的东西。我无法理解这种做法，因为每当看到心仪之物，我都迫切地盼着立刻将其据为己有。而且，既然早也是买，晚也是买，存钱等以后再买有什么意义呢？我还听人说，要把钱存起来，以备不时之需，或者仅仅是有所储备。我却想，真遇到用钱的急事，我总会想出办法，明的暗的，办法有的是。我比存钱的人聪明多了。

当天晚饭时，父亲说请了个摄影师到家里来拍照片。我的手又抖了起来，摔了一个杯子。

一天上午，摄影师来了。他和助手在客厅的椽条上挂了一张白纸。白纸直垂地面，以作为背景。他先为弟弟单独拍了几张，弟弟坐在白纸上，穿着牛仔连身裤。接着，他又为我们拍了全家福，我站在他们仨后面。接着，又拍了劳伦娜抱着弟弟正视前方的照片，她穿了一件流苏花纹马甲，脚上穿着松糕鞋。

“丽莎，下一张照片你不能参加。”父亲对我说道。

我走到一边看着，假装满不在乎。拍照期间，父亲抱着弟弟，他突然大哭起来，劳伦娜就抱着他上楼去换尿布。父亲像往常一样，借机去书房里办公。

那天的太阳躲在云后，像块黄斑，阳光淡淡地四处漫射。我站在摄影师旁边。他看了看我，问道：“我能给你拍几张照片吗？”

“好啊。”我答应着。尽管我隐约觉得父亲可能不同意，但我还是答应了。

当时我穿着一条牛仔裤，这是父亲让我穿的。“稍等一下。”我对摄影师说道，接着就穿过走廊，跑到房间里去换裙子。这是母亲70年代穿过的一件裙子，一直挂在我的衣橱里。它像件穆穆袍，长袖，袖口有扣子，底面是黑色，上有金色和奶油色的小花，脖领和袖子上有金色的细环形花纹，前面是高的平襟，直垂到我的脚踝位置。

多年以来，我一直都盼着能有专业摄影师给我拍照。我在朋友家里的墙上见过他们的照片，都放在相框里挂着。现在，我梦想成真了，母亲却捞不着拍了。穿着她的衣服拍照，就相当于她也在场了吧。这件衣服虽然又旧又不时髦，可没人会在乎。

我跑回客厅，赤着脚，上气不接下气。我站在摄影师指定的位置，旁边是埃姆斯椅子和搁脚凳。我知道，像这样偷拍几张照片可能会侥幸成功，父亲可能不会发现。咔、咔、咔一阵快门。拍得越快，拍得就越多。我笑得很灿烂，露着牙齿，双眼闪烁。

这时，父亲从书房里出来了。“这是在干什么？”他问我，上下打量着换了衣服的我。

“他说他要……”我解释道。

“停下，”他对摄影师说道，“别拍了。”

回到母亲家

一天晚上，我一边洗碗，一边跟母亲通电话。我说约好了去看牙医，她说要来开车送我。我同意了，却有点忐忑，觉得父亲和劳伦娜可能不愿意让母亲接送我出门。我本应在他俩的照管之下，可这下由母亲接管了。我本可以自己骑自行车去看牙医，父亲和劳伦娜也是这样说的，可我太懒了，不愿意骑四十五分钟自行车去看医生，何况母亲说能开车送我。以前母亲不正是因为干够了这种差事而不愿照看我吗？现在，让她重挑重担，或许能让她打破心障。

她说一点儿问题都没有。

“我想帮忙，”她说道，“但是你得早点出来。我可不愿在那个家门口久等。”

星期六，我们几个都在厨房里。厨房的窗户正对桑塔丽塔街，也就是母亲说要停车等我的地方。母亲来接我的事，我没告诉父亲和劳伦娜。

今天早晨，在厨房里，我们像是其乐融融的一家。

“This old man, he plays one, he plays knick-knack on my thumb（这个老头儿，他会弹奏，他会在我的拇指上敲敲敲）……”父亲对弟弟唱着童谣《这个老头儿》，弟弟坐在他的腿上，拍着他的膝盖。父亲握着弟弟的小手，将其对在一起捻弄着。里德刚长出第二颗牙齿，不管是谁说话，他总是一遍遍地问为什么。“为什么？”“为什么？”“为什么？”他总是到处爬。他有一头金色的头发，红嘴唇，下巴中间有个窝，胳膊上有小小的肱二头肌。我喜欢他仰着头张口笑、露出仅有的两颗乳牙的样子，喜欢他张开细小的胳膊让我抱他。他已经 3 岁了，但夜里睡觉还不踏实。他总在凌晨就醒来，跑到我的房间里，挠我的胳肢窝把我闹醒。

我和劳伦娜正按她的配方制作意式烤面包，我把大蒜和油洒在面包上面，劳伦娜夸我道：“做得很好啊，丽莎。”我心中顿时充满了家庭的温馨和厨房的乐趣，此刻我们真是相处融洽。

母亲可能早就在外面停车等着我了，我知道自己应该准备走了。我真希望没跟她约好，希望有办法让她离开，我没有在两种氛围之间随意转换的本事。我希望她能耐心地等我一会儿，或许她能理解，这才是最重要的。

她按喇叭了，一声长鸣，像气雾喇叭一般。她就不担心打扰到邻居吗？她不觉得丢脸吗？每当她这样按喇叭，我总会尽快冲出屋外。为什么这种阖家欢乐的时刻总要发生在母亲带我出门的时候？

等我上车时，她已经生气了。她咬牙切齿地说：

“你说好早出来的！”

“我知道，可是……”

“我不愿意等在那栋房子前面，跟你的仆人似的。”

我不仅坐她的车出去，还开始在她的房子里驻留，每隔两周就去她那边待一周。逗留一周的这个空当是最危险的。走向她的汽车，两地相隔有五个街区，几天的改变住处使我意识到——似乎我的父母不仅是各自生活，行为方式还大相径庭。其实他俩有相同的价值观、饮食习惯和神秘的信仰。两处房子距离很近，但气氛却大不相同，这总会令我联想起月球表面：若是把手放在明暗两面的交界线上，一边会被冻僵，另一边则会被灼伤。

不久之后，我减少了在两地奔波的频率，在母亲家生活的时间从一周增为两周，又改为一边住一个月，又改为一边住两个月。

“我想多在妈妈那边住，”十年级开学前的暑假即将结束时，我对父亲如此说道，“两边各半年吧。”因为我的父母既没有结婚也没有离婚，所以不存在正式的监护协议。既然能满足他所说的半年不与母亲见面的条件，我想我有权决定如何安排。他好像不太高兴，却也没有否定。他不会开车接送我到母亲那边，而且，在我跟母亲生活时，去之前和回来之后的连续数天的时间里，他待我都非常冷淡。

到母亲那边之后，在前两天的时间里，我的心里格外温暖，甚至有点厌烦：她到处跟着我，关怀备至。做饭时，我会放很多油，也吃很多黄油。我自以为现在高她一等：我知道她不懂的事，比她的欣赏水平更高。她抚摩我的头发，睡前到我的房间里道晚安，而我早就不需要她这样做了。她的亲密和脆弱令我厌烦，我明明说了一个人挺好，可她还是腻在我身边。我不愿跟她有牵连，因为她，我才无法跟那个家庭合二为一。我发现，她的爱令我心烦。从她的关爱中，我感觉出她意欲讨好我，我却因此而轻视她。

我不想做自己了，而想成为另一个人：漂亮、金发、高挑、高贵。可她似乎喜欢这样的我，爱这样的我，我怀疑她的品位有问题。

我希望她没有发觉我对她的挑剔。我忍住不说，而以一种高人一等且有怨气的口吻跟她说话，为她的另类、为她对我的爱而可怜她。

我们俩仍会吵架，她仍然会哭，说我让她伤心，说我对她不好，我则心软下来，敌意渐渐消失，设身处地替她考虑，感觉又跟她亲近起来。每次跟她在一起生活，这种模式就会出现，我甚至对此早有预料。

“史蒂夫不爱我，”我对母亲说道，“我生早了。”我们俩坐在门外的侧阶上，在紫藤架下面，用小勺分吃半个西瓜。

“他爱你，”母亲说道，“他只是不懂——你对他非常重要。”

听到她说这样的话，我心里乐开了花。

“他知道，”她继续说道，“他一直都知道，但他视而不见，他看不到自己的内心，因为他已经迷失了自我。”

我并非不足挂齿，我还是有分量的。接着我又想起，父亲不断地向我打听缇娜的情况。他总是失去后才想要珍惜，周而复始，一遍遍地重蹈覆辙。现在，他借我去了解缇娜的情况，今后，他同样会向别人了解我的情况。这是他的可悲之处，内外无法契合。

“与其把别人的事做到十分，不如把自己的事做到一分。”母亲告诉我，这是印度教的格言。她还说：“妈妈终有一天会离开，爸爸终有一天会离开，上帝保佑自立的孩子。”可我知道，后一句并不是印度教的格言，而是一首老歌的歌词。

母亲的书桌上有一沓纸，是申请破产的文书，当时我并不知情。我在她的汽车后座上看到一件男士卫衣，“是一个朋友的。”她解释道。在我与她生活的半年时间里，没发现她谈了男朋友。后来我才得知，她与一位数学家交往过，又分手了。她还对一位瑜伽课上的同学暗生情愫，却不知道对方有没有注意到她。每周四的晚上，瑜伽课的学生们都会去大学路上的维寇乐（Vicolo）吃比萨。

每次跟母亲生活的时间到尾声时，我都会觉得内心有些东西破壳而出——可能是我的灵魂吧——沉静而温暖地把我裹住。她出门办事时，哪怕事情与我无关——比如去艺术品商店或杂货店买东西——我也会坐车与她同去，只为了能跟她近距离地多待一会儿。

每次回到父亲家，我都感到比先前更加孤单。我仍沉浸在与母亲生活的余温中：受她珍视，受她爱抚，哪怕说的话平淡无奇也有人乐于倾听。

灰姑娘

跟父亲在一起生活时，我为邻居照看他们3岁的儿子。他们住在瓦沃勒街，距离我们一个街区。他们家是两层的木瓦房子，刷着蓝漆，外面围着白色的尖桩篱笆，院子里乱糟糟地放着卡车、机器人等玩具。男主人叫凯文（Kevin），女主人叫桃乐茜（Dorothy），两人都是律师。给他们看孩子时，我总是盼着吃他们家的饼干、豆奶干酪（父亲家里没有这些零食），并能在灯下的椅子上看书。

我们是在一个周末认识的。当时我和父亲还有睡着的弟弟在外散步。

父亲在人行道上朝凯文打招呼，后者正在车库里修车。车库门开着，从街上能看到他。他令父亲想起了自己的父亲保罗。从外表看，凯文是一个正直坦率的人。父亲和凯文成了朋友，他们在街区里结伴散步。有时候，周末时，我们会到他们家的院子里坐一坐。凯文的车是一辆摩根，前脸很长，黑色车漆，闪亮的铬黄色双排气管，车身有鲜红色的条纹。

凯文和桃乐茜好像很喜欢我，总是多付给我一些帮忙看孩子的酬劳。一个周六下午，他们邀请我搭车去海边玩。我们驶过光影斑驳而又曲折的公路，到斯克兰（Skyline）的空旷地带，中间经过一家名叫“爱丽丝餐厅”的餐馆，很多机车党在里面吃饭。再往前开，快到沙滩时，眼前的风景被层层叠叠的山丘占据。

桃乐茜把围巾借给我，让我围在头上，凯文把他的防风夹克也借给我穿。

“在家里过得还好？”在风声和引擎声中，凯文大声喊道。他指的是父亲的家。

“还好。”我答道，“就是有点冷。”

“冷？”他喊道。

“楼下没有暖气。”我也迎着风声大喊。

“什么？”

“他不肯修。”这时我们来到山顶上，在一个停车标志前停了下来。我不用喊了。“我每天晚上都要刷碗，厨房里没有暖气。他也没有洗碗机。我是说，洗碗机坏了。”

“他为什么不买台新的？”

“我不知道。”

直到我高中的最后一年，刷碗这件事才有了改观。那时，我已厌倦了动手洗盘子刷碗，就叫了个洗碗机维修工到家。他只用十分钟就把洗碗机修好了，只花了 40 美元。原来，只是一个橡胶垫烂了而已。后来我跟父亲说，那台褐色的旧洗碗机又能用了，他只是皱了皱眉头。第二天，时隔多年没用洗碗机之后，一台新的美诺牌洗碗机送货上门了。

“像灰姑娘一样啊。”凯文说道。这种同情正是我想要的，有时候，深夜里看着自己的照片，我也会把自己想象成灰姑娘。

“他们还总让我照看孩子。”我说道。

“哦。”凯文应道。他似乎是同情我，但显然帮忙看孩子这件事并不恶劣，此前描述的种种恶行恶状也随之弱化。

“他们还不愿意买沙发。”我说。后来我慢慢学会了，知道哪些抱怨会有效果，哪些——不管我有多么不满——都不能触发别人的同情。

“他连沙发都不肯买。”我对任何愿意听我诉苦的人都如此抱怨。

其实家里有地方可坐。埃姆斯椅子、搁脚凳、一大张东方风格的地毯、厨房的餐桌、我的书桌。所以，我为何执意要买个沙发，为何对沙发有强烈的缺失感，连我自己都迷惑不解。但我仍然有执念，好像只要他买个沙发，我们父女俩以前错过的东西都能弥补回来。

“更严重的是，”我补充道，“晚上的时候，我格外孤独。我真希望父亲有时能跟我道声晚安，一周一次都行。”

凯文摇了摇头，笑了。后来我才知道，要是他被触怒了，就会这样笑笑，什么都不说，只是摇头。他睫毛很长，眼睛很亮，脸上有酒窝，下巴中间有个窝。那时我以为，他才像个真正的大人，跟我父亲完全不是一种类型。尽管他俩年龄相仿，但父亲总带点孩子气。

后来凯文解释说，他和桃乐茜做事的原则是“直视镜中的自己而心中无愧”，这是他的原话。再后来，我跟他俩相处的时间长了，甚至住在了他们家里，凯文和桃乐茜违背我父亲的意愿，供我读完了大学。我觉得他们这样做是出于自身原因——出于他们自己的成长经历和正义感。得知父亲仅仅是因为比我更有权势便拒交我的大学学费，凯文和桃乐茜大怒不已。

“真希望那个家里能有人为你考虑考虑。”桃乐茜说道，“他们要这样想：丽莎需要什么？”

向他俩抱怨——暖气、晚安、沙发——都给我一种如释重负之感，也使我身兼双重角色：我不仅身在可怜的处境中，我还观察着它；我既是受委屈的人，又是其讲述者。我放低姿态，希望有人能替我出头，让父亲做两三件令我满意的事。跟别人讲述我的遭遇，接受他们的同情，能给我自身没有的力量。

游玩结束，我们又顶着风回来。他们沏了茶，请我一起喝。

晚安，丽莎

“我太孤独了。”我在电话里对蒙娜说道，“他从不跟我道晚安。”

我仰仗蒙娜，把她当成我和父亲的中间人。这一角色伴随我度过高中，直到我进入社会。她会在我们俩之间传递信息。当时，有蒙娜充当中间人，是件天赐的好事，因为父亲会听妹妹蒙娜的话。

“真的？”蒙娜问道，“你跟他提过吗？”

“没有。”

“为什么？”我没有提，因为我知道这种要求不合情理，我需要的东西太多了。此外，在“我该有怎样的感受”和“我实际上有怎样的感受”之间存在差异。

“其实，”我说道，从小窗看向外面翠绿色的院子：茶碗状的玫瑰花，花瓣密密麻麻，就像浸水后蜷曲的书页，“我不明白……”

“什么？”

“这里挺好的。”我答道。

“房子是很漂亮。”她应道。透过窗户看别人家漂亮的房子时，看到温馨灯光下的人，就会觉得他们很幸福。我现在就是身处这样的环境。

“看上去很好，可为什么感觉不到幸福？”我想，一定是我有问题，而非环境。

“花钱不就是为了住得好一点儿吗？”蒙娜反问道。

“你们可不可以在睡觉前跟我道晚安啊？”我站在厨房里，问父亲。跟蒙娜通电话后，我终于鼓起勇气开口了。

“什么？”父亲问我。

“一星期有两三次就行，”我解释道，“我很孤独。”

“不行，对不起。”他干脆地拒绝了，没有丝毫迟疑。他正坐在厨房里的摇椅上，把里德放在腿上，上下颠着玩。

几天之后，我单独问了下劳伦娜。

“当然行啊。”她应道。

我顿时一身轻松，满心感激，就像当初她拉我一起拍全家福一样，令我禁不住要在她下班进大门时用玫瑰花瓣欢迎她。我的感激之情无以言表。我浑身颤抖，仿佛吹了冷风一般。

当天晚上，我上床之后，劳伦娜先来到了我的房间，她倚着床头坐下，伸直了腿。她的脚像人体模型一样直，穿高跟鞋极为合适。我把脚从被窝里伸出来，模仿她的样子。“他一会儿就过来。”劳伦娜说道。

“你今天过得怎么样？”我问她，我把吊灯打开了，平时这个时候都是关了灯的。我想把气氛调节得愉快一点儿，以防他们觉得进来跟我道晚安是种负累，我想让这件事变成一种消遣。其实，哪怕他们只是在门口露下面，我都不会介意。我要的只是一句晚安，而非他们待得时间长短。

“我过得很好。丽莎，跟我说说，你在读什么书呢？”她看见我的床头有一摞书，都只读了一部分。她也喜欢读书。当时，我正在读《弗兰妮与祖伊》，还有“开罗三部曲”[①]的最后一部。我还读着一本名叫《当尼采哭泣》(*When Nietzsche Wept*)的书，它用虚构的故事阐述心理学的道理。其中有个故事说的是一个超重的女孩儿在减肥过程中接受心理辅导，因为每减掉一磅体重，她都会再次感觉到当初经历的种种艰辛。这个故事中，“细胞记忆”的概念给我留下了深刻的印象——我们经历的一切都会储存在身体里，哪怕某一经历的外显记忆已经消失，我们的身体却不会忘记。

这时，父亲进来了。他靠着劳伦娜在我床边坐下。我又轻松又快乐，心情难以平复，就像迎风呼吸似的。

“好了，嗯……晚安，丽莎。”父亲站起身来，一本正经地说道，仿佛是在强调。我们拥抱了一下。

可从那以后，他再也没来过。我又跟他提了一次，但他拒绝了，我就再也不提了。

---

① The Cairo Trilogy，埃及作家纳吉布·马哈富兹的代表作，共有三部，分别是《两宫间》《思慕宫》和《怡心园》。小说通过一家三代人的不同命运，描绘了1917年至1944年埃及社会历史的种种变迁，每一部侧重描写一代人的生活，并以该代人的居住地作为书名。

第七章　特　长

辩论赛

我加入了学校的辩论队，这是为了考大学而做的另一件事。跟其他同样目的的活动一样，我落得疲于应付，最后都忘了参加的初衷是什么。我选择的辩论类型是“林肯-道格拉斯”（Lincoln-Douglas），名字源于林肯和道格拉斯那场著名的辩论[①]。辩论的题目打印在一张长条纸上：“少数服从多数 VS 少数人的权利”。这个辩题是什么意思？我该如何发问？这些都让我一头雾水。

我们为正反双方都做了准备，也练习了好几轮，又去斯坦福大学参加了一场小型辩论赛，我输了。我们剩下的几个人还要去一所名叫林肯学校的地方参加一场辩论赛，那里距离我们这里有一个小时的车程。辩论赛的场地设在很多间空的教室里，场地准备工作由志愿者、家长、老师们完成。每轮比赛结束，墙上都会贴出晋级的人以及下一轮的对战安排。在比赛空当，我们四个校友凑到一起，买好零食，坐在学校里的水

① 1858年夏天，民主党史蒂文·道格拉斯与共和党亚伯拉罕·林肯两位候选人竞选伊利诺伊州参议员，两人在伊利诺伊州各地一共举行了七场辩论。

泥花池边上，边吃边嘲笑上一场对方辩手的漏洞。这所学校比我们学校大，也更漂亮、更现代一些，教室里的墙上贴着各种知识点图表，似乎比我们的更难、更复杂。

轮到我发言时，我的脸就会红起来。每当此时，我就觉得自己的身子轻飘飘的，而头脑却是思路敏捷。我在规定的时间里妙语连珠，听上去无懈可击。在对方发言时，我的脑中就随时准备好了反击之词。“少数服从多数”和“少数人的权利”似乎对我来说是意义重大的。我唯一一次在辩论中落下风，是首轮比赛中对阵一个男生。

当天晚上，我们回了家。第二天是星期天，是比赛的第二天也是最后一天。我们早早地出发，坐的是同一辆车。

“要是大家都被淘汰了，我们就回家。只要还有人晋级，我就等到最后。”教练对我们如此说道。我跟父亲说还得在外待一夜，他半信半疑，似乎辩论队是我瞎编的。“晚饭前，我能到家。”我对他说。

可是我一直在赢。我的脸一直红扑扑的、热乎乎的。在反驳对方时，我得把手放在脸上，左右轮换着，好让脸凉下来一些。

比赛间歇，我给家里打了电话，跟劳伦娜说我得晚些回去。她的声音很冷淡，我知道，肯定是父亲又不高兴了。

“要不你们跟教练说吧，”我说，“让他换人，我早点回家。”

“不用了，”她说道，“我们等你回来。如果太晚的话，我们就先睡了。”

要是我赢了，我就能拿个奖杯给父亲看。以前我从未得过奖杯，现在我觉得似乎很有必要赢一个来证明自己。

白天过去，夜晚降临。每一轮过后，贴在墙上的白纸上剩余的选手就越来越少。我走进下一个赛场，听说已经是半决赛了，评委也从一个增加为三个。

除了第一轮碰到的那个男生，其余对手的模样我都记不清了。但在决赛时，我知道自己正走向胜利，我清楚地记得当时的感受。决赛的时间同样并不算长，到了这个时候，我已经不在乎自己会抽到哪一方，我的卡片已经因为多次使用而变得皱巴巴的。不管对手如何发难，都不在话下，我胸有成竹。比赛结束后，我跟对手握手。我对对手表现出的大度风范，就像对此前被我淘汰的所有选手一样。

二十分钟后，大家集合起来，准备参加颁奖典礼。“本次比赛共有两位胜者。”主持人大声宣告。他手里只拿着一个奖杯。我从座位上站了起来。“可惜，我们只准备了一个奖杯。所以，你们俩谁先上台，奖杯就发给谁。”

此时，我早已登上台阶，尽量表现得优雅而若无其事。现在我才看到，与我并列冠军的另一个选手正是我首轮碰到的那个男生。在小组赛中他可能是赢了我而进了胜者组。也就是说，他此后遇到的对手都要更强一些。他不如我走得快，我先走到领奖台前，于是主持人把奖杯交给我。我抓住了奖杯，递到自己的左手。那个男生也走到领奖台上，我们微笑着握了握手。

第二天，在父亲的车上，我跟他说了比赛的事。

“我赢了他们。”我撒谎道。当天早上我给他们看过奖杯，但他似乎不太在意，所以我又说了一遍。

“我知道，丽莎，或许这就是你需要的东西。”他说道。

“什么？”

“你做到了，证明了自己。”他解释道。

“可是这才是第一个，我以后还会有更多奖杯。得奖在申请大学时有用处。”

“辩论在现实生活中才有用。”他告诉我，“真正需要的时候再展示你的辩论能力，这种辩论赛其实很没意思的。”

我们俩很像

101 高速路旁边有一栋房子，房子并非正对公路，遮檐上有一行字，写着“红房子”，还有一张图，画的是两只酒杯相碰。

“以后，丽莎就在这里工作。”父亲开车经过时，指着那栋房子对我们说。我们都在车上，我和弟弟坐在后座。他以前开过这个玩笑，现在我知道了，这其实是一家脱衣舞厅。我回忆着从电影里看到的场景，裸女在舞台上扭来扭去，“红房子”门前的停车场上几乎没有汽车。

“哈！”我回应他，以配合他的玩笑。

到家之后，他在客厅里放 CD 听。他说过要给我放一会儿歌听。“听，”他说道，咯咯笑着，“这首歌送给你。”

他放的是兰迪·纽曼[①]为皮克斯动画工作室的动画电影《玩具总动员》所写的曲子，名叫《小矮个儿》(*Short People*)。

《玩具总动员》是第一部全部由电脑制作的动画片，他如此说道。随着制作的进行，他每周都会把磁带带回家，里面存的是电脑修饰的草图，还有各个角色的配音。有些很粗糙，有些经过改进，有影星的配音，也有替身的配音，都是些未成形的素材。

当时我的身高是五点二英尺，已不再长个了，《小矮个儿》的歌词就是讽刺我的，但我还是被这首歌逗笑了。他一边看着我，一边随着音乐踮着脚，还试着跟唱，他背不下全部的歌词，他想抱着我一起跳舞。父亲身高六英尺，劳伦娜五点七英尺，他们量过弟弟里德的身高，并将其乘以二（这是劳伦娜学来的预测身高的办法），说弟弟将来也会很高。

① Randy Newman，1943 年出生，美国作曲家、歌手、钢琴师。

他俩似乎很在意身高，真是一种很世俗的眼光。

一天，我放学回家，发现房间的桌子上多了台电脑。电脑是磨砂黑色，机箱上有一排通风口，屏幕很大。

“我觉得你可能想要一台。”父亲走进房间，对我说。自从搬到这里之后，我就一直跟他要一台 NeXT 电脑，他和劳伦娜各有一台，但他都拒绝了。他说对孩子而言，电脑太贵、太奢侈了。

“哇，”我赞叹道，“谢谢你！”可是，无缘无故地，他为什么要送我电脑？我按了一下后面的开关，电脑却没有响应。“这要怎么打开？”我问他。

“这样。”他应道，把手伸到机箱后面，按下同一个开关，仍然是没有反应。我敲了下键盘上的一个按键，点了点鼠标，也还是没有反应。他又抬起显示器一角，拨弄了几下开关。我钻到桌子底下，拔出电源，又将其重新插好。他打开台灯，确定电源插座没有问题。

“丽兹，”他说道，“我也不知道是怎么回事。”

第二天放学回家时，电脑不见了，也再没有新的送来。

自从我过了 16 岁生日，一整年的时间里，只要跟父亲在一块儿，他就会对我唱《音乐之声》里关于 16 岁到 17 岁的那首歌。在家里，他仍然穿着黑衬衫、白内裤，赤着脚，一边上楼一边唱，还在楼梯上向外挥展手臂，仿佛是在百老汇[①]表演滑稽剧：“天真如——玫——瑰——”那时是下午三四点钟，我站在楼梯底下，翻着白眼看他，但我喜欢这种闹剧，尤其是他在胡闹的时候。

一个星期六，父亲、我、弟弟一起出去散步，父亲把弟弟放在婴儿

---

① 指的是百老汇大道（Broadway），是纽约市重要的南北向道路，道路两旁分布着众多剧院，是美国戏剧和音乐剧的重要发扬地，“百老汇”因此成了音乐剧的代名词。

车里推着。空气中满是熟透的迷迭香和沥青的气味，沥青马路很热，都开裂了。“要是被那个尖顶扎一下，会不会很惨？”我们经过一个水泥尖顶的教堂，他如此问道。接着，他腮帮子一鼓，发出放屁似的声音，仿佛是被扎破了肚子。

空气中好像有些金色的东西，一些活动的光粒，可能是花粉。我们经过一个公园，公园里有松树和绒叶木兰。“丽莎，你知道吗？”他说道，“东海岸的人不理解西海岸的生活。不论他们怎么努力，都理解不了，这是骨子里的东西。”他说，东海岸的人都穿休闲的卡其裤。他还说，那边的人跟我们毫无相似之处，他们太虚伪，一本正经，不像我们这样，因为我们这里的山上有散发着芳香的胡椒树、桉树，还有淡淡的阳光。他和我，我们俩都穿着破洞牛仔裤和博肯凉鞋。

我在不同的角色间转换着。在这个周末的上午，我是父亲的红颜知己，跟他心有灵犀，我们都喜欢牛仔裤、斯坦福的山，还有鲍勃·迪伦。

他的腮部上方有时候会挤出酒窝，我也能。他不吃肉、黄油、奶油，我也不吃。因为崇拜他，我开始学他的样子走路，每一步都向前跄。我说话时也像他一样，喜欢在句子里夹上“sort of”，因为我觉得这样说话显得高深。我们是加利福尼亚人，我们俩很像，这两种想法融合在了一起。

我们来到考帕街（Cowper Street）和北加利福尼亚大道（North California Avenue）的一角，在一栋房子前面的蛇形围栏停了下来。围栏后面长满了玫瑰，所以，从人行道上看不到院子里的房子。长着浅绿色刺的浅绿色花茎，像辐条一样根根直立。玫瑰花都不大，五颜六色的，像果冻和夕阳一般：红色、橙色、浅粉色、艳粉色、洋红色、大红色……每朵花都与旁边的颜色不同，因为光线或色调的原因，花朵仿佛在发光。

“太漂亮了。”父亲赞叹道。

“是啊。”我附和道。

我们俩站在原地，一动不动地赏花，弟弟则在婴儿车里呼呼大睡。他和我欣赏的眼光是一样的，我想道。我们俩的品位一样，除了母亲之外，还有人与我有同样的眼光，这让我感到如释重负。

几分钟之后，一个男人从房子正门走了出来。

“这些玫瑰是什么品种？”父亲问他。

“‘约瑟的彩衣。’”那人答道，“可能是因为它们颜色各异吧。”

回家之后，坐在厨房的桌旁，我提议跟他换眼镜。我的眼镜是他买的，“欧利弗·皮帕斯”[①]的，黑边，又大又笨，金属饰面也生锈了。他的眼镜是无边框的，眼镜腿是两根细的金属丝。

他用双手慢慢地摘下眼镜。

“小心点，”他嘱咐道，“用力太大，就会伤到镜片。”我把眼镜接过来。在我手里，它精致纤细，似乎有了生命，像个虫子似的，眼镜上仍带着他脸部的温度。

我们俩各自把眼镜戴上，互相看了看，同时笑出声来。我们俩的度数几乎完全一样，都是近视，并且左眼散光。

“千万别拔眉毛，尤其是中间的。”他叮嘱道。我的眉毛长得不均匀，一边高一边低，两条眉毛几乎连在一起。“拔了以后就不长了，最后就得用铅笔画眉。”说着，他的脸扭曲变形，露出一副厌恶或蔑视的神情。“真的，”说着，他伸手摸了摸我的眉心，“你脸上最好看的地方就是眉毛了。”

“嗨，我给你放了洗澡水。”几天后的一个晚上，父亲对我说道。

我走进卫生间，只见他在洗脸盆上方的架子上、浴缸边缘都点了蜡

① Oliver Peoples，美国高档眼镜品牌。

烛，浴缸的水面上撒了玫瑰花瓣。在烛光中，花瓣映成了金黄色。这些花瓣一定是他从外面的院子里摘的。

大约也是在那时，有一天早上，我走进厨房，父亲正在看报纸，劳伦娜在拿收到的信。我进来之后，他突然放低报纸，看着我。

“丽兹？”

“有什么事吗？”

“你自慰吗？”他的问题悬在半空中。我的答案是我不自慰，我从没试过。我知道自慰是什么意思，但不知道该怎么做。几年前，在一次舞蹈课上，在几个动作中间，我突然被一阵无法抵挡的愉悦感占据，我赶忙跑出舞蹈室，跑进更衣室里，脸红难褪，不明白发生了什么。

我没有接父亲的话，只是愣愣地站在原地。

“嗯，我觉得你应该试一试。”他言之凿凿地说道，接着又端起报纸，继续看报。

夏威夷之旅

我读高三那年的秋天，正当我在积攒学分以便申请大学的压力最大时，父亲让我跟全家人一起去夏威夷度假，他说蒙娜也会去。

“可我不能耽误课。”我解释道。

当时，我们坐在走廊里一个厚木板做成的黑色长凳上，这是那片地方唯一的家具。

“你要是不能去的话，”他说道，“那就别把自己当成这个家的人了，丽莎……”说到这里，父亲停顿了一下，好像是言之未尽，却紧闭着嘴唇，摇了摇头。

“好吧、好吧，我去。”我赶忙应道，免得他再啰唆。

第二天，我向老师请假。因为要填写请假单说明事由，我便撒谎说要做一次长途旅行，去参观几处大学。化学老师劳伦斯（Lawrence）摇了摇头，还是签了字。历史老师沃伦（Warren）惊讶地看着我，最后也签了字。现在他们知道我去参观大学了，以后真要去时，怎么办？她们若是问我去过哪些地方，我该怎么回答？我怎么向她们解释在夏威夷晒黑的皮肤？

等我回来，我再想想怎么去圆谎吧，或许我在夏威夷时可以躲在室内不出去。

到达夏威夷那天，我随父亲去了海滩。沙滩上有很多熔岩碎屑，赤脚走在上面很烫。几棵棕榈树下，有一个茅草屋顶的开放式平房，称作“海滩棚屋”。在那里，人们可以租借设备，并在附有纸夹的笔记板上登记要参加的活动，有潜水、双体船、水肺潜水学习班等。

棚子下面的沙子是凉的。在阴凉处，两根屋梁中间有根栖杠，上面有一只翠绿色的金刚鹦鹉，长着黑色的舌头。父亲中午吃饭时剩了点儿面包卷，现在拿出来喂鹦鹉。鹦鹉身子前倾，伸长了脖子，黑色的爪子抓着栖杠。它仿佛是站在铰链上似的，抓着栖杠向前挪了几步，张开黑色的嘴，伸出一根顶端长着类似小手的舌头，舌头是冲着面包卷去的，可是父亲把手撤回来了。鹦鹉缩回脖子，在栖杠上站直了身子。

“哎，”我劝道，“你给它吧。”

“稍等。”他说。

他再次递出面包卷，恰恰在鹦鹉够不到的地方。鹦鹉再次将身子前倾，慢慢张开铰链似的嘴，黑色口腔像个便携药盒。然后，就在鹦鹉快吃到面包卷时，他又把手撤了回来。

“真无聊。”我说。

他一遍遍地逗着鹦鹉，鹦鹉探头，他就缩手，然后鹦鹉重新站直身子，竖起绿色的羽毛。每次我都担心这只鹦鹉会从栖杠上翻下去，因为它的翅羽被剪掉了。

“太坏了，爸爸，你这是在折磨它。”我说道。

“我这是在做试验，”他反驳我，“我想看它长不长记性。”

我在一边等着，看他听不听劝，或者他是否会厌倦这无聊的恶作剧，又或者看鹦鹉会不会变聪明一点儿。可一切如故，我就索然无味地离开了。

一会儿过后，我又见到他。他笑着，一副神清气爽的样子。“这里简直太棒了！”他赞叹道。四下里各种各样的鸣声不绝于耳。

晚饭和早饭是在同一个餐厅里。我们坐在餐厅前面的一个圆桌上，靠近厅门，巨大的窗玻璃到了晚上都变成了镜子一样。外面三人的小乐队正演奏着夏威夷风格的曲子，时而悲伤时而欢快。负责我们这一桌的服务员是位娇小的女士，黑色的长发中间掺着几缕灰发。她走到桌前，让我们点餐。我早先见过她，那时她跟一个小男孩在外面走着，我想应该是她的儿子。

父亲点了胡萝卜沙拉，“都切成这么大，”说着，他用拇指和食指比画出一英寸大小，“旁边放半个柠檬。我还要一大杯鲜榨的橙汁，不是那种小杯子，要大杯子。”他又比画了一下杯子的大小。每当他想清晰发音时，都会咬舌。

“我们会尽力满足您的要求，先生。”服务员和颜悦色又不屑一顾地答应着，低头看着记事本，把父亲的要求记了下来。父亲后仰着坐在椅子上，椅背后倾，他的下巴几乎要跟膝盖在一条水平线上了，我有点怕他会摔倒。

服务员又看着蒙娜，等她点餐。

“来条白鱼，”蒙娜说，“你看看有什么可以推荐一下？”蒙娜说得很有礼貌，声音小，语气也很温柔。

“有 ono ①，跟白色的鲷鱼差不多。”服务员说，“还有 ahi ②，也是今天刚捕的，很新鲜，就是肉比较紧。”

“来条 ono 吧，水煮就行，不要黄油，稍加一点儿橄榄油，旁边加点蒸的蔬菜。”

鱼和蔬菜，不要黄油？看她点的餐，这是要从我的阵营里脱离出去，加入了成年人那一伙啊。在这次旅游中，她似乎更像他们的朋友，而不是我的朋友了。劳伦娜点得很简单，只要了一份沙拉。我点了意大利面。

“我对那只鹦鹉做了点试验，”父亲说道，“就是沙滩上那只。结果证明，它真是愚蠢透顶。”

“他折磨它。”我告状道。

“它不懂得吃一堑长一智，”他说道，“一傻到底，太好玩了。”

这时，服务员端来了食物。他的沙拉就是一堆用工具切成的胡萝卜丝，放在单份沙拉盘子里，跟一份马马虎虎的配菜似的。因为长时间暴露在空气中，胡萝卜丝的边缘都发白了。柠檬是一角而非他要求的半个，表面绷在外皮上，一挤就裂开了。接着，服务员又把别的饭菜摆在桌上。我表现出比往常更满意的样子，因为我觉得气氛好像有点不对头，想借

① 一种刺鲅鱼。

② 一种黄鳍金枪鱼。

此调和一下。

父亲看着眼前的胡萝卜丝，伸手摸了摸其中的一根，又厌恶地缩回手来。“等一下！”他说道，服务员这时刚要走，“这不是我点的。”

“可是，是您说……”

这个女人面容和善、眼带疲惫，但她不该反驳。她看不出“他点的东西”与“她端上来的东西”的区别，我能看出来。她认为他的要求苛刻而麻烦。我知道，她本该对任何能取悦他的事表现出兴趣才对。快走啊，你这个笨女人，我心里不由得替她担心。

她把父亲跟前的盘子端走了。她还在声音所及的范围内时，父亲嚷嚷道：“这里什么都好，就是饭做得跟屎似的。”

“史蒂夫，尝尝鱼吧。”蒙娜说道，“没放黄油。”说着，她把自己的盘子推到他跟前。他看了一眼，没吃。看他紧绷着脸半笑不笑的样子，我知道，他正在酝酿一次言语攻击。

当他攻击别人时，站在他这一边是最安全的。

在安全与危险之间，有一道看不见的界线。我想永远从危险的那一边走到安全的这一边来，从外面走到里面来。而获得安全的代价就是，得眼睁睁地看着他攻击那位服务员。痛苦和折磨不会增大或缩小，而是从一个人的身上原样转移到另一个人身上。我如果出头维护这个服务员，他可能就会把矛头转向我。对一个人的攻击会令其他人受到刺激，对我而言，能安然地身处危险之中，令我感到浑身软绵绵、轻飘飘的。

第一次跟父亲和劳伦娜到夏威夷玩时，他指着我的泳衣对劳伦娜说：“你为什么不买件跟她一样的？”当时我就不由自主地觉得自己是最棒的，因为我的泳衣得到了他的认可。

后来我才想起来，当时在座的几个人，小时候都是失去了父亲。现在，他是这个家的家长，他为我们此行的一切花销付钱。一时间，气氛很紧张。

服务员回来了，她端着一个碗，碗里有更多胡萝卜丝，有新鲜的有不新鲜的，掺杂在一起。她还拿了一角新柠檬和一大杯橙汁。

“请问您要的是这种吗？”她说道，似乎觉得这次做对了。

“不是，”他答道，“这根本不是我想要的。这里有人知道该怎么干活吗？”他说道，“真的，你不会干活。我要的是新鲜的胡萝卜。”

“先生，我跟厨房里说了，让他们……”

“不、不，你肯定没说。这堆屎跟你上次送来的一样。”

“对不起……”服务员的声音有些发颤，“我拿回去重做。”

“这样才对。”他说道，“你应该想一想你为什么在这儿，你是不是把工作做好了。因为到目前为止，你干得跟屎似的。你干的每一件事都跟屎似的，你还一遍遍地把这堆屎端上来。我的胡萝卜和柠檬要放在碗里。”说到这里，他用手比画出碗的大小。

“是，我明白了，可是……”

“我要的是最简单的东西，你们有胡萝卜吗？”

“有，可是……”

“你们有柠檬吗？”

“有。”服务员愣愣地站着。

“厨房里有擦子吗？”他倚着椅背后仰，隔着铺地毯的地板，看着厨房那边。

“有。”

“好。那你跟他们说：拿三根胡萝卜，擦成丝，”接着，他模仿用擦子擦胡萝卜丝的样子，说最后几个字时，声音像针一样尖锐，“然后放上柠檬，再端过来。”

“厨房里的胡萝卜丝都是早就擦好的。”服务员急哭了，却并没有哭出声来，“我去问问他们怎么办。”说完她转身就走了。父亲慢吞吞地、失望地看着眼前的餐盘，似乎经历了一件惨事。

“别去了！”他朝已走到地毯另一边的服务员喊道，“不要胡萝卜了，我再看看你们的菜单。”

她送来菜单，站在一旁等着。

“点这个吧。”他指着菜单上的煎鱼说道，“但是，不要煎的，要蒸的。不要黄油，不要奶油，一点儿调料、配菜都不要，只要清蒸鱼。”

她把要求记了下来，一句话都没说。这鱼同样不会令他满意，不放调料，就不会有味道。我知道父亲喜欢吃黄油，只是不喜欢黄油这种概念，他应该点蒙娜吃的那种鱼。菜是他自创的，又立了那么多规矩，这个度假村的厨房不可能做得合他心意。

我们几个都吃完了，服务员才把他的鱼端上来。白色的盘子里放着一条白色的鱼，盘子边上还滴滴答答地滴着汁水。这次，经理也陪着服务员一起过来了。他站在她身旁，是一个留胡子的矮胖男人。

父亲用叉子的一根齿挑起一丝鱼肉，放进嘴里，脸抽搐着。

“不怎么样。但不管怎么说，还是要谢谢你们。”接着，他放下叉子，仿佛受了很重的打击一样。

“史蒂夫，真对不起，不合您的心意。”经理道歉道，“我们该怎么做，才能让您吃上满意的饭呢？”

“不能，你们做不到。真可惜，你们这儿的饭太差了。”他又把椅子后仰，勉强笑道，“但是，你知道吗？这地方别的事都很棒。所以，我猜可能也就这样了。”

“我们一定尽力而为，不会再发生这样的事了。”经理说道。

吃完饭我们一起回住处，白沙小路旁是低矮的路灯，上面有壁虎盘绕而行，发出唧唧的叫声。劳伦娜穿着一件白裙子，半明半暗中分外醒目。走在小路上，我感觉大家都身处电影《公民凯恩》[①]的场景中。几年前，斯坦福剧院重新开业，有几个下午，父亲过来带我去看电影，出门前，他总会在我耳边用低沉的声音说道："玫瑰花蕾。"我觉得那部电影稀松平常，但其场景——棕榈树叶、长长的阴影、明亮的白色衣服、火把，都令我与眼前的此情此景联系起来，似乎我正身处一个奇异的世界。

第二天，我们发现父亲的朋友拉里·埃里森[②]也在当地。他戴了顶草帽，午饭后，我跟父亲和拉里坐在一块悬空的熔岩上，下面就是大海。拉里说，他最近才读到，进化并不是稳步而行的，而是跳跃的、断断续续的，看看化石记录就能发现，进化并非线性发展的。

他俩还开工作上的玩笑，我都听不懂。拉里说话时声音很低，但笑起来声音又高又快，像吸了氦气似的，说话时和笑时简直判若两人。他是跟一位女士一起来的，她后天晚上就乘坐美国联合公司的班机回国。他说，明天还会有个女人坐飞机过来找他，第二个女人也穿高跟鞋，而且对先前这位毫不知情。

父亲抓着我的胳膊，攥得紧紧的。他的热情令我诧异，起初好像情深意切，接着又消失得无影无踪，然后又再度出现……就像这个岛上两种截然不同的景观。

"你觉得呢，亲爱的？"第二天，我无意中听到父亲跟劳伦娜说话，"一是每年让孩子到夏威夷度假，二是送他们去上大学。你觉得哪个好？"

"我不知道。"劳伦娜答道，"我只知道这个地方真好。"

---

① *Citizen Kane*，1941 年美国上映的一部传记体影片，该片以一位报业大亨孤独地在豪宅中死去为序幕，围绕他临死前说出的"玫瑰花蕾"一词，讲述了他一生的故事。

② Larry Ellison，美国犹太人，1944 年出生，世界上最大的数据库软件公司"甲骨文"的老板。

“我觉得最好是每年都带他们来度假，两相比较，度假比上大学要好。”

他们是在开玩笑吗？父亲对他跟别的家长不同这件事从不在乎。在餐馆吃饭时，他能拿起餐巾擤鼻涕。在来这里旅游之前，我应该问问上大学的事。我从未考虑过这种情况：答应了一个，可能就得放弃另一个选择。我既想要旅游，也想要上大学。我知道我有资格这样想，也喜欢这样想。鱼和熊掌，我要兼得。我刚刚喝了很多果汁朗姆冰酒，深感此行已让我筋疲力尽。到这里旅游一次要花多少钱？我想一定比大学的学费便宜吧。我不知道，我有点后悔了。这里的气味、树、鸟，都令我难受。

“对，那样最合算了。”劳伦娜附和着父亲，或许她觉得他绝不会做出这种事，只是说说而已。而我想听到她说：“真荒谬。”

“你跟老师是怎么说的？”我用度假村的白色电话给母亲打电话。电话一共两台，其中一台在收货处隔壁的房间。

“我说我去参观大学了。”我答道，“要是我说实话，他们就不会准我的假了。”

“我去跟他们解释吧。”她说。除了继续撒谎，我还没想过有别的办法。我一直躲在室内，以防晒黑。

我把老师的名字和所在的教室告诉了她。第二天上午，她去学校向老师们解释，说我当时实在没有办法了，又羞于开口，只好撒了谎。回到学校之后，老师们都带着揶揄的神情看我，劳伦斯老师还打趣我，但这事很快就过去了。

旅游临近结束时，有几个晚上，我站在餐厅旁边悬空于海的熔岩上，悬崖下面挂着一盏灯，借着昏暗的灯光，我看着身下阵阵细浪拍岸，热风在身边盘旋。一条鱼被光线照亮，朝着暗处游去，天空中有颗明亮的星星。那一刻，我看到——我感觉到——鱼和星星之间连着一根线，一根很结实的银线，像绳子一样，格外清晰，仿佛真的一样。

那一刻，我感觉到，世上没有毫不重要、微不足道的东西，哪怕渺小如一条鱼，也能与无尽的银河相连。

回到帕洛阿尔托之后不久，我就跟父亲和劳伦娜说了鱼和星星的事。当时我们正坐在车里，车停在雷德伍德城（Redwood City）的高塔唱片行（Tower Records）外面的停车场上，我们一起出来买 CD。父亲关掉汽车引擎，弟弟跟我坐在后座，他睡着了。令我惊讶的是，他俩坐在前排，安静地听我讲完了整个故事。往常，他们都是急匆匆的，唯独这次，他们静静地坐着，看着挡风玻璃，静静地听我讲述一个完整的故事。

心理辅导

我希望劳伦娜能拯救我的人生，同样地，我也希望自己能拯救她的人生，我把自己想象成她的救世主，强大而慷慨。一天，在厨房里，她突然转过身子对我说："我太年轻了。"

"干什么太年轻了？"

"结婚。"她淡淡地说。

她从院子里摘了些花椰菜，将其放在父亲新买的艾烈希牌[1]锅里蒸。刚买来的时候，他兴奋得不得了，指给我们看：锅的边是圆的，不是直的，像个汤锅，只是小一些，用的是同样的材料，同样的价格，却是个普通的锅，但处处能看出其设计的精巧。"真简洁，真漂亮。"他把锅拿

① Alessi，意大利家用品设计制造商。

到厨房的灯光下翻来覆去地欣赏。

劳伦娜到楼上去了，忘了锅里还蒸着花椰菜。锅里的水煮干了，把锅也烧焦了。我一时没想到再去买个新的，也不知道父亲是在哪里买的，更不知道花了多少钱买的。何况，在他下班之前，我们也来不及去买个新锅了。厨房里浓烟滚滚。“糟了！糟了！”劳伦娜连连说道。她打开厨房里所有的窗户，拿着一份报纸使劲地扇。此前我从未见她如此慌张，她之前总是镇静沉稳的。我也帮着她扇，房子里全是糖、炭和烧焦的金属味儿，我们俩疯狂地扇着。

父亲有时会说劳伦娜是从新泽西来的，说她脚宽，说她像另类的树。而这个锅就象征着他认为她欠缺的一种审美。“她没什么品位。”有一次，趁着劳伦娜离席去了别的房间的空当，他对来家吃完饭的客人如此说道。要是被他看见锅烧坏了，一定会对劳伦娜冷嘲热讽，仿佛这是又一个证据，证明她会玷污他的高雅情趣。

她本可以嫁个更好的男人，我这样想。我要拯救她，我们俩能彼此拯救，开着她的白色宝马逃跑，就像电影《末路狂花》[①]里的那样。我对她充满爱慕，不管发生什么，她都能保持乐观，继续努力，把她的公司带向成功。她知道生活中难免会有残酷无情之事，她一直无视父亲的否定，这种奋进的精神是我的榜样。她意欲离开，可能是因为认为无人注意到她的优点，或者是自我怀疑。可是我注意到了，我欣赏她。我希望她能过得美满快乐，我相信她的能力。我认为，我对她的信任和鼓励是她需要的，能帮助她逃离。

烧锅事件过后，我们俩的亲密感就消失了。我很奇怪，我们俩的亲

---

① *The lma&Louise*，1991 年美国上映，讲述了生活不如意的家庭主妇塞尔玛和同样孤独的朋友路易斯去郊外旅行散心，却因意外杀人而逃亡的故事。该片被认为是向男权社会发出抗争的女性主义电影代表作。

密感每次都是稍纵即逝，很快就恢复往常的样子。父亲得知锅烧坏之后很不高兴，一连生了几天闷气。

我仍然接受着莱克医生的心理辅导，8 岁以来，我每周到他那里治疗一次，辅导费由父亲支付。莱克医生的诊所在韦尔奇路（Welch Road）、斯坦福医院（Stanford Hospital）的旁边。他个子很高，黑发，面容和善。我第一次见他时，他任由我用指甲油涂抹了一个洋娃娃。我给洋娃娃穿了一件短衬衫，又把她的头发剪成了短的鬈发，他同样没说什么。现在我去看他，我坐在靠墙的长沙发上，他坐在我对面。有时候，我们俩会下跳棋或象棋。他有一罐奥利奥饼干，几年前，我之所以能坚持去看他，部分原因就是因为能吃到罐里的饼干，随便吃。在到韦尔奇路之前，他在另一家心理诊所工作。有时候我们俩会步行去“福斯特弗里兹”[①]吃饭，边走边谈。现在我们也会出去散步，去“斯坦福谷仓”的哈根达斯，他给我买冰激凌吃。“弗洛伊德[②]要是知道我这样做心理辅导，一定会气得活过来。”路上他开玩笑说道。

我央求了好几个月，终于说服了父亲和劳伦娜陪我去做心理辅导。我有个疯狂的想法。莱克医生会对他俩说些什么，或者听他俩说些什么，然后他俩就会开窍了，往后就会听从我的所有意见和建议（合理的），比如买个沙发、向我道晚安、修暖气等。有了莱克医生撑腰，他俩就不能无视我合情合理的意见。

父亲和劳伦娜特意打扮了一番。他俩一起走进莱克医生的办公室，简直太般配了。劳伦娜身上有亚麻被肥皂洗过的香味，她穿了一件干净

① Fosters Freeze，美国加利福尼亚的连锁快餐店，1946 年创建。

② 西格蒙德·弗洛伊德（Sigmund Freud，1856—1939 年），奥地利精神病医师、心理学家、精神分析学派创始人。

利落的白衬衫，戴着父亲给她买的金边小眼镜。父亲穿了一件新的黑衬衫，一条没有破洞的牛仔裤，他好像刚理过发。

莱克医生准备了四把黑色海绵扶手的木椅，中间是张木桌。他俩坐了下来，腰板笔直。我跟莱克医生在一起时早就不再拘谨，随意得很。我希望他俩也不要拘谨，因为莱克医生很和蔼。他穿着灯芯绒裤子，办公室虽凌乱却构造独特。

“咱们今天来谈谈丽莎的事。”莱克医生说道，办公室里鸦雀无声。我知道莱克医生善于利用长时间的静默。有时候，为了让他开口说话，我会任时间流逝，使静默超出合理的时长，让人感到不适。

我清了清喉咙，说道：“我一直都很孤独，我希望你们——我们能一起想想办法。”说罢，我停下来看了看劳伦娜，她面不改色，似乎戴了面具。

“我太孤独了。”我又说了一遍，他俩还是不作声。

我看了看莱克医生，他也不作声。

大家都在等。我希望自己的需求能少一点儿，我希望自己是一株多肉植物，长着一身刺，干巴巴的根，寥寥几片薄荷味的叶子，只需一丁点儿水分和空气就能生存。

一段冗长的沉默过后，我忍不住哭了起来，泪流满面。我希望眼泪能使他俩心软，我希望自己糟糕的状态能让他们慌乱。我不完美、不优雅、不八面玲珑，我也不要求他们多么完美、多么优雅、多么八面玲珑。

终于，劳伦娜开口了。“我们俩待人一向冷漠。”她冷冰冰地说道，仿佛在澄清事实。

这话也能说出口？我想道。这太不可思议了！心理辅导结束后，我对此事震撼不已：她竟然敢说这番话。简直太厉害了！能知道自己的缺点，而且毫不愧悔地坦而言之，她的口吻毫无感情色彩。我原以为可以指责他们冷漠而疏远，可现在蒙羞的却是我自己，因为是我在强人所难。

这是多么明显的事情啊，他们一向待人冷漠！我看了看父亲，他还是一言不发。他不是个冷漠的人，我如此想道。他只是以一种我无法预料、无法控制的方式把他的热情藏起来了。可到最后，结果还是一样。

后来莱克医生告诉我，在他们走出去时，在办公室和等待室之间的走廊里，他忍不住对他俩说了一句话，也令他自己很惊讶："果然不出所料，你们俩跟我预想的一模一样。"

"相信直觉"

一天晚上，我正忙着把笔记抄到记忆卡上，父亲来到我的房间里，对我说："你要是相信直觉，仔细听，就能听到内心的声音。你听说过一种说法吗？——Be Here Now。"

什么意思？是活在当下的意思吧。可我还有作业要做，大多数作业都很枯燥，但是谁叫我是要考哈佛的人。而活在当下就是活在痛苦里。

"丽莎。"他叫我。

"怎么啦？"

"你该抽点大麻的。"他说道。

他的言外之意是，我太死板了。但我不相信他的话，我上高三了，现在成绩最重要。

"要是你乐意的话，我可以跟你一起抽。"他又说道。

"不了，谢谢。"我应道。他是想借大麻来使我学习的斗志松懈。然后他就会说："看吧，她哪里是上大学的料啊！"

"以后你就是个嬉皮士，"他说，"相信我。"

“不，我才不信。”我应道。我知道，他说的嬉皮士指的是轻松而洒脱的生活方式。但我在认识他之前就了解嬉皮士了——身穿麻布衣服，头发长了也不剪。想到嬉皮士，我嘴里就如同吃了土似的。

“随你的便。”他说道，从我房间里走了出去，脚上穿着博肯鞋，一踮一踮的，还吹着口哨，似乎在向我炫耀他的潇洒与快乐。

晚上睡觉时，我梦到一个男同学。他叫约什（Josh），我几乎不认识他。在梦里，我跟他肩并肩地在小镇西面的山丘上游玩。我和约什选了同一门英语课，都在校报工作，但我俩没说过一句话。在梦里，我们都背着一种奇特的背包，能在天上飘。我们在天上懒洋洋地飘着，俯瞰远处的旧金山：高楼大厦的尖顶和闪烁的玻璃墙面，维多利亚式房子那色彩柔和的斜顶，再远处，大西洋波光粼粼的海浪拍打着沙滩。在梦里，这座城市比现实中更加鲜活，忽近忽远，就像大气作怪，远景忽而拉近忽而扯远。

在梦里，我看着约什，心中的快乐如泉涌一般。我太激动了，得小心地、慢慢地说话，以防像爆豆子一样。“咱们走。”我说道。我们慢慢地向着那个大都市——我所知道的最棒的城市——飞去。

第二天上午上课前，老师还没来，我趴在桌子上，拍了拍前排约什的肩膀。

“哎，昨天晚上我梦见你了。”

他转过身面对着我。“哦，”他微笑着应道，“梦见什么了？”

“咱们俩一起飞去旧金山，是真的飞去的。我是说，咱们都背着飞行背包。”

“嗯，咱们应该试试。”他说道，“咱们……”这时老师来了，他转过身去，开始听课。

母亲的作品

跟母亲一起生活时，我隐约地感觉到，有那么一天，或许是我上大学之后，来自父亲那边的子女抚养费就会停止了。母亲别无其他的稳定收入，她肯定也知道这一点，也盼着能经济独立。有一次，母亲打算在自家车库办一个旧货甩卖，可是直到甩卖前一天，她都没在门前摆出告示。我们有很多东西要卖，比别家的旧货甩卖都好，可是只有几个人知道，几乎没有人上门。她在售卖作品方面同样没有头绪。她的版画若是未被内曼·马库斯或史密斯与霍肯公司订下，或者没有被人口头预定，她就会转移兴趣，转而去做地板画——即铺在地板上的画。地板画是画在四方形或三角形未装框的画布上，用的颜料是青紫色、橙红色、各种绿色。图案主要是果实、花朵、树叶，有些是用模板印，有些是用油彩画，她还在上面抹了一层很贵的釉，以保护其旧瓷器般漂亮的裂纹。她和朋友都做地板画，但她的朋友没有美术基础，所以母亲的作品要更好一些。

每想到一个挣钱的点子，她都热情而乐观。她羡慕菲尔兹太太，后者制作售卖巧克力屑饼干。她还羡慕创立“南希乳蛋饼”的南希，后者经商发了大财。但她失算了，产品的质量能不能直接转化为收益，还需要靠商业头脑——懂市场、懂营销策略。

在她工作室的墙上，挂满了各种完成或未完成的画，还有使用后待晾干的模板。她在车库里画画时，我喜欢坐在旁边看。她似乎忘了我的存在，沉浸在深层的自我之中。每当她上下敲击画笔时，都像是远处啄木鸟啄树干的声音。

她把一片木板用作调色板。我辨认着上面的颜料：靛蓝色、胭脂红色、白色、橙黄色。这种橙黄色颜料很深，仿佛是暗褐色，但被水一稀释，就会变成深黄色。颜料外表很硬，但是用手指压一下，里面的颜料就会流出来。她在一个金属罐里放了些松节油，用于涮画笔。

这时，我们听到父亲在叫我们，就走出车库到屋里找他。他已经很多年没来过了，我不知道他今天来所为何事。他站在厨房中央，身子挺得笔直，上身穿一件灰色的帽衫，两条帽绳搭在两肩。他四下里看着，有些失望的神情。

“史蒂夫，”母亲跟他打招呼，“最近怎么样？”

“很好。”他应道，“你这是在忙什么？”说到这，他摆了一下肩膀，似乎用肩胛骨在空气中画了个半圆。

“地板画。”她答道。

“什么是地板画？”他问道。

“是油画，但是铺在地板上。”说着，她用脚指了一下厨房洗手池下面的一张石榴画。“其实是地席，铺在厨房里，别的地方也行，但是得涂上保护层。我是跟一个朋友合作，我们觉得一定会有市场，打算到梅西百货或者内曼·马库斯去卖。”

我知道，母亲想得到父亲的认可，我们母女俩都想得到他的认可。他懂经商，他懂金钱和这个世界的运行规律，他是成功人士。她滔滔不绝地说着，却没有底气，在他面色不善时尤其如此，似乎她知道他会对自己冷嘲热讽，所以就先下手为强。

我看着他俩各就各位，熟悉的一幕再次上演。她暗示过想摆脱他，他也暗示过想要摆脱她。可是，这么多年过去了，他俩还是纠缠不休，仿佛是被困在同一个网眼里的两条鱼，越挣扎捆得越紧。

“我还做版画。”她说道。

“给我看看。”他说道。她带他走出纱门，穿过紫色花朵的藤廊，躲过嗡嗡而叫的蜜蜂，来到凉爽的工作室里。我跟在他们后面。他四下里看了看，凑近每幅画仔细端详，却一言不发，似乎不知道如何评判。我和母亲站在门口较暖和的地方，等着他下结论。

“克莉丝，”他终于开口了，口吻很友好，“你还不如多生几个孩子。”①

离开车库时，他轻松而惬意。他朝我们挥了挥手，走向汽车，开车走了。我和母亲站在私人车道的末端，目瞪口呆地站着。

和父亲谈判

我又回到父亲的家里住，蒙娜跟丈夫里奇也过来过周末。父亲得了感冒，情绪有点低落。我处处躲着他，他一进屋，我就溜出去，尽量跟蒙娜和里奇在一起，因为他俩温和而又风趣。当他俩出去散步，房子里只剩下我和父亲时，我就会莫名恐慌。

我饿了，就去厨房里找吃的，却发现父亲也在。他站在工作台前，吃着一大包杏仁。

“作业做得怎么样了？”他问我。我能看出来，他有些出神，似乎是在为什么事而担心。

“还好。”我答道，心弦绷了起来。

“问题是，丽莎，”他说道。他语速很慢，这意味着他下面的话会很刻薄，甚至尖酸。他一脸轻蔑和可怜的神情，“你没有什么特长，一个都没有。”说完，他又往嘴里扔了颗杏仁。这个话题凭空出现，令我措手不及，不明所以——为什么要在星期六上午谈特长的事？

“可是我参加过很多活动啊，”我辩解道，“我的各科成绩都是A！”

---

① 暗指作者母亲靠子女抚养费为生。

虽然我嘴硬，但是，校报、模拟法庭、暑假里在学校实验室帮忙、学日语……都拿不出手。我明白他的意思了，华而不实的课外活动，自以为很重要的项目，都只是我的白日梦罢了。没有人会因为你参加过辩论赛就雇用你。我的种种成就既没有打动他，也逃不过他的法眼。他知道这些东西不值一提，所以担心着我的未来。

我原以为一个个的课外活动就像梯子一样，能将我锻炼出成年人的担当，可是没有人指望我干成年人的事，别人似乎也这样认为。而因为他说得颇具权威，因为我一直希望能打动他，因为他是知名的成功人士，深谙世故，所以，他的话才显得格外刺耳。

“我才不会为这点事睡不着，”蒙娜说道，“他不过是犯傻罢了。”我想让她说他是疯子，甚至能让他公开认错。有一部分原因是，我担心被他说中——不是现在就是将来，我都不会成功，我都找不到工作。

我们都放任他的古怪脾气，任他对人恶语相向。因为他聪明，有时会有深刻的见解。而现在我觉得，若是听任他抨击，我会死无葬身之地。他会一遍遍地说我是多么微不足道，直到最后我会听之任之。但是，父亲的天赋，与我何干？

我厌倦了在父母两个家之间来回折腾，于是，我就决定把上大学之前的时间一分为二，每边住半年，我知道父亲可能不愿意。事实上，我早打算回去跟母亲一起生活，却又担心他会勃然大怒，我也不愿离开弟弟里德。

我知道，若想谈判取得成效，就得放弃想要的东西，以换取别的东西，必须得冷酷无情才行。自从听到他说我没有特长，我的内心就发生了一些变化。当初我搬来时希望行得通的办法，这次看来行不通了。

那个周末，午饭之后，我坐在门外，等父亲走进走廊。

“我能跟你说两句话吗？”

“好。”他应道，在我旁边的黑木长凳上坐下。

“你肯定也知道，我这样两边跑挺麻烦的，”我说，“这两处房子就像地球上的两极。我想把剩下的一年分成两半。”我有些颤抖。我这次谈判的诀窍是开门见山，不做任何铺垫。

“可是已经过去两个月了，”他说道，“其实，我想让你多到这边来，我不喜欢你两边跑。你如果想成为这个家的一分子，就得在这边多待。不行，”他说道，“不可以。”别人都是寻求解决办法，他却能将矛盾保持下去。

说罢，父亲起身准备要走。

“要是你不同意我两边各住半年，”我说，“那我这一年就住在妈妈那边吧。”我说道，似乎是顺口一提。

我用眼角的余光看着他。他似乎一下子泄了气，在此之前，我从未在跟他的谈判中占过上风。

“我……”他转过身，“好吧。”可这种占上风的感觉并不好，似乎是我伤了他的心。

我觉得自己好像该对他宽大一点儿。“你是想让我上半年住这边还是下半年住在这边？”我问他。

“我考虑一下。”他说着，然后就走了。

我赢了。虽然不是什么大事，但这是个进展。我要走了，我要自由了。有一天，我会坐在车里从树荫下驶过，手脚悠闲地耷拉在车窗上。

第八章　飞　翔

约什

高四那年，我被选为校报总编。我和另外三个同学要深夜加班编辑校报，再将其复印发行出来。在我眼里，前几任总编既处事成熟又知识渊博。现在，我们几个人在同学们眼里也会是这样。

那一年，我们刊发了一篇报道，揭露了校董会在学校大幅裁员期间到麦克阿瑟公园公款豪吃豪喝等事。系列报道刊发之后，校董会的董事长引咎辞职了。

在一周内，我们遇到了一个技术难题。

电脑系统崩溃了，黑屏，打印机无法访问。如果电脑不能运行，不能重启，那我们几个人数天的工作——所有精心设计的版面——就都毁于一旦了。约什把自己沙丘一样的黄褐色长发扎成马尾，躺在地上，检查和整理线路，我们其他几个人满心恐慌和茫然。以前他总能把电脑修好，电脑会重新启动，打印机会吐出纸张。

“你要跟我一块儿去吗？”他问我，因为他要回家拿数据线。我站在他身边，能更近距离地观察他：他笑起来，脸上有酒窝，法兰绒衬衫下的肩膀很宽。他很内向，也很和善，写的字松散而潦草，就像风筝线一样。

“好啊。”我应道。我不知道他住在波托拉谷，离这里有二十分钟车程。他的母亲和继父都是律师，因为上班方便，把他转到了帕洛阿尔托高中。

在我看来，他是个马大哈式的人，太随性，没有条理。他会修电脑，平时却颠三倒四，总是忘了做英语作业。我却有条不紊，谨慎细心，每个学分都不肯放过。不管去哪里，他从不准时到达，他也不会用日历做计划。他不好好做作业，总是上课前才临时抱佛脚（后来我才知道，他当时在斯坦福大学旁听应用数学和微分方程，后来被斯坦福大学和麻省理工学院同时录取）。

他开的是一辆二手的1983年的丰田Supra，车身是亮青色的，两侧是粉红色的正弦波。“漆喷得不好看。”我们上了车，他如此解释道。这辆车是他从利弗莫尔[①]的一个女物理学家那里买来的。他的手放在方向盘上，很好看。他跟我不一样，他总是显得轻松而洒脱，虽然我纳闷他为什么不着急，但在他身边，我感觉到很安心。

他的房间的地板上，放着一个床垫，窗户外面是院子，远处是树林。地上到处都是纸和书，还有一堆音响设备和几副耳机。房间很大，显得空荡荡的，却又凌乱不堪。他找到了数据线，然后我们从他家离开了。

返程时，我们走的是阿拉斯塔德罗路（Arastradero）。这是一条双车道公路，沿着一个自然保护区蜿蜒而行，地面高低不平，到处都是补丁。

“给你看个秘密。”他对我说，“坐稳了。”

这条路限速二十五英里，他却开始加速。我们的前方有一个拐角，先上坡后下坡，一侧是山，另一侧是悬崖。公路绕山而行，看不到拐角后的情况。对面有可能会驶来一辆车，在转弯处与我们相撞。拐过弯之后，也可能有几只鹿横穿公路……

他还在加速，三挡、四挡、五挡，汽车轰鸣着飞速而行。

---

① Livermore，美国加利福尼亚州西部城市。

“你确定你……”

“别担心！”他大喊道，“我以前经常这么干。”

母亲有时候会说，小孩子身边都有守护天使。

保佑我吧，守护天使，我默默地祈祷，保佑我！

“坐稳了！”他喊道。汽车嘎嘎作响，引擎轰鸣。我一只手抓紧安全带的上端，另一只手抓着门把手。车来到拐弯处，他再次提速。

我们飞了起来。

之所以会飞，是因为公路高低起伏，先是一段上坡路，接着是很长的一段下坡路，只要速度够快，就能在上坡路的顶点跃起，跃过下面的坡，跃过路旁翠绿色的树和灌木丛洒下的斑驳光影。

对我来说，这一飞，揭开了这个小镇的另一面。

我们身边有隐藏的自由之地，而他知道这些。

几个月之后，我们刚发第三期校报，时间已是傍晚，我和另外三个总编——瑞贝卡、尼克尔、汤姆——站在学校的停车场里，在尼克尔的汽车旁边，别的汽车大都开走了。停车位之间种了些松树，路灯的灯光穿过枝叶的缝隙照下来，沥青路翘曲又弯曲。远处有一对男女，正手拉手朝我们走来。

是约什。他身穿一件白色的大T恤衫，一条肥裤，像个小丑似的。后来我才知道，那条裤子是他自己用碎布拼起来的，先把腰缝和脚踝处拼起来，然后不断反复如此。他踢踢踏踏地向我们走来，腿分得很开，还带点外八。我不认识那个女的，她很瘦，也很漂亮，有一头蜂蜜色的波浪发。走到近处，他俩松开了手。

“嗨，约什，”汤姆跟他打招呼，“我们把报纸都发出去了。”

我脸上的肌肉不听使唤，耷拉下来。我曾经觉得他很可怜，认为他不受欢迎，可是现在他交女朋友了。我站在他俩身旁，觉得又羞又愧，自惭形秽。

我骑自行车回了家，向卡门哭诉，她抚摩着我的头发，安慰我。一个小时之后，大门传来叮当声，有人来了。我从玫瑰花丛的上方看过去，是约什。他以前没来过这里，但我们有共同的朋友，所以他知道我的住处。他朝房门走来，他走起路来一跳一跳的，白色亚麻衬衫在拼布肥裤外面摇曳着。

我请他进了门，带他到我的房间里。这事有点怪，虽然他从没来过，但我真希望他之前能到我的住处来玩。可现在，说什么都晚了。

"有什么事吗？"我问他。我站在房间的中央，一盏盒形灯笼的下面。

"你刚才好像不大高兴。"他说。他站得离我很近，双腿分开，挺着胸脯。

"你跟那个女生交往了。"我说道。

"她比我们高一级，"他解释道，"她在斯坦福大学念书。"

"我喜欢你，之前我没有意识到，可现在太迟了。"

"我跟她只是普通朋友，我们没有那么熟，其实……"

"什么？"我追问道。

"从高一时，我就暗恋你了，在生存技能课上。"他说道。我们在心肺复苏课上是搭档，但我忘记了。这怎么可能？我刚转学过来，刚搬到父亲家里住，在学校里还是孤家寡人的时候，就有人喜欢我了？

他前脚蹬地，倾身过来，我们接吻了。完美，皆大欢喜！"再见。"吻过之后，他微笑着向我告别。他走出门去，亚麻衬衫在身后轻轻摆动。我赶忙跑到厨房里，向卡门报告这个好消息。

我恋爱了

“长大后，你打算做什么？”父亲见到约什，如此问他。我、约什、父亲，我们坐在弟弟房间的地上，靠近书架。这是我第一次跟他们同时在一起。

“我还没想好。”约什答道。

“我知道，”父亲说道，“你会成为一个乞丐。”

约什低下了头。

我把这件事告诉了母亲。她说，父亲上高中时，她把他介绍给自己的父亲认识，他就自称乞丐。有时候，他会把自己的故事用作完美的典范。

虽然表面上约什和父亲一点儿都不像，但这其实是父亲的一种赞美。

有时候，天黑后，我和约什就开车去伍德赛德的房子里亲热一番。那里没有路灯，但能看见白色的房子，树林前面蔓延的草坪上，有白色的薄雾和银色的露珠。

“他说要从这儿到那儿修一条滑道，直到泳池里，”我指着泳池上下说道，“但一直没动工。”

我的卧室和床还跟当初在这里住时一样，床垫仍在电视机旁的地上。柜子上有个相框，照片是父亲和缇娜在某个宴会上照的，照片里的她穿着一件黑色的礼裙。每当说起缇娜，父亲总会语带留恋，说她从不穿礼裙，可她这不是穿了吗？衣橱里，他的那些西服已经被取走了。

“跟我来。”我对约什说。我脱了鞋，跑到湿漉漉的草坪上，大声欢呼着，跑下斜坡，朝橡树林跑去。周围没有人，空气中是湿草地、豆蔻荚、桉树花、胡椒、水、树枝的气味。天空压得很低，星星密布。有些星星暗淡而模糊，有些则清晰而明亮。星星杂乱密布，引人注目。

“他是为了这些树才买的这栋别墅，”我用英式口音慢慢说道，像劳伦斯·奥利弗[①]似的。

“换作是我，我会更看重这栋房子。”约什说道。我回头看去，只见白色的拱顶笼罩在月光中，像盐一样白。它看上去荒凉而孤单，不由得令我打了个寒战。

“我也是，”我说道，“但是他说这套房子太差了。”我喜欢这栋房子。

蹦床上面落了一层橡树叶，我们俩爬到蹦床上跳了一会儿。蹦床上没有围栏，也没有防护措施，每次跳到半空中，我们俩就会撞到一块儿。

“那边是什么？”他问道。

那是别墅区里的一个小房子，也是父亲的，也是空置的。从蹦床上，能看到它的白色轮廓，再往远处就是山丘了。“占地七英亩。”我用英式口音说道。

晚上，不去伍德赛德的房子时，约什就开车到瓦沃勒街来。他小心翼翼地溜进大门，不敢碰响门上的铃铛。他蹑手蹑脚地穿过玫瑰花丛，从窗户爬进我的房间，再钻到我的床上。他的手冰凉，因为他一路上开着车窗。他陪着我直到第二天的早晨，再偷偷摸摸地从窗户或玻璃推拉门里溜出去，然后开车回家。

“要是我们发现约什每天晚上都过来怎么办？”吃早饭时，父亲说道，“从窗户里钻进来。”我低着头狼吞虎咽，不搭腔，他也再没提过。我自欺欺人地以为，父亲可能并不知道。

“你跟约什去伍德赛德的房子玩了？”几天后，父亲问我。我们俩是

① Laurence Olivier（1907—1989年），出生于英国伦敦，英国导演、制片人、演员。

被父亲刚雇用的园丁发现的。园丁是个澳大利亚人，就住在别墅里，而我却不知道。一天晚上，他循着音乐声来到二楼的一个空房间里，结果发现我和约什在里面。没人告诉我那边还有个园丁，我本想撒谎，或者说只去过那边一次，但是，如果他允许了，我们就能自由自在地去那边玩了。这值得我赌一把。

“是，”我答道，“可以吗？”

“可以。”他说道。

“我们做爱了。”我对父亲说。我和父亲并肩坐在我的床上，“最后一垒。”当时我17岁了，上高四。

“顺利吗？”父亲问我。

“顺利。”我没跟他说，其实刚开始我们把角度弄错了，有那么一会儿的工夫，我和约什还以为我们俩无法完成，会不会是两个人的身体结构不协调，我们的下面不像想象中那样匹配。

有时候，下午放学又不需要编发校报时，我和约什就会去多风山自然保护区（Windy Hill）玩。连绵的山丘又宽又黄又柔和，就像骆驼的驼峰。从一面看去，一排山丘就像风中甩干的毯子，一直铺到太平洋。小镇就在我们的脚下，像个微缩模型。这里很安静，只有刺耳的风呼呼吹过，长长的草茎纷纷倒伏。天气晴朗，美不胜收，自由、惬意、心旷神怡。向北望去，能看见旧金山在远处闪烁，却清晰如在眼前。就像我反复做的梦一样，它既远又近，或许是与大气、与山丘间的角度、与光线的折射有关系。

这也正是有了约什陪伴之后我对父母的感觉。我不是不担心母亲的生计，不是不担心父亲的嘲讽，不是不担心他发现我真的要离家去上大学的反应，我只是置身其外，既不苦恼又没有压力。现在，约什会开车接送我去看病，接送我在父母两边走动。他不会安排自己的日程，总是忘了写作业，还总是忘了去看牙医，忘了赴约，但跟我的约会，他从未爽约。在他那辆青色的丰田车里，我是安全的、被照顾的。

春雨过后，斯坦福大学周围的橡树和桉树下，青草钻出了土块，像一团团青绿色的绒须，也像一条条明亮的缎带。这是我的小镇，我步行回家，看到了季节变换。在此之前，这是父亲的小镇，或者是母亲的小镇。或者，我是意外地被置于此地，在两处逗留。可现在，我恋爱了，这片土地变得立体、变得沉稳，它有了内容，它是属于我的了。

面试哈佛

午饭时，我去了帕洛阿尔托高中的大学助学管理处。这里的主任是一个有灰色短发的女老师，姓达斯（Daas）。我翻看活页夹，看被哈佛录取的学生的名单和住址。哈佛，陌生、遥远、令人生畏，它是我当时能想到的最合理的学校，而且，一旦选了它，就别无他想，无须再做其他抉择。对我而言，这必然是正确的选择，因为我根本不知道什么是正确的选择，也没有费心去想那么远，但总体上是正确的。帕洛阿尔托高中每年都有几个学生会被哈佛录取。申请表上有一栏，是让学生填上自己父母的毕业院校，我全都看了一遍，想看看有没有学生的父母都未上过大学的先例。

我花钱报了SAT[①]辅导班，每周六上午都要骑自行车过去上课。

① Scholastic Assessment Test，由美国大学委员会（College Board）主办的一场考试，其成绩是世界各国高中生申请美国大学入学资格及奖学金的重要参考，它和ACT（American College Test）都被称为美国高考。

虽然父母知道我要报考大学，但我没跟他们汇报具体的情况。他们似乎并不明白考大学的各个步骤，所以也不问我。

我申请的是提前录取，除了申请书之外，申请学生还得把一张贴好邮票、写着回信地址的明信片放进信封里。我偷偷地去了劳伦娜的办公室，从她那本卡蒂埃·布列松[①]的漂亮的黑白照片明信片里抽了一张。我喜欢那些明信片，我想借明信片向哈佛展示我的品位。虽然我偷走的明信片最终会被寄回家里，暴露我的偷窃行为，但与父亲和劳伦娜发现我偷窃的事相比，我更关心如何打动哈佛的招生老师。

父亲因公出差了，我模仿他的笔迹在申请书上签了字。

周末，我坐飞机去了纽约，跟蒙娜住了两天。其间，我还去参观了几所大学。母亲拿不出此行陪我的花销，而父亲又没空，更何况，与他们相比，蒙娜对大学的了解更多。

她住在纽约上西区[②]的一栋公寓里，屋子有一排圆窗，质朴的木质窗框，窗外就是河滨公园（Riverside Park）。屋里的暖气总是叮叮当当地响。

蒙娜带我去哥伦比亚大学转了转，她在那里读的硕士。她还带我去了普林斯顿大学，她心里最中意的其实是这个学校。后来，我们又去了哈佛。在哈佛，我参加了哈佛招生办的面试，而不是和一位来自加利福尼亚州的校友见面。我想，接触一名哈佛的招生人员，能增加我被录取的概率。

我认识两名哈佛毕业生，他们都劝我不要报考哈佛。一名是斯坦福大学基因实验室（我在这里工作过两个暑假）的波茨坦教授（Dr. Botstein），他说他在哈佛无法加入“finals clubs”[③]，只因为他是犹太人。

---

① Henri Cartier-Bresson（1908—2004 年），法国著名摄影家，他一生从事摄影半个多世纪，足迹遍及世界各地，拍摄了大量精彩照片，被誉为“当代世界摄影十杰之一”。

② Upper West Side，位于中央公园与哈得逊河之间，是高级知识分子和文化人的居住区。

③ 哈佛 8 个精英男生社团之一。

“我不是不让你去，”他对我说，“但是希望你能三思。”当时我根本不敢想会被哈佛录取，更不要说拒绝录取了。另一个是莱克医生，我的心理医生。他说，他在哈佛上学时很孤独，哈佛的生活也很单调，直到去了芝加哥大学医学院，他才真正快乐起来。我不信他俩的话，那些毕竟都是猴年马月的事了。我对哈佛的了解几乎为零，但我知道，对我而言什么是最好的选择。我要的不是快乐，而是他们无法理解的东西：认可和逃脱。我想，哈佛会让我物有所值，会让我的存在变得有意义。我认为，没有人能理解我是多么想去那个我了解甚少的地方。

当时是秋天，天气晴朗，寒风刺骨。我和蒙娜来到哈佛，发现它并不比普林斯顿或哥伦比亚漂亮多少、冷多少。但“哈佛”这两个字，还有与之俱来的魅力和幸运，它的鼎鼎大名，都令它的一切——教学楼、草坪、校园里的树——熠熠生辉。

哈佛招生办的等待室里的暖气有点热，还有股油漆味。墙是奶油色的，地上铺着蓝色的地毯。其他报考的学生都坐在旁边的椅子上等着，我那天穿的是黑色裙子、黑色裤袜。

我十分紧张。的确，我在高中的各科成绩清一色都是 A，但为了这些成绩，我已经拼尽全力。我的 SAT 分数不错，但不算拔尖。这次面试可能不会顺利。

“丽莎？”

听到有人叫我的名字，我站了起来。

一个身穿裙子和白色毛衣的黑发高个女老师对我说：“请跟我来。”接着，她带我穿过走廊，来到一个又小又暗的房间里。她似乎很疲倦，对我没有太大兴趣，反而有些厌烦。

“跟我谈谈你的课外兴趣爱好吧。”她说。她只字未提我的申请书，好像没读过一样。

“好的。”我说道，“我跟大多数报考哈佛的学生一样，也参加了很多活动。”我想让她明白，虽然我取得了非凡的成就，但我还是接地气的，我谦虚、懂事，甚至因为出于此刻向她陈述的目的而参加了大量课外活动而感到难为情。“我是学校模拟法庭的律师，还是校报的主编，共有八十名工作人员。”我没说还有另外三位主编的事。“我参加了学校组织的赴日研学旅行，回来就学了日语，后来又陪父亲去过日本出差。他帮我在斯坦福大学的实验室里找了份兼职工作，我冲洗在显微镜下拍摄的酵母菌照片，还对酵母做过大型实验，比如往酵母菌细胞里注射 DNA。”我说得好像自己是这些实验的主角，其实我只是按指令行事。我说得好像自己对这些课外活动很感兴趣（校报除外），好像多么看重日语和酵母，其实，要不是为了考哈佛，我才不会碰它们。

我直着腰板坐在椅子上，双腿交叉着。我提及父亲，却像是无意的。

我要利用他。除了学习成绩和课外活动，父亲是我唯一的优势。

“你父亲是做什么的？”她礼貌地问道。

我犹豫了一下，扬了扬眉毛，仿佛在说“哦，他呀？”，我吸了口气，以表示我不想把话题转移到“不相干”的他身上。

“他开了家电脑公司，”我说，“他发明了一台电脑，名叫‘麦金塔’。”我说得好像她或许听说过一样。

她一听，立刻站起身来，似乎吓了一跳。“请稍等，”她说，“我出去一下。”说罢，她就打开门，匆匆走出去了，又把门从身后关上，似乎突然意识到外面有急事要办。

她的反应太明显了，我都禁不住怀疑怎么可能会这样。她是不是冲过去阻止他们刷掉我的申请？在面试过程中，是不是还有别的招生工作人员在审核学生的材料？我的心怦怦直跳。

几分钟过后，她回来了。她没说刚才去了哪里，也没解释为什么会急匆匆的，只是比先前更和气，也更专心地听我讲述了。她又问了我几个问题（我已经不记得问题的内容了），随后面试就结束了。

离开时，我的脸火辣辣的。

回家之后，我等着录取的消息，还从上到下穿了灯芯绒衣服以求好运。上面是灯芯绒衬衫，下面是灯芯绒裤子，裤子是宽纹路，鲜绿色，衬衫是细纹路，靛蓝色，纽扣门襟，有口袋，摸起来像天鹅绒似的。平时大考过后等成绩时，我都是只穿其中一件。这次非比寻常，我把上下两件都穿上了。

当时正逢校报的发刊周，我们四位主编里有三位向哈佛申请了提前录取。我们说好了，在本期校报刊发之前，谁都不许打电话询问录取结果。瑞贝卡说，哈佛开通了热线，可以电话询问录取情况。那周晚些时候，她忍不住了，就拨打了热线，结果发现她被录取了。她还告诉了尼克尔。我也打了电话，用的是教室里的电话，结果却一直占线。

录取通知书（或未被录取的通知）可能在这周的某一天寄到家里，所以，我一直穿着那身灯芯绒衣服，一是保佑我能打通电话，二是以防放学回家时信已经寄来而我却没穿着那身衣服。结果这一穿就是四天。

星期四，我决定热线一开就打过去。我把闹钟定在四点半，波士顿的招生服务热线是早晨七点半开放。

电话通了，一位女士接的电话，语气平淡又专业。她记下我的姓氏，让我等着，她去查一查。

“祝贺你。”一会儿过后，她对我说道，语气温和，带着惊讶，甚至是如释重负，似乎她也害怕我未被录取。

我好一会儿没明白过来。“什么意思？”我问她。

她笑了。“你已经被哈佛大学录取为2000级新生。”听起来是照着念的，也可能是她自己的措辞，语气中带着高兴。

“谢谢你，”我说道，“太感谢了！”

我跳下床，穿上睡裤，穿上鞋，抓起一件卫衣，走出门去，走进晨光中，朝阳如蓝色轻纱般笼罩着街道。房子、草坪、汽车都变得明亮起来，却都是静止的，像舞台上的布景。除了我，此时此刻周围的一切都没有移动之物。我的欢喜之情如同湿草地上的脚步声一样，被吸收、融化得无声无息。街坊四邻都静悄悄的，我即将离开这里，周围的环境发生了变化，仿佛一幅平面画。我经过凯文和桃乐茜的家，大家都还在睡梦中。在我行走间，几盏路灯灭了，它们一定是被定了时的。草坪上的洒水器开始哧哧喷水。

我回到家里，跑进自己的房间，从笔记本上撕下几张横格纸。“我被录取了！”“我被录取了！”“我被录取了！”……我一张张地写着。写完之后，我把它们都贴在了走廊的窗户上。

过了一会儿，我听见父亲和劳伦娜在楼上走动的声音。我在走廊里等着，来回踱着，仍然穿着睡裤。他们下楼了，父亲走在前面，劳伦娜跟在后面，我屏住了呼吸。

“噢！”劳伦娜看到窗户上的纸，惊呼道。

“这是什么？”父亲问我，“你被录取到哪儿了？”

“叮咚！”劳伦娜解释道，“她被哈佛录取了。”

“哦，”他说道，“这样啊。”

不久之后，我就要搬到母亲那边住了。

我在楼梯下面叫弟弟，他快过4岁生日了，我给他买了一件宝蓝色人造丝斗篷，上面有银色星星，脖子上还有皱褶饰边。跟斗篷配套的有顶圆锥形魔法师帽子，还有一根木头魔杖。

“里德？”我大声叫道。没人应，但我听到楼上有轻微的脚步声。

“格林达？”我又叫道。这是他玩角色扮演游戏时会用的名字。

“埃斯梅拉达？瓦伦西亚？”

“什么事？”楼上某个房间里传来微弱的回答，“我是瓦伦西亚。”

他正在玩角色扮演游戏。

“我有话要对你说。”我说道。他下来了，我让他在我身边坐下，我们俩都席地而坐。“从今往后，我大部分时间都会跟我妈妈在一起。”我说话时，他有点心不在焉，脸对着我，眼睛却看向别处。

母亲曾建议我用讲故事的方式跟他解释，“曾经有一个王子和一只青蛙，”我开始编故事，我不知道为什么要把自己比作青蛙。“王子喜欢青蛙，青蛙也喜欢王子，他们是好朋友。但是有一天，青蛙要回自己的王国了。”他果然开始认真听了。

“青蛙为什么要走？”他问我。

“因为还有别的青蛙，有一个青蛙王国，他已经离开青蛙王国太久了。但是，青蛙还会喜欢王子的。他不是因为……他是有原因的。”这个故事编得不好，没有故事情节，很沉闷，但里德似乎不在乎，还想继续听我讲下去。

“他必须得走？”

“是的。”我答道，“他得为了别的青蛙回去。”

我搬到母亲家之后不久，我的妹妹艾琳（Erin）出生了。她长着黑色头发，额头有“V”形发尖，眼睛很大，饱含深情。我到父亲家里来时，如果她醒着，我就会抱着她，轻抚她的前额。只要这样，不一会儿她就会睡着，这太不可思议了。劳伦娜怀着她的时候，父亲经常因公到欧洲出差，那时，他的皮克斯动画工作室就要上市了。回来时，他总会从欧洲买来昂贵的婴儿服。所以，等艾琳出生时，衣橱里早就挂满了五颜六色的衣服。

哈佛寄过来一张表格，让我填写，以便选择室友。我想显得酷一些、随和一些，以匹配到酷而随和的室友。我对自己做了一番简介，其中有句话是这样说的：“偶尔，我会弹吉他。”其实这完全不符合事实，以前，我是能弹一两首曲子，可是我早就忘了，即使我会弹，也不好意思当着别人的面弹。

上大学前的那个暑假，我住在母亲那边。父亲曾带我去旧金山买衣服，早知道他会给我买衣服，当初我就不必积攒那么多了。我们去了阿玛尼的专卖店。专卖店的所在地原先是一家银行，经过翻修，内部有拱形天花板，内阳台还有个小餐厅。我们来到一排领带前面，父亲仔细地查看，用拇指和食指捏搓着布料。我喜欢看他挑东西的样子：他细致入微地检视那些商品，最后却一个都不买。这次，跟以前在商场里买东西时一样，我担心没有自己的号码。

远处，内阳台下面的墙上挂着一排大衣。这些大衣不是为了在加利福尼亚州御寒，而是为了别的场合设计的。“这件怎么样？”他问我。这件大衣是黑色羊毛料，有领，双排扣，下摆展开，像裙摆似的。袖口和衣长可以找裁缝修改一下。“漂亮，”他赞道，“真漂亮。”我也觉得很漂亮，只是担心会不会太另类，还纳闷别的新生会穿什么。这件大衣有点像法国哑剧的戏服，最后，父亲给我买了下来。

买完大衣，父亲开车带我回帕洛阿尔托。我们走的是101高速公路，大衣留在裁缝那里修改。一路上，我们几乎都不说话，经过“红房子”脱衣舞厅时，他也没有像往常一样开我的玩笑。那时，我并未想到，他的沉默竟是因为我要走了——我走后他可能会想我。或许他是在想

NeXT 和皮克斯动画工作室的事。随后的几年时间里，我们俩之间的沉默与日俱增。不久之后，他便不再给我回信，也不给我回电话。我不知道这是从什么时候开始的，也不知道其中的缘故。我只记得，那天回家的路上，他一直看着道路前方，双手握着方向盘，肩膀轻轻地摆动，拇指在方向盘上上下摩挲，牙关紧咬。这套动作持续了一路，却与往常不尽相同，仿佛一个机器人似的。

“我要教你刷马桶。”几周之后，在母亲的家里，她对我说。我之前给她看了从裁缝那里取来的大衣，而这就是她的回应：她要教我一个技能，帮我为哈佛的生活做好准备。

“我去的地方不用我刷马桶。”我说。

“可能现在用不到，”母亲说，“但总有一天会用到的。”她说对了。

第九章 尾 声

如果你的心中还有渴望，就说明时辰未到。当你得偿所愿之后，你的渴望会消失，闲暇会增多。欲望越少，就越能保护你免受失望。但最保险起见的，莫过于选择窝囊度日。

——范妮·豪《不可分割》

“爸爸，对不起”

离开学还有一周时，我独自一人来到了哈佛，为了参加新生户外活动。天气又潮又热，我在一顶白色帐篷里排队，等待报名登记。可轮到我时，等我报上姓名，一位女工作人员就把我拉到一边，说我的学费还没有付。她似乎怀疑我无权登记，我跟她说，这一定是个误会，但我很尴尬，觉得自己是个异类。她说我的住宿登记和注册登记都得延后了。我找到公用电话，打电话给父亲的会计杰夫·豪森，他说他会尽力补救。第二周，等我参加户外活动回来时，学费已经交上了。

大一的前三个月里，父亲还会回我的电话和电子邮件。我在电话里向他抱怨波士顿没有什么可看的，这里的一切都平淡无奇，没有景色可言，我的眼睛都乏味了。视野里满满当当的，全是建筑物，“不管到哪里，眼前都是各种楼房。”我在电话里如此说道。

“这就是东海岸思维的写照。”他评论道。

秋天来了，新大衣无法御寒。我只买了几双棉袜，还不知道羊毛衣物的重要。

我担心母亲的情况，她能付得起房租吗？

“我会想办法的。”我问她时，她对我说，“你不用担心我，我能把事情处理好。”

大一期间，我每晚都要跟母亲通好几个小时的电话，听听她的见解，感受她的关怀，这里的文化环境陌生得超出我的预期。我跟约什分手了，这是我人生中第一次失恋，无论是漂亮的大衣还是刷马桶的技能，都无法让我应对这次变故。

我满怀悲伤。

关于失恋的事，父母分别给出了相同的建议。“喜怒哀乐都得经历，这样的话，下一次爱情才会意义重大。”

“第一次失恋，是人生伤心事的开始，”父亲告诉我，“这是你人生的第一个大损失，但是吃一堑长一智。”

“真正的心痛，是一个美丽巨浪的退去。”而母亲如此说道。

其他人则说：“会好起来的。”“会过去的。”“出去散散心就好了。”

选课时，我只选了自己感兴趣的——人类学。这门课在一栋木楼阴面的教室里上，整栋楼里到处都是骨头标本。还有电影和文学课、儿童保护法课，还有美术课，课上我们要画两手相扣的素描。我还加入了校报、文学杂志社，并且在本地的一所学校里做社区服务。

大一那年，父亲来学校里看过我一次。在去宿舍时，在楼梯上，他跟在我的后面，说：“你得减肥了。”他对我的室友说，她的自动调味微波炉爆米花闻起来“跟屎似的”。尽管父亲的脾气不好，但他自带着一丝忧郁气息，还在一家名叫“Agnès B”的高档服装店里给我买了件皮夹克。我没要，因为这件皮夹克似乎很贵。皮衣沉甸甸的，似乎带有别的意义，但我不知道是什么，也不知道该跟他说什么。我也很伤心，因为没有他的陪伴，独自一人在这儿。

那年暑假，回到家之后，父亲对待我很古怪。他不跟我说话，张嘴就是训斥，还带着蔑视。我太瘦了，劳伦娜跟她朋友说我得了厌食症。其实我不是不想吃东西，可是店里买回来的食物实在味同嚼蜡，我又不会做饭，而劳伦娜又总是买三明治回来。

暑假结束时，我心情压抑，又轻了十五磅，已经瘦得不像话了。食物到嘴里，全是塑料味或粉笔味。不知什么原因，我只能吃家里做的食物，否则就会喉咙发紧，难以下咽。

我去找莱克医生做心理辅导，却发现父亲已经不再为此付费。直到进了诊室，我才得知这件事。莱克医生说："谁都无权不让你接受辅导。"他把费用减为每次 25 美元，是我自己付的钱。

暑假里，我在"世外桃源"农场打工。几年前，母亲在这里教过美术课。我在这里当营队辅导员，学员是来此学习畜禽和农场知识的孩子。

在我上大学以后，父亲的会计杰夫·豪森定期寄给母亲用于付房租的支票就停了，母亲拿不出林科纳达那栋房子的房租，不得不搬家。

母亲当时跟一个在瑜伽课上认识的软件工程师交往，那个人还是空手道黑带。她打算先搬到他家里住一阵子，等找到房子了再搬走。他在偏远的门洛帕克有栋小房子，就我的理解来看，所谓的"偏远"，意思就是公路两侧不是人行道而是排水沟，树木茂密却不成行成列。他对母亲说可以一直住着，直到找到新房子再说，但他的房子太小，没有可以容纳我的地方。

在一个星期六，我过去的时候，母亲正在家里打包收拾东西，有几个朋友在帮忙，我也应该帮帮忙。她一会儿指挥交通，一会儿在车库与房子中间的那条紫藤廊下的小路上来回奔跑，阳光穿过紫藤架，光影斑驳。"丽莎，动手帮忙。"她对我说。我站在大大小小的箱子、一堆堆书、衣服、锅碗瓢盆之间，根本挪不动脚。眼前的这一切都是我们母女俩的生活，是我们俩的过往。

“帮忙打包。”她指挥我。可是我无法区分哪些东西要带走，哪些要扔掉，更不知道什么东西该装进哪个箱子，我的腿都站麻了。很快，她就不再指望我能帮忙了。

傍晚，打包结束后，我坐在她的书桌前，她给我做晚饭吃。几天来，我终于有了一种舒适安心的感觉。我知道，我很快就能好好吃饭，马上就能健壮起来了。我不愿再离开她的关照。

可是，那天晚上父亲弄到了几张太阳剧团[①]的票。自从放假回来，他几乎不跟我说话，也不看我，但是他想让我和他们一起去看马戏，也念念不忘我照看弟弟的事。我又瘦又忧郁，像个布娃娃似的。我想要取悦他，却有心无力，于是我决定不去了。

“我今晚去不了了，”我在母亲家里给他打电话，“爸爸，对不起。”

“你必须去。”他说道。我不明白为什么我是否在场对他如此重要，充其量是照看弟弟，带着他在马戏团圆形的帐篷里绕圈。

“我要住在妈妈这边了，我要吃饭，她给我做了些吃的。”我解释道。母亲在厨房里，目带关切地看着我。

“丽莎，你不把自己当成这个家的成员。”他说道，“说实话，我们觉得你很自私。”

“我想成为你们中的一员啊！”我说着，浑身发抖。

“如果今晚你不来看马戏，就从这边搬走吧。”

“好。”我说道，挂断了电话。听到他的这句话，我顿时一身轻松，似乎从一间黑暗的小屋里走了出来，走进了春光明媚的田野里。

---

① Cirque du Soleil，又译“索拉奇艺坊”“太阳马戏团”，加拿大娱乐演出公司，也是世界上最大的戏剧制作公司，1984 年创办，被誉为加拿大“国宝”。

我当即给凯文打电话，就是父亲的那个邻居。

“他让我搬走。”我说道，“要是今晚不跟他们去看马戏团，我就得搬出去。”我喜欢这种开门见山说话的感觉。“我该怎么办？”

“那就搬出去好了。”凯文说道。

“什么时候搬？”

“就今晚，趁他们去看马戏时。”几年前，凯文帮助桃乐茜从她父亲的家里搬了出去。他从她父亲的手里拯救了她，两个人很年轻就结了婚。

“然后呢？”他知道我母亲正在搬家，而我没有别的住处。

“你可以先跟我们住在一起。”他说道。

这正是我想要的回答。

黄昏时分，我到凯文家里与他会合，然后开车去一个街区外的父亲家里搬走我的物品。我拿走了自己大多数的衣服和鞋、化妆品、一些私人信件，没拿 CD。我知道父亲此刻正在看马戏，距离家至少有 30 分钟的车程，但我总觉得他随时都会回来，会当场抓住我们。凯文也没心情磨蹭，比往常要严肃很多。我把自己的东西都装进了大包里。

等父亲回来，发现我已经搬走了，他会怎么样？似乎他会挺伤感的，接着，他会感到之前打电话时绝对想象不到的——震惊。可能他并不想逼我走，他不愿失去身边的人，却一手促成了此事。生活中本可以有人向他解释这种“失去才懂得珍惜”的情况，可他连他们都留不住，即使留住了，也不可能把他们的话听进去。

上大学之前我又跟母亲生活了半年时间，接着就出门去上大学了。很久之后我才意识到，他觉得是自己被我抛弃了，甚至觉得我背叛了他。

这么说可能不公平，却是事实：我小的时候，他不关心我，没有时间陪我；现在，轮到我离开他了，他却生起气来。在当时，我的解释是：他恨我，几乎注意不到我的存在，所以，失去我并不会激起他的怒火，我不足以让他留恋。然而，直到我三十多岁时，我才意识到：他生气，是因为失去了我。他冰冷的愤怒，源于我离家去上大学。很多父母能在多年的时间里看着自己的孩子一天天长大，早已习惯了他们渐渐远离自己的怀抱，而父亲在这个方面却是个新手。

我二十五六岁时，有一次，父亲到伦敦来看我。我们俩步行去了格林公园（Green Park），在一条长凳上并肩坐下。“等我老了，我每天都要出去，坐在这样的长凳上。”他说道，四下里看着。但当天上午没有老年人出来活动，别的长凳上也都没有人。

“你知道吗？”他对我说，“你跟我们住在一起那几年，对我来说，是人生中最美好的时光。”听到他的这番话，我不由得惊呆了，不知道该如何回应他。对我来说，那段时间很艰难，我原以为对他而言，那也是很糟糕的一段经历。

“把需要的拿上，”凯文说，“再给他们留张纸条。”

我在纸上写道：“亲爱的史蒂夫，你说我要是不陪你们去看马戏，就得搬出去，所以，现在我搬走了。希望你明天能给我打个电话。”

“写上你去了什么地方。”凯文说。“我住在凯文和桃乐茜家。”我又写上了凯文家的电话号码，最后写了“我爱你们”。与下午跟他打电话时相比，搬走时说“我爱你们”似乎没什么诚意。我想显得轻松一点儿，但又不敢太过轻松，怕凯文以为我惯于接受别人的帮助。

身为邻居，他们为何要帮助我？多年以来，他们对于父亲如何对待我表达过极其不满。早年间，桃乐茜的父亲也是个杰出而有魅力的人，但同样对她不好。他们很有钱，所以在经济方面有能力帮我。他们认为，我的父亲有钱，身边的人对他逢迎有加，但他不能对自己的孩子如此刻薄。随后的几年时间里，我多次问过他们，我该如何回报他们的恩情，他们说，等到我有能力时，以善偿善，去帮助别的孩子就行了。

“走吧。”一切妥当，凯文对我说道。

当晚，我睡在凯文和桃乐茜的家。桃乐茜在我卧室的床上放了一个托盘，托盘里放着俄式茶点，上面有糖粉，用塑料纸包着，一壶花草茶，还有一张欢迎我的纸条。第二天早上，正当我准备去农场工作时，却发现我落枕了，这让我一整天都歪着脖子。

父亲没给我打电话，也不回我的电话。

暑假余下的日子里，我重复着相同的模式：住在凯文和桃乐茜家，到农场工作，去看母亲，猜父亲在做什么、想什么，桃乐茜做饭给我吃。我不断地用积极的事鼓舞自己，因为消极情绪总是不断涌现。起初并不频繁，后来逐渐减少，等到暑假结束时，绝大多数无情而苛刻的声音都从我的脑中消失了。

道貌岸然

“我要让史蒂夫给我买栋房子。”我上大二时，母亲在电话里如此说道。

那时，她仍然住在男朋友家里，我放假回去时住在凯文和桃乐茜家。“他不会给你买的。”我告诉母亲。

“那我就追着他要，直到他给我买为止。”

之前，母亲从未有过属于自己的房子。我从小到大，父亲从未给我们母女俩买过一栋房子，我们从来没有真正属于自己的家。要是他有这个想法，早就给我们买了，哪会等到现在？我不知道她为何觉得现在能跟父亲要到房子，尤其是我现在已经长大离家——而且他现在还对我不理不睬。还有，如果她能做通他的工作，为什么不早点做呢？

现在有可能成，以前也有可能成——即使我希望母亲能从他那里要到房子，但还是被这个念头吓到了。

几个月后，父亲同意了。母亲在门洛帕克找到了一栋待售的房子，甚为符合他的条件：跟他的房子离得不太远，不超过 40 万美元。房子位于繁华的厄拉米达·德·拉斯·普尔戈斯路上，是木质结构，薄墙，两间卧室，后院很漂亮。他说，选的房子必须离他家很近，这样他就能提前过去看看。可是直到最后，他一次都没来看过，便以母亲的名义把房子买下了。

大二那年暑假，我在斯坦福大学的基因实验室找到了一份工作，跟高中时打工一样。这就是我在帕洛阿尔托度过的最后时光。

母亲用新鲜的龙蒿叶和莴苣做沙拉。窗帘是她用法式线[①]缝的。她在后院里种了西红柿，却忘了浇水，叶子都变黄枯萎了，结的西红柿却格外甜。

那年暑假，父亲还是不跟我说话，但执意要我去照看弟弟，弟弟一直都很想我。我去过父亲家几次，帮忙照看弟弟，希望父亲能跟我说说话，可他只是无视我。后来我对他说，他要是不跟我谈谈，我就不去照看弟弟了，但是父亲拒绝了，还反过来说是我抛弃了弟弟。

---

① 将两片布的重叠位置缝合后翻转过来重缝一次，以遮蔽布边。

一天下午，凯文和桃乐茜到母亲家里来，恰逢我和母亲惊慌失措。因为父亲刚刚打电话过来，怒吼着要我过去照看弟弟，又给母亲发来一封恶言恶语的电子邮件。在邮件里他写道，我又坏又自私，逃避照看弟弟的责任。我和母亲心烦意乱，不知该如何回应。我想，从某个角度来说，一定是我错了。我在电话里、邮件上一遍遍地回复父亲，说我愿意照看弟弟，只是想跟他好好谈一谈，但他似乎根本听不到后半部分内容。

“我不想跟你谈，也不愿意见你。”他在电话里对我说道，“你不愿意照看里德，可我爱里德，既然你不愿意拿出时间陪伴我爱的人，我也不愿意为你浪费时间。”

桃乐茜站在母亲身后，口述了一封电子邮件：“史蒂夫，省了你那套道貌岸然的狗屁话吧。”母亲打着字。桃乐茜教她“道貌岸然”怎么写。我为桃乐茜的回应以及这个新词激动不已。

退学危机

在哈佛，我决定主修英语。大三那年，我听了一次讲座，主题是乔叟[①]的《特罗伊勒斯和克莱西德》，主讲的教授是一位魅力非凡的英格兰乔叟学者。他的牙齿不整齐，耳朵里长着一簇白毛。故事里，克莱西德离开了特罗伊勒斯，但特罗伊勒斯始终无法忘记她。

“特罗伊勒斯太悲惨了，”我在研讨班上说，“他始终无法忘怀克莱西德。”

“不，”教授和蔼地看着我，说道，“他的力量源于坚持。”

① 弗里・乔叟（Geoffrey Chaucer，1340—1400 年），英国中世纪著名作家。

那年春天，我围绕自己的眉毛写了一首非常深刻的维拉内拉诗[①]，并将其投稿给学校的文学杂志。不久之后，我去学校的心理辅导老师那里接受免费心理辅导。我在登记表上写下名字，预约了一个小时。心理辅导老师是个女的，很瘦，声音很细，头发也很细，脸很瘦，鼻子瘦长，就像莫蒂里安尼[②]画中的女人。她面容平和，波澜不惊。

接下来的几周里，我找她辅导过几次。年底，最后一次心理辅导时，我跟她说了前一天晚上做的梦：我坐在悬崖上眺望大海，父亲正坐在书桌前，身子罩在圆锥形的灯光里。书桌像个木筏，他全神贯注地盯着电脑屏幕，他和桌子都在海上越漂越远。

“他会离你而去，”她解析道，语带怜惜，“或许有一天他会意识到，他对待你的方式，恰恰是他（亲生）父母对待他的方式。”我大吃一惊，她竟然立刻解了我的梦。而我认为，她解析得如此快又如此简短，一定是错的。可后来我仔细想了想，似乎又是对的。我以为我的家庭怪象是全世界独一无二的，其实根本不是。而我惊讶的是，如此明显的事情，我竟然一直没看清。

那时，父亲又开始去苹果公司上班了，我在报纸上读到这个消息。大三那年我去伦敦留学之前，彩色 iMac 的首波广告面世，哈佛校园里的公交车上纷纷贴上了广告。

大三暑假，我留在剑桥，在一家名叫“咱们走”的哈佛大学导游公司工作，职务是东南亚导游指南的助理编辑。暑假过半，我收到哈佛大学的邮件通知，说我下半年的学费还没交。

---

① 又称“十九行二韵体诗”，是起源于法国的一种精美的诗歌形式，由若干个三行诗节和结尾的一个四行诗节组成。

② Amedeo Modigliani（1884—1920 年），意大利表现主义画家与雕塑家。

两年前，我在马戏团之夜搬出去之后，父亲就不再为我学费之外的所有事项付款——包括来往学校的机票、书本费，连零用钱都不给我了。我的钱都是靠打工以及给凯文和桃乐茜帮忙赚的。

第二天，我走进一条蜿蜒的地下室走廊，去找哈佛大学助学管理处。工作人员坐在桌前，面对着门。在他的身后，房间的一个角落里，天花板上的一块瓷砖掉了，一块绝缘层也松了。

我向他解释，尽管父亲付得起我的学费，但他现在已经不打算继续为我付学费了。

“如果这样的话，你就得退学，直到法定成年为止。”他告诉我。

“法定成年是多大？”我问他，我希望是 21 岁。

“25 岁。”他说。我听到他的回答，顿时就泄气了。

我在大学里打了两份工，一份是在 ESL [①] 当老师，另一份是在大学发展事务处。“发展”的意思是，通过筹款人、广告等方式为学校筹集资金。

我原以为助学管理处应该跟发展事务处有些类似，都是钱来钱往的。事实上，这间办公室，还有这位工作人员，似乎都很窘迫，仿佛是告诉我，哈佛并不是像我想象的那样有钱。我被他一本正经的说辞给激怒了，不行，一定会有办法的。我想，学校总是会帮我的，会把我留下来。而这个人说不能，只不过是他的职责所在罢了。

“哈佛的助学金是按需求评定的。”他解释道，而我父亲的情况使得我没有申请资格。

“这么说，我得退学了？学校帮不了我？”

“是的，”他说道，“一点儿办法都没有。”

---

① 非母语英语课程。

凯文到波士顿出差时，就会带我出去吃饭。我喜欢跟他出去吃饭，这样能稍微减轻一些我大学生活中的孤独感，也能让我像其他同学那样，有陪父亲在外吃饭的感觉，尽管凯文并不是我的父亲。有时候，凯文似乎总拿自己跟我父亲作比较。“他有好车，”吃饭时，凯文如此说道，“但是他不会开。”凯文解释说，好的驾驶技术，应该让乘客坐得舒适，感觉不到汽车的速度和加速。倘若他说的是真的，那父亲的驾驶技术的确很差，坐父亲的车，胃里总是翻江倒海，他总爱漂移着转弯。在父亲的皮克斯动画工作室一举成名之前，凯文说父亲不懂得经营之道，说NeXT经营不善。他说，他能看出来，因为父亲不再花钱买东西了。我边听边点头，但与别的富人相比，我父亲一向不爱花钱买东西。他可能是全世界最差的商人、最差的司机，但这些事都并不能减少我对他的关心，也不会影响他在我心中的重要性。

“他不爱你，”凯文告诉我，“爱是要看行动的。”

“也许你说的是对的。”我说，仔细考虑凯文的话，起初我还有些扎心，可真的承认了，反而让我解脱了。

“凯文怎么能说那种话？乔布斯当然是爱你的。”跟母亲打电话时，我把这件事告诉了她，她这样跟我说。

“可‘爱’是个动词，”我问母亲，“再说了，他爱不爱我又有什么关系呢？”

“当然有关系。”她说。

我想母亲可能真的不懂。我试着接受这个念头，父亲并不爱我，这就是他总是那样对我的原因。

这是赤裸裸的事实。

大四那一年的学费，是凯文和桃乐茜为我付的。

母亲说，她曾打算卖掉房子为我付学费，但时间太紧，一时找不到买主。她还说，她仿佛看到凯文和桃乐茜家的上方有个巨大的金色天使。我知道这是不可能的。但是如果这样想的话——钱来自天使，不是凯文和桃乐茜的——他们对我的恩情就容易接受一些了。这份恩情太大了，我想自己永远都无法偿还。

有时候，我真希望这两位可靠而负责任的邻居就是我的家人，而且，如果我的渴望足够真诚，他们会乐意当我的楷模，并乐于接受我的仰慕。他们会经常开玩笑，会教我生活之道，会教我家人之间该如何互动，教我不要插嘴，教我什么问题是粗鲁的，教我如何用言语保护自己，教我如何看待那些只知奉迎我的父亲和继母、却对我视而不见的人。我时而想变得像他们一样，时而又想做自己，而且，会想象他们来当我的父母并且对我宠爱有加。或许，有那么一段时间，我们都心怀成为一家人的渴望。

得知我的这些想法之后，母亲给一个朋友打电话咨询。

他告诉我的母亲："放心，丽莎终究会发现，她无法更换父母。凯文和桃乐茜也会发现，金钱买不到女儿。"

毕业典礼

我已经决定大四那年去伦敦，去剑桥大学国王学院留学，凯文和桃乐茜都极为支持我。

那一年，伦敦眼[①]建成，就在我的宿舍附近。

---

① London Eye，坐落在英国伦敦泰晤士河畔，是世界上首座，也是截至2005年最大的观景摩天轮，是伦敦的地标及著名旅游观光点。

留学快结束时，我跟一位英国律师交往，他叫杰米（Jamie），有一头高耸的金发。

“你应该请你爸爸来参加毕业典礼。”他对我说。

“不可能。”我告诉他。我把父亲的种种劣迹都告诉了他。

“但是他是你爸爸。”他说。杰米一直劝我，说我父亲的过错并不要紧，说乔布斯终究是我的父亲。当父亲的难免有错，但理应受邀出席儿女的重大事件。要是我不邀请他来，以后我会后悔，却无法弥补。我很矛盾，但最后我还是给父亲和劳伦娜寄去了两张票和一封信。

我还邀请了凯文和桃乐茜。他们本打算来，但得知我也邀请了父亲之后，他们很伤心，因为他们为我付出了太多，而我父亲什么都没做。最后他们决定不来了。

母亲原本担心自己负担不了此行的花销，但最后她在惠普公司找到了一份咨询工作，并且报酬颇丰。她买了机票，定了酒店房间，还买了一件漂亮的黑色棉裙，裙子的下摆展开像降落伞似的。

后来，谈到毕业典礼那天的情景时，父亲多次跟我说："你妈妈那天真优雅。”有一件事他不知道，而我知道——母亲早算好了要跟父亲说的话，最多跟他说二十五个字，一个字都不多说。

典礼上，父亲和劳伦娜溜到温斯罗普（Winthrop House）后面，看我走上台接受学位证书。下台后，我找到母亲，发现父亲和劳伦娜也在她身边。“这让我有点不相信遗传学。”我们刚打过招呼，父亲便脱口而出这句话。他偶尔会说出这样出人意料的话，有时候他却说人类的基因是多么强大。我不知道该如何应答。

“你下一步打算做什么？找到工作了吗？”他问我。

我很不好意思，不愿意回答父亲。因为我知道他一直看不起银行业，他将其称作“直线和箭头”。其实，我对银行业也没有什么好感，而且，我怕他知道以后对我说三道四。

“跟他说说。”母亲怂恿我。我咕咕哝哝地跟他说了，“我在伦敦的一家银行找了一份工作，当分析员。”这份工作并不对口，因为我学的是英语专业。我觉得自己很傻，因为我跻身世俗的喧嚣，成了父亲偶尔会嘲笑的那类人。但在“施罗德·所罗门·史密斯·巴尼”[①]工作，我就能拿到签证，就能在伦敦生活、工作，并且养活自己。

大学毕业后，如果条件允许，我一年会见父亲一次。我的幺妹伊芙是在我上大学期间出生的，但在随后几年读到的几本杂志里，在父亲公司网站的简介里，他都说自己一共只有三个儿女，而非四个。有时候他是和颜悦色的，却会突然冒出几句刻薄话来。在他身边时，我总是带着戒备之心。只有不在他的身边，我才过得轻松快乐。在我大学毕业几周之后，母亲让凯文和桃乐茜列了一份清单，上面详细地列出了他们为我花过的钱，包括机票、书籍、度假、衣服等。她把这份清单寄给了父亲，不久之后，父亲把这笔钱全还给了凯文夫妇。

Lisa……那台电脑

27 岁时，我已经不在银行工作，而是去了伦敦的一家图形设计公司。父亲邀请我一起乘游艇到地中海玩，同去的还有劳伦娜、弟弟、妹妹，还有一位保姆。他起初对我说，只需要陪他们周末两天即可，可是两天过完后，他又恳求我多待几天，随后他又让我多留了几天。我总共陪了他们两周的时间。在法国南部海岸，他说要在滨海阿尔卑斯省（Alpes-

① Schroder Salomon Smith Barney，伦敦一家投资银行。

Maritimes）稍作停留，他要跟一个朋友共进午餐，但他却不说那人是谁。我们坐着一艘小艇上岸，又坐面包车去了埃兹小镇的一栋别墅。

父亲要见的朋友原来是保罗[①]，那栋别墅正是保罗的别墅。他走到房子外面迎接我们父女俩，穿着牛仔裤、T恤衫，戴着跟照片和专辑封面上同样的太阳镜。他平易近人，一点儿都没有名人的架子。

他带我们参观他的别墅，似乎不相信这豪宅是自己的。屋子的窗户正对着地中海，屋里到处都是孩子的玩具等用品。他把我们带到一间空荡荡但是光线充足的八边形房间，告诉我们，甘地[②]在这里住过。

我们在靠海的一个大封顶阳台上吃午饭，我跟父亲之间隔着几个座位，他和保罗并肩坐在餐桌的一端。侍者为我们端上饭菜。

保罗问父亲苹果公司开创时的情况。比如，当初创立时，团队是否有朝气，他们是否胸怀大志、准备改变世界？父亲回答，在制造"麦金塔"电脑时，他们的确是这种心态。波诺说，当初他和自己的乐队也是如此。两个不相干领域的人，竟然有着相同的体会，真是神奇。接着保罗问我父亲："那台电脑Lisa，是不是以她命名的？"保罗看了看我。

一时间，世界变得静悄悄的。我坐稳了，安静地等着父亲回答。

父亲犹豫了一下，低头看着自己眼前的盘子。过了一会儿，他回答说："是的。"

听到这句话，我直接站了起来。

"我想也是。"保罗说。

"对。"父亲回应他。

---

① 保罗·大卫·休森（Paul David Hewson），1960年出生，音乐家、诗人和社会活动家，爱尔兰摇滚乐团U2的主唱兼旋律吉他手，艺名波诺。

② 莫罕达斯·卡拉姆昌德·甘地（Mohandas Karamchand Gandhi，1869—1948年），尊称"圣雄甘地"，印度民族解放运动的领导人、印度国民大会党领袖。

我看着父亲的脸。这到底发生了什么？这么多年过去了，他为什么现在才承认？ Lisa 当然是以我的名字命名的，我当时如此想道。现在看来，他以前说的谎言简直荒谬可笑。我觉得听到这句话后，自己强大了很多，挺直了胸膛。

“这是他第一次承认这件事，”我对保罗说，“谢谢你能开口问他。”似乎，一个名人的秘密，需要另一个名人才能打开。

探病

几年之后，我回到纽约生活。我去看望父亲，他说想去吃寿司，只有我们俩一块儿去的。

那时，我知道他得了癌症，他变得很瘦。

前一个月我才想到，虽然我不知道他病得多重，但趁着为时未晚，我应该对他好一点儿，而且我认为他很快就能康复。

“你知道吗，从某些方面来说，你的性知识是很渊博的。”我夸赞他。性是我们父女俩之间最轻松的话题。在我上高中时，父亲曾教育我说：“戴了子宫帽，你就有时间三思并做出抉择。”他并不要求我吃避孕药，也没有直言担心我会怀孕，而是让我感觉到他相信我，知道我心里有数。

“你说这些事时，也没让我觉得尴尬。”我说。

“对，对！”他兴奋地说道。他坐在我旁边的驾驶座上，有些得意忘形，上下抖动着他的一双细腿。我们坐在车里，车子已经熄火了，因为我们已经到了商场的寿司店门口。“我尽力地避免让你尴尬，”他说，“你知道吗？你失去处女之身后，第一个告诉的人就是我！这太好了，谢谢你这么相信我。”他要是不说，我倒是把这件事给忘了。我们下了车，一起朝寿司店走去，他说："与我的另外两个女儿相比，我对你的了解更深。"我不知道该如何回应他。我有些震惊，因为我是长大了才见到他，而两个妹妹却是一生下来就跟他在一起生活的。这不可能是真话，我这样想着。

当天晚上，我去他楼上的卧室里看他，他正在看连续剧《法律与秩序》。他突然问我："你打算把我写到你的书里吗？"

"不。"我回答他。

"很好。"他说，转过脸去继续看电视。

母亲生病了，鼻窦和鼻骨感染，最初并未诊断出来。因此她不能工作，也没钱付房租。几年前，她不顾我的反对把厄拉米达·德·拉斯·普尔戈斯路上的那栋房子卖了，拿这笔钱出去旅游，把钱全部花光。绝望之中，我给努艾瓦的一个朋友的父母打电话求助，他们在旧金山有栋闲置的房子，我请求让母亲过去暂住几个月。另外一些朋友也借钱给她，用来支付手术费用。手术过后，她的脸肿了起来，像被蜜蜂蜇了似的。

几周之后，我到孟菲斯的一家医院去探望父亲，他刚刚在这里接受了肝脏移植。之所以到孟菲斯来，是因为这边刚好有个可移植的肝脏。他和劳伦娜是在晚上乘私人飞机过来的。有一次他要小便，护士让我回避一下。

"没事，不用出去。"他说。接着，他把一个塑料便盆放到病号长袍下面开始小便，我则站在旁边陪他说话。他好像一秒钟都不愿我离开。他在医院里有两个房间，一个里面是病床，另外一个里面有一个沙发和几把椅子，就像小学里的接待室似的，还摆放着树脂人体模型和金属腿骨模型。有人来探视时，我们就得挪椅子，还得把这些人体模型和金属腿骨搬到一边去，每当如此，病房里就稀里哗啦一阵乱。有一次，我跟父亲、姑姑、继母坐在接待室里，父亲突然有些喘不上气，脸都憋紫了。我们都吓坏了，四下里查找问题根源。我瞥了一眼自己的脚下，心中顿时一阵惶恐：原来是我的椅子腿压住了他的氧气管。我赶紧把椅子挪开，他的呼吸又重新正常起来。

丽莎，对不起

肝脏移植后不到一年，在瓦沃勒街的家里，他的癌细胞已经扩散到股骨上方以及内脏边缘。“那里叫什么？”我问护士伊尔哈姆。

“叫‘浅筋膜’。”她回答。我想象着一个裹着肠子的小袋子，不知怎么，在我的想象中，它发着磷光，像个水母似的，或者是像在飞机上俯瞰下面的城市灯光，外缘是光亮的，内部却是暗的。在医院里，父亲化名为强尼·艾特。有时候，他靠舔吗啡棒棒糖来止疼。他躺在床上睡觉时，从某个角度看过去，像是一堆黄骨。他已经不能下床走动了。“他感觉不到疼。”伊尔哈姆安慰我。根据核磁共振扫描显示，父亲的大脑尚未被癌细胞影响。

我上次来时，他还能吃点儿东西（父亲依然挑食又偏执，如果碗里有两种不同的杧果，他就拒绝吃）。这次来看他时，他只能吃流食了，这叫作 TPN[①]，晚上则是静脉注射，根本增不了重，只能靠这种方式，每小时给他提供一百五十卡路里的热量。

① 全胃肠外营养。

那次我去探望他，他说我身上有一股厕所味。此后又过了几个月，我仍然在父亲的家里四处偷些小物件，我给母亲打电话，告诉她我最近的所作所为。我希望她能宽恕我，我想让她在“不准偷东西”的规矩上破例，一次就行。我想让她对我说：“亲爱的，没事的，都留着吧。”

可她却对我说：“把东西都还回去。这事情很重要。你不能偷你父亲的东西，就像珀耳塞福涅[①]一样。”用神话故事来教育我，的确是母亲的一贯风格，“还记得吗？那个吃了石榴籽的神。”

我记得，珀耳塞福涅去了冥界，她什么都不能碰，但她忍不住吃了石榴籽，作为惩罚，她就得在冥界滞留一段时间。这就是人间冬季的由来。我使劲回忆着，就是想不起她吃了多少石榴籽。

“吃了多少并不重要，”母亲告诉我，“重要的是，她偷吃了石榴籽，所以才会被困在冥界。她在冥界偷了东西，还吃光了，然后就受到了惩罚。”

“然后呢？”

“你要是把从你父亲那里偷来的东西据为己有，你就会被困在那栋房子里。它会把你牢牢拴住，你将永远无法挣脱。”珀耳塞福涅的故事也是母亲的故事，因为女儿消失了几个月，她的母亲伤心欲绝，把人间的大地变成了贫瘠的冻土。

我把偷来的东西陆续还回去，因为太多了，一次拿不齐。我把碗裹在枕套里，以防其叮当作响。我把唇膏放回卫生间的架子上，把护肤霜放回楼上的柜子里，把鞋放回衣橱里。我发现，在不被撞见的前提下把偷来的东西放回去，跟当初把它们偷出来一样难。

---

① Persephone，古希腊神话中宙斯与丰收女神德墨忒尔的女儿，后被冥王哈迪斯掳走。德墨忒尔失去女儿后非常悲伤，离开奥林匹斯到处疯狂地寻找女儿，因此，大地上的万物都停止了生长。哈迪斯让珀尔塞福涅吃了四颗石榴籽，迫使珀尔塞福涅每年有四个月的时间重返冥界（每年三分之一的时间留在冥界，剩余时间则是在人间与母亲在一起）。她在人间的时候，便是春季和夏季，在冥界的时候，人间就成了秋冬两季。

这次来探望时，父亲似乎并不热心于见我。他让我离开他的房间，不要妨碍他和我弟弟一起看电影。他已经不能走路，不能正常进食，我却妄想他能活很久。他病得太久了，我都没有注意到他是何时病入膏肓的。我尽量不去他的房间，只是偶尔进去看看，还盼着他是睡着的。探望结束时，我想，我应该不会再来了，因为我觉得这样做既无诚意又无意义。

可是，一个月后，他给我发来短信（他很少给我发短信），让我周末去他那儿一趟。那时，劳伦娜和弟弟、妹妹都不在家。我从纽约坐飞机去了旧金山，又在机场乘火车去了帕洛阿尔托。

外面空气清新，月台上光线明亮。纽约的空气很单调，要么什么味儿都没有，要么就只有一种味道，或者是垃圾味，或者是雨的味道，或者是香水的味道，或者是汽车尾气的味道。不像帕洛阿尔托，这里的风凉飕飕的，能感觉到空气中的水分。雾气笼罩着起伏的山丘，空气中有桉树、青草、香草蛋糕和薄荷的气味，还有湿土和干土的气味。

我怀疑这次探望将与其他几次并无不同。很久之前，蒙娜就叫我“小信的人”[①]，母亲现在还这样叫我，用来打趣我。

我在加州大街下车，小镇似乎没什么变化，公路像一条笔直的跑道直通绿色的山区。我从阿尔玛街的地下通道穿过，从阳光照射的另一端出来，又经过了一座公园和一片松树林，这里的房子都处于树木环抱之中。

半年以来，我一直在吃氯硝西泮[②]。这是一种抗焦虑的药物，据说能缓解人体内杏仁体的战斗或逃跑反应[③]，每天服用0.25毫克即可。

---

① 语出《圣经》，形容信仰不够虔诚的信徒。

② 主要用于治疗癫痫和惊厥，也可用于治疗焦虑状态和失眠。

③ Fight-or-flight response，心理学、生理学名词，1929年，由美国心理学家怀特·坎农（Walter Cannon，1871—1945年）所创建，其发现机体经一系列的神经和腺体反应将被引发应激，使躯体做好防御、挣扎或者逃跑的准备。

尽管（或许是因为）父亲执意让我试试大麻或者摇头丸，可是毒品对我来说一直没有吸引力，我从未服用过毒品，也不想试一试。但是现在，每个月都坐飞机过来看他，还要修完我的研究生学业，母亲在生病又经济拮据……千头万绪，我已经难以集中精力。我的日常举止和语速都变得越来越快，我快疯了，希望能用药物帮我分分心，让我清静清静。我紧张不安，战战兢兢，感到很不自在，生怕父亲会说些骇人的话，然后就咽了气，什么都解决不了。

在电影里，人死前总是会说一些惭愧的话。可是这不是电影，是现实生活。

我穿过房间，在父亲书房（现在已经改成他的卧室）的门槛处停了一下。书房里有张哈罗德·埃杰顿[①]拍摄的照片。照片上，一个苹果被子弹打穿，弹孔边缘是炸开的。

我绕进他的房间，父亲正倚着枕头坐着。他的腿又细又白，像两根毛衣针。五斗橱上摆着很多相框，每个都对着床的方向。五斗橱的抽屉都一样宽，后来我发现，每个抽屉里都放着他归置好的画和照片。房间里只有他一个人。他醒着，似乎是在等我。看到我，他笑了。

“真高兴你能来。”父亲说。他的热情令我心软。他流下泪来。父亲生病之前，我只见他哭过两次，一次是在他父亲的葬礼上；另一次是在电影院看《天堂电影院》，影片结束时，他哭了，我还误以为他是在颤抖。“这是你最后一次见我了，”他对我说，“你得让我走了。”

“好的。”我回应他。话虽如此，但我并不太相信，也绝对想不到父亲在一个月之后就会去世。我毫无头绪，不知道他还能活多久。我坐在床上，陪在他旁边。

---

① Harold Edgerton（1903—1990 年），麻省理工学院电气工程教授，高速摄影先驱，第一个拍摄彩色高速照片的摄影师。

“你小的时候，我没能陪你，”他对我说，“真希望我们能有时间多相处一些。”

“没事。”我告诉他。此时此刻，他不仅身体虚弱，情感也很脆弱。我躺下来，面向父亲。

“不，不对。我没能多陪陪你。”他继续说道，“我应该多陪陪你。可是现在已经太迟了。”

“都过去了。”我劝他。话虽如此，我却并不确定。我最近才意识到，其实自己很幸运，因为我认识父亲的时候，他还不是举世闻名，那时，他的身体很健康，还能带我出去滑旱冰。我曾以为，他陪伴别人的时间都很多，唯独陪我很少，但现在我不这样想了。他看着我的眼睛，流下泪来，说道：“我对你有亏欠。”我不知该如何回应他。在那个周末，他对我一遍遍地絮叨：“我对你有亏欠，我对你有亏欠……”我在他小睡醒来时过去看他，他每次都会哭，每次都会重复这句话。而我想要的，我认为他亏欠我的，是在他的家人中，我应该有清晰的一席之地。

除了每六小时就轮班的护士之外，家里只有我们父女两人。有几个人过来探望他，都是以前的同事。还有几个父亲不认识的人也来看他，有的拿着包，有的空着手，在院子里徘徊。有个身穿纱丽[①]的人请求见他一面，有个人径直走进大门，说是乘飞机从保加利亚专门来看他。侧门处聚集了一群人，先是聚在一起说话，后来就四散离去。

“你能记得自己做过的梦吗？”我问他。

我躺在他的床上，他时睡时醒。

“能。”

---

① 印度妇女传统服饰。

“你都能记得清吗？”

“大多数吧。”

“你都梦见什么了？”

“大部分是工作的事，”他答道，“梦里，我总是在说服别人相信我。”

“相信你什么？”

“相信我的想法。”

“做梦时想到的想法吗？”

“有时候是。在梦里，通常我无法说服他们。他们太笨了，理解不了我。”

“你的想法都是这样来的吗？在梦里。”

“是的。”他答道，接着又睡着了。

第二天，我陪他去医院输血。这件事几乎用了一天的时间，因为他太虚弱了，无法走路，只能坐轮椅。上车，到医院；下车，坐轮椅；输完血，再坐轮椅；上车，到家；下车，再坐轮椅，上床。血袋里的血又浓又暗，像吸血鬼之类的电影里的道具血浆。在医院时，他们从一个冰箱模样的机器里给他拿来加热过的毯子。因为父亲身上很凉，盖上毯子就会暖和一些，可是随后又变凉了。

我坐在房间的椅子上陪着他，耳边是机器的嘶嘶声。我不知道他输的血来自何人。我想问，却不愿把大家的注意力都引到血袋上来。他每过十天就要输一次血，每次要输好几个小时，每次输完血，他的气色就会好一些。

“他可能很冷。”输血快结束时，我对护士说道。

“没事，我不冷。”他说。我坐在房间角落的椅子上，等着他。

几分钟之后，我再次对护士说：“他可能感觉到很冷。”我能感觉到房间的通风孔吹出一阵阵冷风。

“没事，我不冷。”父亲再次说道。我有事出去了一趟，后来护士叫我进去，我坐在角落的椅子上，护士拿给我一条毯子。

“你父亲说你觉得冷。”护士对我说。我自己都没发觉。

“我没能多陪陪你，对不起。”他躺在床上，又说道。

“可能是你工作太忙，所以才不给我回邮件、回电话吧？”他很少给我回邮件、回电话，也不记得我的生日。

“不是，”他说道，又停顿片刻，“不是因为工作忙，是因为我气你当时不邀请我参加哈佛的周末。”

“什么周末？”

“入学周末。我从你那里得到的只有一张账单。”他说道，突然有些呼吸不畅。

父亲说的是我的新生入学仪式。我后来记起来了，当时我还精心安排了一番，因为我的父母不愿意同时出席，所以，我请教了心理医生，又跟他们达成共识：母亲出席入学仪式的那个周末，父亲则晚几个周末再来。当时，他还觉得这样安排最好。

“可你为什么不早跟我说呢？”

“因为我不擅长跟人交流。”

“我真希望能重来一次，调整一下你和妈妈来的顺序。”我告诉他。我们父女俩交恶，竟然是因为我的新生入学仪式？不太可能吧，这甚至有些荒谬。我不信！他是很聪明的，但人之将死，想要理顺俗事，不可能做到清醒的反省。我不相信一次邀请、一个周末，就能令他怀恨在心，在此后的十年时间里都对我不理不睬，还拒付我在大四的学费。

这么多年来，我一直在观察自己的手相。我能过上好生活，我的掌纹就是这么说的。

我记得一年前，母亲来纽约看我。她的病已经好了，但身体虚弱，听力有些受损。傍晚，我们俩出去散步。

西四街（West Fourth Street）和查尔斯街（Charles Street）的交会处，是砖结构联排住宅。我们俩停下脚步，看着夕阳中的房子。那段日子里，我们开始感觉到——终于熬出头了，以后的生活将是幸福快乐的。

“哎，还有手相的事。你真的会看手相？”我鼓起勇气问母亲。

“会一点儿。”她告诉我。我发现她浅浅一笑，我就知道她是在撒谎。

“我的意思是，你遇到过手相大师吗？”我想让她说是，说她曾在印度遇见过高人或者读过秘籍。

“那时的你需要指引。我们需要彻底改变命运。除了杜撰一些空话，我别无他法。但是我说的都是真的。”母亲对我说。

那天晚上，我回到父亲家。他用平时召唤护士的虚弱口吻叫我：“丽兹……”盛着 TPN 的背包呼呼作响，像轨道上的玩具火车，浓浓的液体注入他的血管。他倚在枕头上，双膝屈起。他瘦得吓人，我看着他，满眼都是他瘦长的四肢和憔悴的脸。

“那天说的事……”他说道。上次，我们谈到了情感，他此前从未对我提及这个话题，很令我惊讶。“我想跟你说一说，我都不怪你。”他开始哭起来，“只怪我们当时不懂得如何处理，想不到那么多。我不怪你。我想告诉你，所有的问题都与你无关。”他一直等到自己时日无多时才向我道歉，而这正是我期盼已久的话。那感觉就像烧伤处淋了冷水一样舒服。

“丽莎，对不起……”父亲一边哭着，一边摇着头。他坐直了身子，双手抱着头。他瘦削了很多，显得手特别大，而他的脖子却太细了，几乎支撑不住脑袋，就像罗丹《加莱义民》雕像中的人。“真希望我们能回到从前，把一切都改过来，可是太迟了。现在还能做什么呢？太迟了……”他哭着，身体在颤抖。他的呼吸里掺杂着抽泣，我听不下去了。接着他又说了那句话：“我对你有亏欠。”我不知该如何回应，只是坐在床上，靠在他的身边。即使到现在，我都不敢相信他说的话。我想，倘若发生奇迹，父亲康复了，他就又会重归故态，忘了生病时悔过的这些事，他仍然将刻薄地对待我。

“没事的，都过去了。”我劝他，“如果能再来一次，我们会成为朋友吧？”这是个轻微的打击：我和他只是朋友而已。而事实上，在这次探望之后的几周里，以及父亲去世之后，我伤心的也是我们错过了成为朋友的机会。

“好。”他应道，“太对不起了，我对你有亏欠。”

我把原先从父亲家偷走的东西都还回来了，此后虽然再也没有偷过，但我仍然惦念着几件想要的东西。直到此刻，我的念头才全部消失，我再也不想偷他的东西了。

家人都回来了，家里变得热闹起来。晚饭过后，我和劳伦娜两人坐在厨房的桌旁。以前过来时，我总会自告奋勇地去刷碗，但这一次，我坐着没动。“他跟我谈过了，”我说道，“都是些推心置腹的话。我感觉好多了。”我以为她会问我谈话的内容，但她没问，而是站起身来，走到水池边开始刷碗。

“人之将死，其言也善。可我不信那些话。”劳伦娜说着。

幺妹伊芙过生日时，我们开了一个派对。我溜达到院子里，闻见了多肉植物、天竺葵、水的气味。一群小女孩聚在草坪上玩，天色已经暗了下来，天空中残留着一点儿光亮，像马格里特[1]的画似的。

① Magritte（1898—1967 年），比利时超现实主义画家。

伊芙在蹦床上绑了绳子充当缰绳，模仿骑马的动作，和伙伴们爬在蹦床上跳来跳去。几只鸟飞入房檐，家里的哈巴狗呼呼噜噜地拱闻着蹦床的支柱。

“你是谁？”一个小女孩问我。她比伊芙高几英寸，跟我的鼻子齐平，头发像稻草似的。伊芙从蹦床上爬下来，站在她的旁边。

“我是小寿星的姐姐。”我告诉她。小女孩一脸不解的神情，或许是因为我和伊芙有21岁的年龄差。“我比她大很多，因为我们不是一个妈妈生的。”我解释道。

“哦，”她明白了，说道，“很高兴认识你。”

“我爸爸一时糊涂，所以才有了她！”伊芙大声说道。

这句话听得我一阵眩晕，赶忙抓住她的肩膀以稳住我的身子。她在我身前，背靠着我的胸口。“你不应该说这种话。”我在她的耳边悄声说道，然后在夜色中走回屋里。

厨房的桌子上有一个蜂蜜罐，我俯身看着罐子上的标签。标签上有五只蜜蜂，每只蜜蜂下面有一个家庭成员的名字：史蒂夫、劳伦娜、里德、艾琳、伊芙。图上方写的是：乔布斯家庭农场。

第二天，我在桌布下面的一个抽屉里发现了一摞这样的标签，背面都是胶纸。我猜这是要贴在礼物上面的。标签太多，紧紧地堆在一起，像扇子一样展开，仿佛用耙子耙在一起的落叶。我盯着标签，在蜜蜂中搜寻我的名字，觉得我的名字也应该在列。记得上大学时，在舞会厅里，一个女生半开玩笑地问大家：“学得好不如嫁得好啊，我怎样才能嫁入豪门呢？”身在家庭幸福圈外的我，感到了同样的忧伤。

几年前，我到了纽约，在班宁顿学院（Bennington College）读艺术硕士，后来在一家设计公司从事咨询工作（这家公司为MoMA设计和编辑网站内容），跟一个心爱的男人同居，有望结婚。我已经长大了，我的生活在继续。然而，当我回家探望病重的父亲时，我竟然伤心于他的生活里仍然没有我，为此我大为吃惊。

回家探望他，往往会令我想起，当年跟他一起生活时，我希望自己变成别人。在他病重的那几年，我大约每个月都乘飞机回去看他，每次探望都让我感到五味杂陈。在那段时间，在一次探望中，站在前门的茉莉花丛前，我突然灵光一现，仿佛开窍一般，就像长久以来压在我身上的巨大包袱突然间消失了。蜂蜜罐上没有我的名字，这无关紧要。我不是某人一时糊涂犯下的错误。我不是米饭里的沙子。我听说，人的呼吸并不是平稳而规律的，人不是节拍器，呼吸或长或短，或深或浅，只取决于每次呼吸需要多少氧气，能吸收多少，肺里能装下多少。当时我只觉得，我不会用任何一段人生经历与别人交换，哪怕是那些令我难过万分、希望自己未曾存在的时刻，我也不愿将其交换出去。倒不是因为我的人生多么正确、多么完美、多么好，而是因为无数个选择铺成了我的人生之路，这些都独一无二，深入我的肌理。那一刻，我感到自己被这个念头环绕包裹，如此亲近，就像我的皮肤一般，它已经足够好了。

父亲去世后

在父亲的葬礼上，以及他去世后的几年时间里，很多人都想跟我说他们与父亲生前有多亲近。

“他喜欢给我的儿子提真知灼见，”有人如此说道，“他们俩关系很好。”

“他们俩很亲近。”另一个人如此描述她儿子跟我父亲的关系。

“他就像我父亲一样。”另一个人含泪说道。

类似的谈话都有一个共性，那就是我不仅是谈话的参与者，更是见证人。他们从不问我父亲的事，而是热情洋溢地对我讲述，仿佛我的聆听是对其补足，是酵母，能赋予他们的故事以生命。他们像背诵讲稿一样把父亲生前和他们的逸事讲述完毕，然后就离开了。

他们这样说，是想让我觉得受到了尊重吗？父亲对待他们也像一位爸爸一样——听他们如此表白，我似乎应该回答说父亲是“以父爱待人”的，他就是如此地伟大。

人们有时会谈到或者写到父亲的刻薄，他们有时候会把“刻薄”与“天才”挂钩。也就是说，天才总是有点儿邪性的。但在我看来，忙于创新时，他才会表现出最好的一面：善解人意、合作、有趣。在这方面，那些与他共过事的人应该比我更清楚。或许，他的创造力都被刻薄的表现所遮掩，所以，想用刻薄来表现天才，就如同模仿他口齿不清，或者模仿他假装与人亲热——转过身去，自己抱住自己，上下移动手臂，发出呻吟声——以表现他的成功一样，其实都是很愚蠢的。

“看那些云彩。”父亲病重但是仍能说话的时候，有一次，他指着窗外晴空里的云彩，愉快地对我说道，“那些云彩大概离地一万英尺，大约长两英里。要是咱们步行的话，我们俩，每英里需要走二十分钟。”

“走四十分钟就能走完了。”他说道。

塞格尤仁波切对母亲说过，如果父亲能多活两个月，只需要再多两个月，他就能为我父母之间的关系找到完美的解决之道。

可是，谁知道呢？

现在，再回家看母亲时，待的时间越长，我就越离不开她。我连小便时都开着卫生间的门，好方便继续跟她说话。我们俩就像两个吸盘，一旦吸住，再难分开。有时候我们俩也会吵架，不在一起时——她在西海岸，我在东海岸——我会忘了两人在一起的样子，有时相处愉快，有时则吵吵闹闹。她到纽约来看我时，我们俩一起去看画展。在古根海姆博物馆举办的艾格尼丝·马丁[①]画展上，我们从上面开始沿着螺旋楼梯逆人流而行，如此一来，她的作品就是从老年看到青年，越看越年轻。看完画展之后，我们走到外面穿过第五大道，去中央公园。“看！”她指着黑色沥青上的白漆道线说，“那边还有一条！”

在我出生之前，父母有一张合影。照片是在早晨拍的，他们俩站在火车站里，父亲要乘火车去里德学院。母亲的脸庞还很圆润，她穿着牛仔裤，父亲虽然脸色苍白，但是露出很甜蜜的神情。他们俩那时可真年轻。我觉得，母亲的一生总是在失去——失去房子、失去物品、失去我父亲。但是，她一直留着这张照片，并将照片传给了我。后来，我搬家时不知将这张照片遗失在了哪里。最近，母亲给了我一张画，那是她上高中时画的，还得了奖。

“他跟着你呢，你爸爸。”父亲去世后，母亲过来看我时，如此说道。

“他的鬼魂？”

“是他。我不知道怎么讲。但我能感觉到，他在这儿。你知道吗？他跟你在一起时特别快乐。他喜欢陪着你，总是跟在你屁股后面。哪怕只是看你往面包上抹黄油，他都高兴得合不拢嘴。”

我不信，但我喜欢这种故事。

---

① Agnes Martin（1912—2004年），加拿大裔美国极简抽象派画家。

致 谢

感谢“格鲁夫·大西洋”出版社的诸位同人：优秀的编辑伊丽莎白·施密茨，以及凯蒂·拉伊西安、德布·西格、朱丽娅·博纳–托宾、萨尔·德斯特罗、朱迪·霍廷森、摩根·安特金。感谢聪慧而可靠的代理人大卫·麦考密克，他原以为我写书这件事会半途而废。感谢苏珊·霍布森及麦考密克文学部的团队成员。

我在美国奥米艺术中心勒迪希国际写作之家实习期间，曾拿出两段较长的时间写作本书。在此之前，我有幸参加了班宁顿学院的艺术硕士短期培训。对此我深表感谢。

感谢卡特里娜·菲克、布莱恩·伯克、克莱尔·萨尔蒂、大卫·波利图、斯蒂芬妮·库班尼克、DW·吉布森，谢谢你们对我的鼓励。感谢企鹅出版社的安·哥多夫、金妮·史密斯–扬斯。感谢厄思奇·维斯穆勒。感谢埃伦·格拉芙、汉娜·布卢门塔尔、蒙娜·辛普森等读者。感谢芬恩·泰勒、克里斯蒂娜·里斯、琳达·布伦南、杰米·布伦南、罗恩、伊兰、黛比、大卫，谢谢你们为我提供了本书的素材以及思路。

感谢劳伦斯·莱维和希拉里·莱维夫妇，他们在本书成稿付梓的过程中，一直给予我无微不至的帮助。感谢菲利普·洛帕特、苏珊·奇弗、卡伊·巴里以及我的母亲，在我多年的写书过程中，他们一直给我支持。由衷地感谢杰米·库卓，他专业而细致地帮我把冗长的书稿精练成书，还帮我联系了出版社。

最后，我要感谢比尔，谢谢他带给我的快乐、乐观和关怀。感谢博迪和朱莉，他们非常优秀。感谢小托马斯，他为我定下了截稿日期，也给我带来快乐。

图书在版编目（CIP）数据

小人物：我和父亲乔布斯 /（美）丽莎·布伦南·乔布斯著；吴果锦译 .
– 北京：北京联合出版公司，2019.6
ISBN 978-7-5596-3141-1

Ⅰ . ①小… Ⅱ . ①丽… ②吴… Ⅲ . ①丽莎·布伦南·乔布斯—自传 Ⅳ .
① K837.125.6

中国版本图书馆 CIP 数据核字 (2019) 第 066366 号

小人物：我和父亲乔布斯
[美] 丽莎·布伦南·乔布斯 著　吴果锦 译
责任编辑：楼淑敏
特约监制：魏　玲 潘　良 宋美艳
选题策划：林展秋　产品经理：林展秋
特约编辑：张　艳
营销支持：金　颖 李　杨　版权支持：高　蕙 侯瑞雪
装帧设计：郭旭峥 @ 参考线文化 guideswork.com

北京联合出版公司出版
（北京市西城区德外大街 83 号楼 9 层　100088）
三河市文通印刷包装有限公司印刷　新华书店经销
字数：282 千字　700 毫米 × 980 毫米　1/16　印张：23.5
2019 年 6 月第 1 版　2019 年 6 月第 1 次印刷
ISBN 978-7-5596-3141-1
定价：68.00 元